Dieses Buch wurde auf Papier aus nachhaltiger Forstwirtschaft gedruckt.

Lektorat/Produktmanagement:
Mag. Katharina Stadler
Titelgestaltung/Layout: Bettina Victor
Gestaltung und Grafik: Bettina Victor
Korrektorat: Dr. Anna Jungreithmayr
Schulbuchvergütung/Bildrechte:
© Bildrecht GmbH/Wien
Gesamtherstellung:
Johann Sandler GesmbH & Co KG
Druckereiweg 1, 3671 Marbach

PRINTED IN AUSTRIA

ISBN 978-3-99062-942-0
Schulbuch-Nr. 180.298

www.trauner.at

Impressum

Pallauf-Hiller u. a., Blattwerk Deutsch
■ Rechtschreibung, Grammatik
+ TRAUNER-DigiBox
3. Auflage 2020, Nachdruck 2023
Schulbuch-Nr. 180.298
TRAUNER Verlag, Linz

Das Autorenteam

Mag. Iris Pallauf-Hiller
Professorin an der HAK/HAS I der Wiener Kaufmannschaft in Wien

Mag. Johannes Gaisböck
Professor an der HAK/HAS I der Wiener Kaufmannschaft in Wien; Lehrender an der Pädagogischen Hochschule Oberösterreich

Mag. Regina Forstenlechner
Professorin am Europagymnasium Baumgartenberg

Approbiert für den Unterrichtsgebrauch an allgemeinbildenden höheren Schulen für die 5. und 6. Klasse im Unterrichtsgegenstand Deutsch, Bundesministerium für Bildung, BMBF-5.048/0056-B/8/2015 vom 24. Juli 2017.

Die Inhalte entsprechen dem vorgeschriebenen Kompetenzraster laut Bildungsstandards und sind laut Lehrplan zu vermitteln. Eine Auswahl bzw. Gewichtung ist nur innerhalb einzelner Kapitel (Beispiele bzw. Vertiefungsangebote) gewährleistet, nicht jedoch dürfen lt. Ministerium einzelne Kapitel oder Kompetenzbereiche ausgelassen werden.

Liebe Schülerin, lieber Schüler,
Sie bekommen dieses Schulbuch von der Republik Österreich für Ihre Ausbildung. Bücher helfen nicht nur beim Lernen, sondern sind auch Freunde fürs Leben.

Einleitung

Im Vordergrund der Lehrbuchreihe **„Blattwerk Deutsch"** steht die **Nachhaltigkeit des (Sprachen-)Lernens.** Die Schülerinnen und Schüler sollen dazu animiert werden, **selbstgesteuert** zu lernen, ihre eigene Sprache zu reflektieren und zu analysieren sowie ihre selbst verfassten Texte zu be- und überarbeiten.

Unterstützt wird dieser Prozess durch den **Portfolio-Gedanken,** der den Lehrwerken zugrunde liegt. Daher sind alle „Blattwerk"-Bände **perforiert und gelocht.** So können sie nicht nur als herkömmliche Schulbücher im Unterricht eingesetzt, sondern auch zusammen mit selbst verfassten Texten der Lernenden über die gesamten Schulstufen hinweg in einer Mappe gesammelt werden. Dies hat den Vorteil, dass die Schülerinnen und Schüler am Ende ihrer Ausbildung ein **Kompendium aller gelernten Inhalte** besitzen, das sich optimal zum Lernen für die Matura eignet. Gleichzeitig werden sie dazu motiviert, selbst produzierte Texte zu hinterfragen, sie zu überarbeiten und ihr Sprachbewusstsein weiterzuentwickeln.

Der Lernerfolg der Schüler/innen wird durch **„Testen Sie sich selbst!"- und „Ziele erreicht?"-Aufgaben** mess- und sichtbar. Diese sind in jedem Kapitel zu finden.

Die gesamte Reihe ist für **Erst- und Zweitsprachensprecher/innen** konzipiert und berücksichtigt die **Bildungsstandards in der Berufsbildung.**

Digitales Zusatzpaket in der TRAUNER-DigiBox

Das digitale Zusatzpaket enthält nicht nur das E-Book, sondern bietet Ihnen außerdem zahlreiche interaktive Übungen, die Sie auch unterwegs mit dem Smartphone oder Tablet lösen können. Die digitalen Übungen sind mit automatischen Lösungen und Feedback ausgestattet und damit perfekt für das selbstständige Üben geeignet. Durch die vielfältigen Übungsformate bleibt das Lernen abwechslungsreich.

Wesentliche Elemente und verwendete Symbole

Die angeführten **Ziele** kennzeichnen, über welches Wissen die Schülerinnen und Schüler nach der Bearbeitung des jeweiligen Kapitels verfügen. Die Ziele sind farblich nach der **Kompetenzstufe gekennzeichnet.**

Meine Ziele

Nach Bearbeitung dieses Kapitels kann ich
- Blau (wiedergeben, verstehen)
- Rot (anwenden)
- Schwarz (entwickeln)

Arbeitsaufgaben, Ziele erreicht?

Zur Erarbeitung der Kenntnisse und Fertigkeiten sowie zur Kontrolle des Lernerfolgs stehen den Lernenden Arbeitsaufgaben und „Ziele erreicht?"-Bögen zur Verfügung. Die Arbeitsaufträge sind ebenfalls nach dem Kompetenzmodell mit den Farben Blau, Rot und Schwarz gekennzeichnet. Es wird unterschieden zwischen Aufgaben, bei denen die Schülerinnen und Schüler

- die gelernten Fachinhalte und gelesenen Texte verstehen und wiedergeben;
- erworbenes Wissen anwenden;
- eigenständig Lösungen entwickeln müssen.

Arbeitsaufgaben erfordern die praktische Umsetzung des Wissens und verlangen eigene, zum Teil kreative Lösungsansätze. Sie helfen den Lernenden, ihre Kenntnisse und Fertigkeiten zu festigen.

„Ziele erreicht?"-Bögen am Ende eines Abschnitts ermöglichen den Lernenden, selbst festzustellen, inwieweit sie in ihrem Lernprozess erfolgreich waren. Der Kompetenzzuwachs wird durch die Selbstevaluation aufgezeigt.

Folgende weitere Piktogramme unterstützen das Lehren und Lernen mit dem Buch:

für Wissenswertes und Tipps

für „Achtung!" oder „Beachte!"

für Verknüpfungen mit anderen Kapiteln

für Diskussionsaufgaben

für Downloads aus angeführten Internetseiten

für digitale Inhalte aus der TRAUNER-DigiBox

STARTEN SIE IHR DIGITALES ZUSATZPAKET ZUM BUCH!

t. Digi Box

In der TRAUNER-DigiBox (www.trauner-digibox.com) finden Sie Ihr persönliches E-Book und die Zusatzmaterialien zum Buch:

- www.trauner-digibox.com aufrufen
- Einmal kostenlos registrieren
- Ihr digitales Zusatzpaket mit **Lizenz-Key** auf der Rückseite des Buches freischalten.

Viel Freude und Erfolg wünscht Ihnen das „Blattwerk"-Team!

Inhaltsverzeichnis

Die Blattwerk-Methode

Das Lehrbuch „Blattwerk" kann wie jedes herkömmliche Lehrwerk verwendet werden. Es finden sich unterschiedlichste Texte zu diversen Themen darin, WERKZEUG-Blätter (Theorie- und Kriterienblätter), Aufgaben, Arbeitsaufträge und vieles mehr. Dennoch will es einen Schritt weiter gehen und integriert die Portfolio-Methode als wesentliches Arbeitsprinzip. Dieses Prinzip liegt vor allem jenen Elementen des Lehrwerkes zugrunde, die sich mit der eigenen und der Kompetenz anderer aktiv auseinandersetzen.

Prozesshaftigkeit – Nachhaltigkeit

Die einzelnen Kapitel können dem Buch entnommen werden. Dies hat den Vorteil, dass Sie das jeweilige Kapitel durch **Material vonseiten der Lehrperson** oder **durch eigenes Arbeitsmaterial** erweitern können. Die WERKZEUG-Blätter (Theorieblätter) verbleiben nicht im Lehrbuch, sondern wandern mit in Ihre Mappe.

Wird ein **Kapitel wiederholt,** sind Sie bestens vorbereitet und können alle schon erarbeiteten Unterrichtsmaterialien weiterverwenden und jene, die Sie nun erhalten, zu den schon erarbeiteten und gesammelten hinzugeben.

Vertiefendes Wissen/Expertenwissen

Zu vielen Kapiteln gibt es **„Vertiefendes Wissen"** und/oder **„Expertenwissen".** Mit dem „Vertiefenden Wissen" können Sie jene Kompetenzen erwerben, die zum Erreichen der Ziele des Basiswissens notwendig sind. Das „Expertenwissen" bietet Lernbereiche an, die über jene des Basisteils hinausgehen.

Zu Erreichendes – Erreichtes

Am Beginn vieler Rechtschreib- und Grammatikkapitel finden Sie kleine **Einstiegsüberprüfungen („Testen Sie sich selbst!").** Diese Überprüfungen zeigen Ihnen, ob Sie die wesentlichen Inhalte des jeweiligen Kapitels bereits beherrschen oder erst erlernen müssen. Die Lösungen dazu finden Sie jeweils im Anhang. Am **Ende jedes Abschnitts** finden Sie zudem **„Ziele erreicht?"-Bögen,** die erneut der Überprüfung Ihres Wissens dienen. Die Lösungen dazu finden Sie ebenfalls im Anhang. Vergleichen Sie stets die Einstiegsevaluation mit der Überprüfung am Ende des Kapitels.

Rechtschreibung

Wozu Rechtschreibung?

Die Wörter richtig, also den Regeln entsprechend zu schreiben, das ist eine Form des Respekts, den Schreibende ihren Lesern zollen. Wer sich in dieser Welt der Sprachspiele danebenbenimmt, der gleicht einem Fußballspieler, der sich ständig Regeln widersetzt und zum Beispiel Fouls begeht. Schnell würde er vom Platz gestellt, im sprachlichen Bereich werden diese „Mitspieler“ einfach nicht gelesen.

Meine Ziele

Nach Bearbeitung dieses Kapitels kann ich

- Wörterbücher und die Rechtschreibprüfung am PC bzw. am Laptop richtig einsetzen;
- die Regeln zur s-Schreibung erklären und anwenden;
- die Regeln zur das-/dass-Schreibung nennen und anwenden;
- die Regeln zur Groß- und Kleinschreibung wiedergeben und anwenden;
- die Regeln zur Getrennt- und Zusammenschreibung erklären und anwenden;
- die Regeln zur Kommasetzung nennen und anwenden;
- Strategien zur Fehlervermeidung bewusst anwenden;
- häufige Fehlerquellen erkennen;
- Texte hinsichtlich orthografischer Mängel überarbeiten.

1 Wörterbuch

WERKZEUG

Wie Ihnen Ihr Wörterbuch helfen kann

Ihr Wörterbuch hilft Ihnen nicht nur weiter, wenn Sie unsicher bezüglich der korrekten Schreibweise eines Wortes sind, sondern informiert Sie auch über die richtige Betonung, wesentliche grammatikalische Angaben und in vielen Fällen über die Bedeutung und Anwendung.
Im Beispiel sehen Sie all jene Angaben, die Sie zu einem **Nomen** im Wörterbuch finden. Bei einem (starken) **Verb** erhalten Sie Informationen zu den Stammformen, bei einem unregelmäßig zu steigernden **Adjektiv** zu Komparativ und Superlativ.

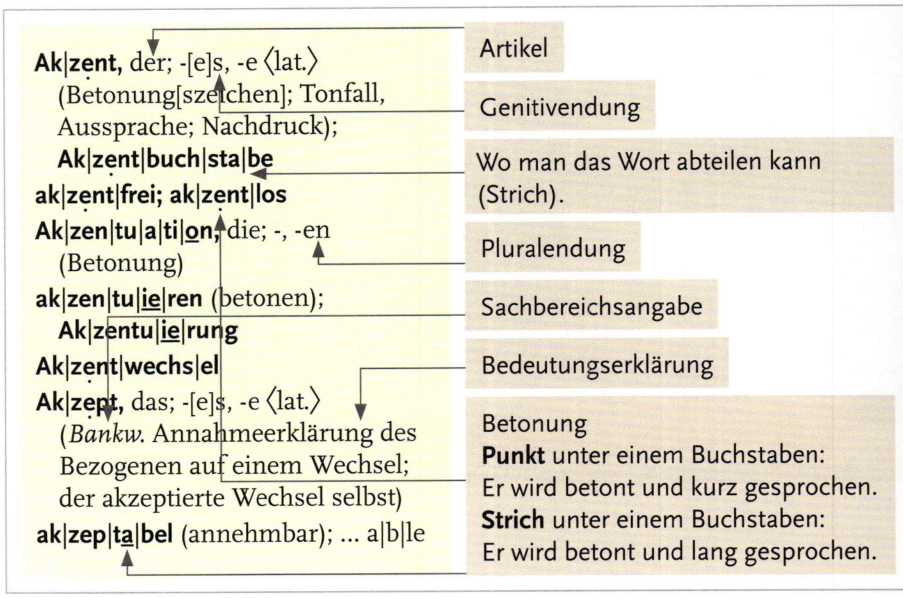

Allerdings müssen Sie wissen, unter welchem **Stichwort** Sie suchen müssen, um zu den gewünschten Informationen zu gelangen. Beachten Sie daher, dass

- Verben im Infinitiv angeführt sind;
- Nomen im Nominativ Singular angeführt sind;
- zusammengesetzte Nomen manchmal in ihre Bestandteile zerlegt werden müssen;
- Adjektive im Positiv und ohne Fallendung angeführt sind.

Literaturtipps

Duden. Die deutsche Rechtschreibung. Mannheim: Bibliographisches Institut [28]2020

Otto Back, Erich Benedikt, Karl Blüml u. a.: Österreichisches Wörterbuch. Wien: öbv & hpt [44]2022

www.duden.de

Arbeitsaufgaben „Arbeit mit dem Wörterbuch"

1. Unter welchen Stichwörtern finden Sie folgende Wörter? Schreiben Sie sie auf die Zeile!

- saß ____________________
- gesucht ____________________
- am besten ____________________
- Quadrophonieanlage ____________________

2. Beantworten Sie folgende Fragen mithilfe Ihres Wörterbuchs und notieren Sie die Antworten auf einem Blatt in Ihrer Mappe!

a) Welches Geschlecht hat das Wort „Konvolut"?
b) Wie teilt man das Wort „Kontrakt" ab?
c) Wie heißt das Wort „Skonto" im Plural?
d) Wie lautet der Genitiv Singular von „Index"?

2 s-Schreibung

Arbeitsaufgaben „Testen Sie sich selbst!“

Was wissen Sie schon?

1. Ergänzen Sie die fehlenden Formen!

Infinitiv	3. Person Singular Präsens	3. Person Singular Präteritum	Partizip II
wissen			
	er niest		
		er büßte	

2. Setzen Sie bei den nachfolgenden Wörtern den richtigen s-Laut ein!

- der Sprö_____ling
- verflo_____en
- der Tro_____t
- das Pa_____iv
- regenna_____
- das Mi_____verständnis
- ma_____los

3. Ergänzen Sie die fehlenden „das/dass“!

Da_____ man da_____ „Da_____“ seit der Rechtschreibreform nicht mehr mit „ß“, sondern mit „ss“ schreibt, weiß heute jedes Volksschulkind. Warum man da_____ „Da_____“, da_____ da_____ schwierigste Phänomen der Rechtschreibung darstellt, nicht komplett abgeschafft hat, da_____ ist mir ein Rätsel!

Die **Lösungen** zu dieser Selbstüberprüfung finden Sie im **Anhang: s-Schreibung/ LÖSUNGEN.**

s-Schreibung

BEISPIELE

Begründen Sie die Schreibung des **s-Lautes der markierten Wörter. Notieren Sie** Ihre Erkenntnisse in der Randspalte!

DUMM GELAUFEN!

Laufen ist die einfachste Sache der Welt, heißt es so schön. Dennoch können dabei auch ziemlich kuriose Pannen passieren.

Nur ein Finisher

Beim Marathon of the North im nordenglischen Sunderland lief 2013 nur der Führende die richtige Strecke. Alle anderen rund 5 000 Läufer wurden von einem falsch platzierten Ordner versehentlich in eine falsche Straße geleitet und kürzten so die Strecke unwissentlich um 264 Meter ab. Eine offizielle Anerkennung ihrer Zeiten war dadurch unmöglich. Somit hatte der Marathon nur einen einzigen Läufer in der Ergebnisliste.

Um 6 km vermessen

Ein grober Messfehler führte in Bangkok dazu, dass die Läufer 2015 beim Halbmarathon mindestens sechs Kilometer zu weit liefen. Bei einer Startzeit um 4 Uhr früh und Temperaturen um die 30 Grad Celsius wurde diese außerordentliche Zusatzbelastung aber etlichen Läufern zu viel. Sie mussten das Rennen vorzeitig beenden und mit einem Taxi zum Ziel fahren.

Hündin im Elitefeld

Kuriose Schlagzeilen machte 2016 ein Halbmarathon in Alabama. Eine Besitzerin hatte ihre Hündin eigentlich nur zum Pissen hinausgelassen. Doch diese mischte sich am Start unter die Läufer. Unter den 165 Teilnehmern war schnell ihr Ehrgeiz geweckt. Anfangs lag die Hündin sogar mit den schnellsten Läufern in Führung. Ein totes Häschen am Straßenrand stoppte allerdings kurz ihre Motivation. Schlussendlich raste sie trotzdem als Siebente ins Ziel.

Seife statt Riegel

Dramatische Folgen hatte im Vorjahr in China der Fehler des Veranstalters eines Marathons: Dort mussten sich 12 000 der rund 20 000 Teilnehmer wegen Übelkeit und Bauchschmerzen ärztlich versorgen lassen. Sie hatten im Ziel in einen vermeintlichen Energieriegel gebissen. Doch tatsächlich befand sich in der Verpackung ein Stück Seife mit Traubenaroma. Ein fahrlässiger Fehler des Veranstalters, der die englische Aufschrift nicht richtig übersetzt hatte.

Zu schnell im Ziel

Manchmal waren die Sieger auch viel zu schnell im Ziel: Als der Südafrikaner Johannes Coleman 1938 das Ziel des Marathonlaufes von Natal erreichte, las er auf seiner Uhr die für damalige Verhältnisse weltrekordverdächtige Zeit von 2:23 Stunden. Der offizielle Zeitnehmer hatte jedoch nicht damit gerechnet. Coleman musste ihn im Ziel erst suchen. Der Zeitnehmer trank noch genüsslich seinen Tee. Ähnliches passierte 1948 bei den Los Angeles Coliseum Relays. Als der Marathonsieger Gerard Cote am Stadion eintraf, war der Eingang noch verschlossen. Als Cote dann doch in den Innenraum des Stadions gelangt war, fand er sich inmitten eines gerade stattfindenden Hürdenrennens, so dass er die Stadionrunde als Hürdenläufer zurücklegen musste.

WWW.NACHRICHTEN.AT – GEKÜRZT UND VERÄNDERT

s-Schreibung

WERKZEUG

Um die Regeln zur s-Schreibung richtig anwenden zu können, muss man sich vorab einen Überblick über die Laute der deutschen Sprache verschaffen (siehe Kasten unten). 95 Prozent der Wörter kann man über die Regeln richtig bilden, die Schreibweise der restlichen fünf Prozent muss man sich einprägen.

stimmlos	stimmhaft	stimmlos	stimmhaft	stimmlos	stimmhaft
Blasse	Hasen	fraßen	riesiges	weißes	Gemüse.
kurz	lang	lang	lang	lang	lang

ss

„ss“ folgt nach einem kurz gesprochenen Vokal oder Umlaut – der s-Laut wird stimmlos gesprochen (der Kuss, das Fass, fressen, küsste, der Schuss etc.).

Faustregel I Nach einem lang gesprochenen Vokal folgt **nie** ein Doppel-s.

ß

„ß“ folgt nach einem lang gesprochenen Vokal, Umlaut oder Zwielaut, wenn der s-Laut stimmlos gesprochen wird (reißen, ich weiß, die Straße, beschließen etc.).

Faustregel II lang gesprochener Vokal + stimmloser s-Laut = ß

s

„s“ findet sich

- nach lang gesprochenen Lauten dann, wenn der s-Laut stimmhaft gesprochen wird (der Hase, die Rose, schmusen, riesig, weise, dösen etc.).
- zwischen zwei Konsonanten (bersten, günstig, die Borste, die Gerste etc.) im Wortstamm. Wenn in diesem ein „s“ enthalten ist, bleibt dieses auch in allen Ableitungen erhalten.
- zwischen Vokalen und Konsonanten (am besten, die Weste, wispern, wüst etc.). Eine Regel, warum diese Wörter nur mit einem „s“ und nicht mit Doppel-s geschrieben werden, existiert nicht – die Schreibung des Wortstammes muss gelernt werden.

Das Stammprinzip

Die Schreibung des Wortstammes bleibt in all seinen Ableitungen dann erhalten, wenn sich der Stammvokal nicht verändert. Ändert sich der Stammvokal, so kann zum Beispiel aus dem Doppel-s ein „ß“ werden und umgekehrt (siehe Randspalte).

Ein kurzer Abriss zur Lautlehre

1) Kurz als auch lang gesprochene Laute

- **Vokale (Selbstlaute)**
  a, e, i, o, u
- **Umlaute**
  ä, ö, ü

2) Immer lang gesprochene Laute

Zwielaute
ei, eu, au, äu
(Das „ie“ wird ebenso lang gesprochen.)

3) Konsonanten (Mitlaute)

b, c, d, f, g, h, j … z

4) s-Laute

- **Stimmloses „s“**
  sss sss (Schlangen-s)
- **Stimmhaftes „s“**
  sum sum (Bienen-s)

Seit Juni 2017 kann das „ß“ auch als Großbuchstabe verwendet werden. Es darf aber weiterhin durch „SS“ ersetzt werden: „GRÜẞE“ bzw. „GRÜSSE“

Wortstamm

hoffen hoff…
sparen spar…
lassen lass…
reißen reiß…

lassen – ließ – gelassen
lesen – las – gelesen
reißen – riss – gerissen

Zu diesem Kapitel finden Sie **interaktive Übungen** inkl. Lösungen und Feedback in der TRAUNER-DigiBox (Kategorie: TrainingsBox).

- s – ss – ß 01

das Ro____ = das Pferd

Arbeitsaufgaben „s-Schreibung“

Der feine Unterschied

1. Füllen Sie die Lücken! Überprüfen Sie die **Länge des Vokals** vor dem **s-Laut!** Achten Sie zudem auf den **Klang des „s“** (zischend oder summend)!

- Sie la____en ein Buch.
- Wir bauen ein Flo____.
- an einer Ro____e riechen
- giftige Ga____e einatmen
- an einer ri____igen Haut leiden
- eine Teigma____e herstellen
- die Ferien genie____en
- jemandem den Weg wei____en
- die Hundera____en bestimmen
- einen Zettel zerrei____en
- sich an der Na____e kratzen
- Das Wasser flie____t den Strom hinab.
- Das la____en wir uns nicht bieten.
- mit Flo____en im Meer schwimmen
- die Ro____e einspannen
- eine kleine Ga____e entlanggehen
- eine rie____ige Tasche tragen
- die Ma____e abmessen
- ins Taschentuch nie____en
- die Wände streichen und wei____en
- den Ra____en mähen
- mit viel Gepäck rei____en
- keine na____e Kleidung tragen
- Er flie____t sein Badezimmer neu.

Stammformen

2. Setzen Sie die **fehlenden Formen** ein! Überprüfen Sie auch die **Länge des Vokals** vor dem **s-Laut!** Achten Sie zudem auf den **Klang des „s“** (zischend oder summend)!

Infinitiv	3. Person Singular Präsens	3. Person Singular Präteritum	Partizip II
reißen	er reißt	er riss	gerissen
essen			
		er grüßte	

Infinitiv	3. Person Singular Präsens	3. Person Singular Präteritum	Partizip II
			gemessen
	er sprießt		
	sie heißt		
		er hasste	
	sie reist		
			geflossen
lesen			
lassen			
	er preist		
schießen			
			gesessen
		sie stieß	
			gerast
		es vergaß	
	er weist		
			gewusst
beißen			
	es muss		
		er büßte	
			gefesselt

Lückenbüßer

3. Setzen Sie den richtigen s-Laut ein!

a) bi___ig ■ der Fu___el ■ der Für___t ■ die Gro___schreibung ■ grote___k ■ die Re___ourcen ■ der Pe___imi___mu___ ■ der Hu___ky ■ der Ha___ ■ gru___elig ■ das Mi___verständnis ■ im Vorau___ ■ e___enziell ■ das Mo___aik ■ mü___en ■ der Regi___eur ■ die Renai___ance ■ die Ri___e ■ der Rie___e ■ rei___en ■ vernachlä___igen ■ der Schlama___el ■ wä___rig ■ wa___erfe___t ■ die Bu___linie ■ das Ma___aker ■ to___en ■ ich mu___ ■ die Fu___ion ■ me___bar ■ die Mie___muschel ■ die Mi___ion ■ verlä___lich ■ äu___erlich ■ die Explo___ion ■ er bei___t ■ die E___enz ■ das Pa___iv ■ die Bedürfni___e ■ regenna___ ■ ma___los ■ me___bar ■ verhei___ungsvoll ■ bla___en ■ die Blö___e ■ die Sackga___e ■ stre___resistent ■ das Stra___enverzeichni___ ■ der Kompromi___ ■ bla___ ■ der Ku___

TrainingsBox:
■ s – ss – ß 02

b) der Begrü___ungsku___ ■ die Veranla___ung ■ der Flu___ ■ das Gä___chen ■ die E___ecke ■ die Schleu___e ■ die Fairne___ ■ genu___voll ■ der Gro___buchstabe ■ das Erdgescho___/___ ■ mi___mutig ■ geri___en ■ schmei___en ■ die Flei___aufgabe ■ das Holzflo___ ■ fa___ungslos ■ scheu___lich ■ grin___en ■ der Nie___reiz ■ die Veräu___erung ■ die Na___ra___ur ■ die Ermä___igung ■ der Krei___saal ■ zerrei___en ■ das Inka___o ■ das Kla___enlos ■ die Bu___station ■ verhältni___mä___ig ■ der Au___schlu___ ■ die Zeugni___e ■ kompromi___bereit ■ die Kommi___ion ■ der Streu___elkuchen ■ die Aver___ion ■ die Ma___enhysterie

c) der Pala___t ■ explo___iv ■ die Tra___e ■ der Tre___en ■ das Glo___ar ■ das Bedürfni___ ■ die Vermächtni___e ■ bla___ ■ pre___ieren ■ sarka___tisch ■ das Bu___erl ■ die Bi___spur ■ der Ma___anzug ■ der Rie___ling ■ ma___enhaft ■ der Ku___ ■ das Bie___t ■ pra___en ■ das Stre___management ■ die Blö___e ■ trö___ten ■ die Qua___te ■ flü___tern ■ das Bahnglei___ ■ der Pa___at ■ po___ieren ■ das Scheu___al

d) der Sprö___ling ■ verflo___en ■ der Qua___elka___per ■ der Tro___t ■ der Po___enrei___er ■ die Pa___ion ■ pra___eln ■ der Krei___el ■ ma___ieren ■ die Brunnenkre___e ■ gei___eln ■ das Ohrensau___en ■ der Pe___thauch ■ ma___voll ■ die Grü___e ■ fa___zinierend ■ die Erpre___ung ■ das Wai___enkind ■ der Wei___heitszahn ■ das Pa___amt ■ die Gei___elhaft ■ die Bu___enfreundin ■ mi___achten ■ der Ga___enhauer ■ die Prei___elbeere ■ der Ku___mund ■ die Flie___geschwindigkeit ■ der Fa___boden ■ der Ko___ename ■ bewu___t machen ■ der Aufgu___ ■ die A___imilation ■ das Gefängni___ ■ ru___tikal ■ das Rü___eltier ■ leichenbla___

Wissen oder raten?

TrainingsBox:
■ s – ss – ß 03

4. Lösen Sie das folgende Rätsel!

Waagrecht
1 Wort für Vorgesetzter/Chef
2 aus Baumstämmen gebautes Verkehrsmittel
3 Geräusch schwerer Regentropfen
4 Guten Tag sagen
5 höchste Spielkarte, Meisterin
7 Abenteuer
9 kleines Rotationsspielzeug
11 Gebirgsübergang, Ausweis
12 innige Wünsche
13 unglaublich groß
15 Maulsperre für Hunde
16 elternloses Kind
19 Verkehrsweg
20 lieblicher Spitzname
21 stark schubsen

Senkrecht
1 Küsschen
2 brav und engagiert arbeitend
3 Reisender in einem Flugzeug
6 ohne Stimme sprechen
8 Lagergefäß für Bier und Wein
10 Preisnachlass
11 Gegenteil von aktiv
14 jemanden aufmuntern
17 strikte Abneigung
18 anderes Wort für Pferd

Anleitung

- Ein „ß“ wird als „ß“ geschrieben.
- Für einen Umlaut (ä, ö, ü) ist nur ein Kästchen vorgesehen.

TrainingsBox:
- s – ss – ß 04
- s – ss – ß 05

Wortverwandtschaften

5. Finden Sie zu jedem der angegebenen Begriffe mindestens vier verwandte Wörter! Achten Sie wiederum exakt auf die Aussprache des Vokals und vergessen Sie nicht das Stammprinzip!

Begriff	Verwandte Wörter
der Kreis	
fassen	
der Schuss	
lesen	
der Kuss	
genießen	
hassen	
wissen	

3 Verdopplung von Konsonanten

BEISPIELE

Konsonanten

Betrachten Sie die **markierten Wörter** im Text näher und **diskutieren Sie,** warum in ihnen eine Verdopplung des Konsonanten erfolgt!

LOTTO-GEWINNER KAUFT EIGENEN ARBEITGEBER

Ein Franzose kauft mit seinem Lottogewinn von zehn Millionen Euro die Firma, in der er arbeitet. Seinem Chef erlaubt er zu bleiben – als Angestellter.

Ein französischer Lottogewinner hat das Unternehmen seines bisherigen Arbeitgebers gekauft und seinen früheren Chef zum Angestellten gemacht. Der Glückspilz erklärte der Zeitung „Le Parisien": „Ich habe nur getan, was getan werden musste." Der 50-jährige Lastwagenfahrer aus der Normandie hatte zehn Millionen Euro gewonnen. Als das Speditionsunternehmen seines alten Arbeitgebers Finanzprobleme hatte, sah er seine Stunde gekommen.

„Ich hatte die Mittel zum Investieren – und um so zu vermeiden, dass 13 oder 14 Menschen arbeitslos werden", erklärte der neue Chef. Seinen Ex-Boss behielt er im Unternehmen: „Er tat mir leid, also habe ich ihm zu bleiben erlaubt."

Urlaub hat sich der Mann seit seinem Gewinn noch nicht gegönnt, sondern erst auf Rat seines Finanzberaters den Gewinn angelegt. Und trotz seiner neuen Rolle setzt sich der Millionär gelegentlich auch wieder selbst hinter das Steuer im Lastwagen.

Nach Angaben der französischen Lottogesellschaft ist ein solcher Fall sehr besonders: Viele Gewinner investierten zwar in Firmen oder Restaurants, aber niemand habe bisher den Arbeitgeber aufgekauft.

DIE PRESSE

ck, tz

Markieren Sie im angeführten Text alle Wörter, in denen ein „z/tz/zz" oder ein „k/ck/kk" vorkommt!

Über ein Dutzend Tage hinweg arbeitete er an einer Skizze. Eines Abends aber war das Kunstwerk fertig. Sorgfältig packte er es in seinen Rucksack und parkte diesen auf dem Rücksitz seines Autos.

Er machte sich auf den Weg zu seiner Partnerin, deren Galerie sich in einem kleinen Palazzo gleich neben einer Pizzeria befand. Kein Makel war an seinem kleinen Kunstwerk zu entdecken. Im Hintergrund des Bildes konnte man ein Weizenfeld erkennen, das bis zum Horizont reichte. Am linken unteren Rand des Bildes rekelte sich ein kleines Hündchen, dessen Schnauze zwischen den Ähren des Weizens verschwand.

Vokalverdopplung/Dehnung

Sprechen Sie die einzelnen Wörter halblaut aus und achten Sie auf die Länge des Vokals! Markieren Sie den **lang gesprochenen Vokal mit einem Strich** und den **kurz gesprochenen mit einem Kreis!**

- Kamm – kam
- Beet – Bett
- Wonnen – wohnen
- Hupe – Kuppe
- Wahl – Wall
- Mitte – Miete
- retten – reden
- hassen – Hasen
- Robe – Robbe
- Kahn – kann
- bieten – bitten
- Sperre – Speere

Verdopplung von Konsonanten WERKZEUG

mm, pp, ll, tt, rr ...

- Eine Verdopplung folgt nach **Vokalen oder Umlauten** meist dann, wenn sie **betont und kurz gesprochen** werden.

  Beispiele: können, die Karre, der Kummer, spotten, die Falle, kann, das Fett, schlapp

- **Stammprinzip:** Die Verdopplung von Konsonanten im Wortstamm eines Wortes bleibt in allen von ihm **abgeleiteten Varianten** erhalten.

  Beispiele: fallen, Fallbeispiel, der Fall, die Fallendung, verfallen, die Falltür

- In manchen **Wortzusammensetzungen** kann es zu einer **unechten Verdopplung** kommen, und zwar dann, wenn der erste Wortteil (ein Wort, eine Vorsilbe) mit dem gleichen Buchstaben endet, mit dem der zweite Wortteil beginnt.

  Beispiele: abbauen, vorrechnen, Wortteil, Vokallänge

Keine Verdopplung von „m, p, l, t, r ...“	Beispiele
nach lang gesprochenen betonten Lauten	die Wade, wütend, beten, die Robe
nach Zwielauten	heilen, Kauz, Mais, der Reim
nach einem Konsonanten	die Wand, wanken, die Karte
bei manchen Wörtern nach einem betonten und kurz gesprochenen Vokal	der Bus, bin, um, fit, bis

Wörter, bei denen nach einem betonten und kurz gesprochenen Vokal der Konsonant nicht verdoppelt wird, müssen gelernt werden.

ck, tz

„ck“ und „tz“ folgen, wenn aufgrund der Betonung und Kürze des Vokals ein Doppel-z oder ein Doppel-k geschrieben werden sollte. Da es aber im Deutschen weder ein „zz“ noch ein „kk“ gibt, schreiben wir ein „tz“ oder „ck“. Nach einem Konsonanten folgt nie „ck“ oder „tz“.

Beispiele: ganz, ranzig, der März, der Arzt, der Pelz, die Ecke, die Katze

Beachten Sie folgende Fremdwörter:

- die Pizza, das Intermezzo, die Razzia, der Jazz
- das Sakko, der Mokka, der Akkumulator (der Akku)

fff, lll ...

Endet der erste Wortteil mit einem Doppelkonsonanten und der zweite beginnt mit dem gleichen Konsonanten, so erhält man eine Verdreifachung. Wörter, bei denen drei Konsonanten aufeinandertreffen, können auch mit Bindestrich geschrieben werden.

Beispiele

- die Bassspielerin/die Bass-Spielerin
- der Balletttänzer/der Ballett-Tänzer
- die Schifffahrt/die Schiff-Fahrt

Dehnung: aa, ah, ie ...

Im Deutschen gibt es unterschiedliche Möglichkeiten, einen langen und betonten Vokal vor einem Konsonanten darzustellen. Leider existieren hierfür keine einheitlichen Regeln, also müssen diese Wörter gelernt und eingeprägt werden.

Dehnung mit	Beispiele
einfachem, lang gesprochenem Vokal	die Vase, die Lilie
stummem „h“	der Sohn, der Föhn, fahren, die Wahl, die Kuh, fehlen
langem „ie“	siegen, die Miete, lieben, sieden, der Krieg
Vokalverdopplung	der Saal, das Boot, das Moos; die Seele, das Beet

Zu diesem Kapitel finden Sie **interaktive Übungen** inkl. Lösungen und Feedback in der TRAUNER-DigiBox (Kategorie: TrainingsBox).

- Verdopplung 01
- Verdopplung 02
- Verdopplung 03

Arbeitsaufgaben „Verdopplung von Konsonanten“

1. Bilden Sie die **fehlenden Personal- und Stammformen** und tragen Sie diese in die Tabelle ein! **Beachten Sie,** dass sich manchmal die Länge des Stammvokals ändert! Ist dies der Fall, so kann die Verdopplung des Konsonanten auch entfallen bzw. hinzukommen.

Infinitiv	2. Person Singular (du) Präsens	Präteritum	Partizip II
kommen	kommst	kam	gekommen
stimmen			
	bereitest vor		
			gerannt
		pfiff	
		streifte	
	bittest		
kennen			
	fällst		
			gesponnen
stellen			
	trittst		
			geschwollen
		traf	
gleiten		glitt	
	greifst		
			gelitten
reiten			
	schneidest		
			geschliffen
		stritt	
zappeln			

2. Bilden Sie mit den folgenden Wörtern so viele **Ableitungen (Wortfamilien)** wie möglich!

Ball ■ Brett ■ stimmen ■ Stoff ■ still ■ spinnen ■ Stamm ■ starr ■ wetten

Beispiel
Ball: geballt, ...

3. Setzen Sie jene **Laute in die Lücken** ein, die Sie **neben dem Text in der Randspalte** finden! Achten Sie darauf, ob der Konsonant verdoppelt werden muss oder nicht.

Wir ho___ten auf besseres Wetter, als das Schi___ in den Ha___en einlief. Sofort nach dem Anlegen ging ich alleine an Land und wollte billig Waren einkau___en. Während ich mit E___izienz die Läden durchwühlte, erblickte ich plötzlich eine mir bekannte Person, die vor einem Geschä___t gemütlich eine Pfei___e pa___te. Vorerst sah ich sie nur im Pro___il, aber ich wusste, dass ich sie vor Jahren in Graz getro___en und kennengelernt hatte. Ich stand damals am An___ang meines Mathematikstudiums und Jose___a – so hieß diese Person – erklärte mir die Di___erenzialgleichungen. Ich weiß noch, ich stellte mich wie ein A___e an und ra___te nichts. Ihr schien das aber zu gefallen und sie wollte mir helfen, die Prü___ung zu bestehen.

f/ff

Eine Wei___e überlegte ich hin und her, wie ich es anste___en so___te, wenn ich sie ansprach. Auf keinen Fa___ wo___te ich mich blamieren, denn sie hatte mir schon immer gefa___en, und nur damit sie mit mir dama___s nicht die Gedu___d verlor, lernte ich wie ein vö___ig Besessener. Aber kaum hatte ich die Abso___ution durch meinen Professor erha___ten, verschwand sie aus meinem Umfe___d.

l/ll

Sollte ich ihr auf die Schulter ti___en oder rasch auf sie zugehen, abru___t vor ihr sto___en und sie salo___ grüßen? Genüsslich ni___te sie an ihrem Cocktail und ein tro___ischer Duft wehte mir entgegen. Kein Kum___el war hier, der mir hätte Ti___s geben können, wie ich ohne Skru___el mit dieser manchmal auch ru___igen Person hätte Kontakt aufnehmen können.

p/pp

Woher sta___te diese He___ung in mir, i___er und i___er wieder meine gehei___en Sti___ungen anderen nicht mitteilen zu können? Unsu___en hätte ich dafür gegeben, diese He___ungen ablegen zu können. Ich wollte kä___pfen, aber etwas in mir ste___te sich gegen dieses Ansinnen. Plötzlich aber verstu___te diese innere Sti___e der Vernunft und ich trat auf sie zu.

m/mm

TrainingsBox:
- Verdopplung 04
- Verdopplung 05
- Verdopplung 06
- Verdopplung 07

4. Setzen Sie **„k/ck“** in die dafür vorgesehenen **Lücken** ein! Beachten Sie wiederum die Länge des Stammvokals vor dem Konsonanten!

der Ha____en an der Wand ■ die rote Ja____e ■ mein Freund Ja____ob ■ die Schiffslu____e ■ durch die kleine Lü____e ■ ein hölzerner Pflo____ ■ die Lo____omotive ■ die Ha____e im Schuppen ■ der Staub in der E____e ■ die bunten La____e ■ eine La____e mitten auf dem Weg ■ unter der Brü____e verste____en ■ am Ro____zipfel hängen ■ ein Ma____el des neuen Geräts ■ er besitzt eine unangenehme Ma____e ■ im Wo____ kochen ■ den Lo____enstab ausschalten ■ dem Hund ein Stö____chen werfen ■ vom Fle____ weg heiraten

TrainingsBox:
■ Verdopplung 08

5. Setzen Sie **„z/tz“** in die dafür vorgesehenen **Lücken** ein! Beachten Sie wiederum die Länge des Stammvokals vor dem Konsonanten!

über die Pfü____e hüpfen ■ mit seinen Rei____en nicht gei____en ■ eine wi____ige Person ■ vom Gerüst stür____en ■ vor Neid pla____en ■ über die Zustände raun____en ■ sich in das Pu____tuch schnäu____en ■ einen Scha____ besi____en ■ zum Ar____t gehen ■ unter der Hi____e leiden ■ sich vor Ansteckung schü____en ■ die schmu____igen Hände waschen ■ einen komischen Kau____ beobachten ■ die Ka____e aus dem Sack lassen ■ nicht so geschwä____ig sein ■ kur____ und gut ■ über den Wi____ schmun____eln

6. Lösen Sie folgendes Kreuzworträtsel! Alle gefragten Wörter haben einen Doppelmitlaut, „tz“ oder „ck“.

Waagrecht
2 Kopfbedeckung
4 Gegenteil von Pech
8 Gegenteil von schließen
10 Aufruf, Aufforderung
11 Blitz und ...
12 kleines Blatt Papier
13 kräftig reiben
15 Dienstgrad bei der Polizei
16 italienisches Gericht aus Teig mit Belag
17 etwas Hartes oder Knuspriges essen
18 Gegenteil von dünn
21 Zwischenspiel
22 zusammenzählen
23 Gegenteil von verlieren
24 Dabei blitzt und donnert es.

Senkrecht
1 kleines chirurgisches Messer
3 Stiege
5 kleiner Raum
6 Anzeige in einer Zeitung
7 Thema einer E-Mail
9 Saiteninstrument
14 Sehbehelf
15 Menschenfresser
18 Menge von zwölf Stück
19 Hunderasse
20 Nadelbaumart

Anleitung

Für einen Umlaut (ä, ö, ü) ist nur ein Kästchen vorgesehen.

TrainingsBox:

- Verdopplung 09
- Verdopplung 10
- Verdopplung 11
- Verdopplung 12

4 das-/dass-Schreibung

BEISPIEL

Kurt Tucholsky
DER FLOH (Kurzgeschichte)

Im südlichen Frankreich saß in einem Postamt ein älteres Postfräulein, ____.

Es machte alle Briefe auf und las sie. ____. Aber wie das so in Frankreich geht, Hausmeisterin, Telefon und Post sind so heilig, ____

und deshalb tut das auch keiner. Das Fräulein also las die Briefe, ____.

Auf einem schönen Schloss, ____, wohnte ein kluger Graf. Dieser Graf tat eines Tages Folgendes: Er bestellte sich einen Anwalt auf das Schloss, und dann schrieb er in dessen Gegenwart an einen Freund:

Lieber Freund!
Da ich weiß, ____ und liest, weil sie vor lauter Neugier platzt, so sende ich dir anliegend, um ihr einmal das Handwerk zu legen, einen lebendigen Floh.

Mit freundlichen Grüßen
Graf Koks

Und diesen Brief verschloss er in der Gegenwart des Anwaltes, er legte aber keinen Floh hinein. Als der Brief ankam, war einer drin.

KURT TUCHOLSKY: WERKE UND BRIEFE, ROWOHLT

Arbeitsaufgaben „Der Floh“

1. In diesem Text **fehlen die unten angeführten Satzteile.** Überlegen Sie, welcher Satz in die jeweilige Lücke passt, und tragen Sie diesen auf der passenden Zeile ein! (Achten Sie auch auf die Großschreibung des ersten Wortes eines Satzes!)
   - das weit abgeschieden und einsam am Lande lag
   - dass das Postfräulein dauernd unsere Briefe öffnet
   - das eine sehr böse und lästige Angewohnheit hatte
   - das wusste seit undenklichen Zeiten der ganze Ort
   - das bereitete den braven Leuten manchen Kummer
   - dass man auf keinen Fall daran rühren darf

2. Markieren Sie im oben angeführten Text nun alle „das“ und „dass“ und notieren Sie darüber, ob es sich um einen **Artikel (A)**, um ein **Relativpronomen (RP)**, ein **Demonstrativpronomen (DP)** oder um eine **Konjunktion (K)** handelt!

das-/dass-Schreibung WERKZEUG

Arbeitsaufgabe „das-/dass-Schreibung“

1. Setzen Sie die **fehlenden „s“** ein und finden Sie heraus, um welche **Wortart** es sich bei dem jeweiligen **„das(s)“** handelt! Tragen Sie die passenden Abkürzungen aus der Randspalte in den jeweiligen Kreis ein!

○ ○ ○ ○ ○

Merk dir da____, da____ da____ „Da____“, da____ mit „ss“ geschrieben wird, ein Bindewort ist.

Abkürzungen
A = Artikel
RP = Relativpronomen
DP = Demonstrativpronomen
K = Konjunktion

Folgenden Wortarten können „das“ und „dass“ angehören:

das

Wortarten		Beispiele
Artikel (Geschlechts-wort)	Dieser bezieht sich auf das nachfolgende Nomen.	**Das** Messer besitzt keine Schärfe.
Relativpronomen (bezügliches Fürwort)	Dieses bezieht sich immer auf ein Nomen (oder Pronomen), das im vorhergehenden Satz steht. Ein Relativpronomen „blickt zurück“.	Das Messer, **das** keine Schärfe besitzt, muss geschliffen werden.
Demonstrativ-pronomen (hinweisendes Fürwort)	Dieses weist oft auf einen schon vorher gesagten Sachverhalt hin – es „blickt“ ebenso zurück.	Ich habe dir **das** schon hundertmal gesagt!

Ersatzwörter
- welches
- dies, dieses, (jenes)

dass

„dass“ ist eine **Konjunktion.** Sie verbindet Sätze und „blickt“ nach vorne. Die Information erhalten wir erst.

dass: nicht ersetzbar

Beispiel

Er meint, **dass** das Messer keine Schärfe mehr besitze.

Faustregel I	Häufig folgt ein „dass-Satz“ nach Verben wie „meinen, hoffen, glauben, fühlen, denken, sagen, wissen …“, wenn diese das Prädikat in einem kurzen vorangehenden oder abschließenden Hauptsatz bilden.
Faustregel II	Folgen zwei „das(s)“ aufeinander (und ist kein Komma zu setzen), so ist das erste zu 99 % mit einem Doppel-s, das zweite mit einem „s“ zu schreiben.

Beispiele „Faustregel I“
- Er hoffte, dass er sie bald wiedersehen würde.
- Dass er sie über alles liebte, wusste er nun mit Bestimmtheit.

Zu diesem Kapitel finden Sie **interaktive Übungen** inkl. Lösungen und Feedback in der TRAUNER-DigiBox (Kategorie: TrainingsBox).

Faustregel
Dass-Sätze können von Verben des Fühlens, Meinens, Deutens und Mitteilens abhängig sein.

TrainingsBox:
- das 01

Arbeitsaufgaben „das-/dass-Schreibung“

„dass“ in Nebensätzen

2. Bilden Sie Sätze mit „dass“, die von den folgenden Verben abhängig sind!

befürchten	Ich habe das Falsche gelernt.
glauben	Diese Prüfung ist eine Herausforderung.
wissen	Ich werde dieses Turnier gewinnen.
annehmen	Die Trainerin wird mir alles erklären.
einsehen	Ich habe einen Fehler gemacht.
versprechen	Sie wird pünktlich kommen.
erklären	Josef ist dagegen.
hoffen	Ich werde den Ring wiederfinden.
fühlen	Heute ist mein Glückstag.
denken	Du sollst dich für Kerim entscheiden.

Das Relativpronomen „das“

3. Formen Sie aus den Hauptsätzen ein Satzgefüge mit einem Attributsatz, der mit dem Relativpronomen „das“ eingeleitet wird!

a) Fritz verkaufte das Haus. Er hatte es von seinen Eltern geerbt.
b) Sie trug zur Hochzeit das weiße Kleid. Ihr Vater hatte es für sie genäht.
c) Er fährt ein neues Cabriolet. Er hat es vor einem Monat gekauft.
d) Ich bringe dir das Heft zurück. Du hast es mir vorige Woche geliehen.
e) Dort steht das Pferd. Es gehört meiner Freundin.
f) Ich kaufe mir morgen das Bild. Es hat mir am besten gefallen.
g) Das Konzert findet nicht statt. Wir haben uns so darauf gefreut.
h) Karoline trägt ein Piercing. Es ist ein Geschenk ihrer Großmutter.

Lückentext

4. Setzen Sie in die Lücken des nachfolgenden Textes **„das“ oder „dass“** ein!

„Bist du dir dessen bewusst, ______ wir heute Abend unser entscheidendes Fußballspiel haben?“

„Ja, ______ weiß ich, aber ich glaube nicht, ______ ich kommen kann. Ich habe meiner Freundin versprochen, ______ ich noch heute mit ihr einkaufen gehe.“

„Ich bitte dich, ______ kannst du auch ein anderes Mal machen. Du weißt genau, ______ wir ______ letzte Spiel gewinnen müssen. ______ entscheidet die Meisterschaft und ist wichtiger als ______ Einkaufen mit deiner Freundin. ______ kannst du morgen immer noch erledigen.“

„Ja, _____ stimmt. Allerdings würde ich _____ Versprechen, _____ ich meiner Freundin gegeben habe, dann nicht halten. Wenn ich _____ nicht mache, heißt _____, _____ ich ihr wieder tagelang zu Füßen liegen muss, und _____ will ich nicht.“

„Alles klar, mein Freund, aber _____ eine ist klar, wenn du heute _____ Spiel versäumst, verlierst du _____ Recht auf einen Stammplatz in der Kampfmannschaft, und _____ willst du doch auch selbst nicht, oder?“

„Nein, natürlich will ich _____ nicht, aber _____ es wichtigere Dinge als _____ Fußballspielen gibt, _____ muss dir auch klar sein.“

TrainingsBox:

- das 02
- das 03

Satzstruktur

5. Vervollständigen Sie die unten **angegebenen Sätze!** Überlegen Sie bei jedem Satz vorab, ob das **„das(s)“ nach vorne oder zurückblickt,** und zeichnen Sie einen **Pfeil** ein, der in die richtige Richtung zeigt! Überlegen Sie auch, worauf sich das jeweilige „das“ bezieht!

a) Meine Mutter meint, da___ _____________.

b) Das Schönste an den Ferien ist, da___ _____________.

c) Gestern sah ich das Mädchen, da___ _____________.

d) Der Arzt hat mir da___ _____________.

e) Er hat mir ein Spiel gezeigt, da___ _____________.

f) Die Lehrerin befürchtet, da___ _____________.

g) Nächtens höre ich immer ein Geräusch, da___ _____________.

h) Ich wünsche mir, da___ _____________.

i) Leider habe ich da___ _____________.

j) Mein Bett, da___ _____________.

k) Die Bank hat mein Konto, da___ _____________.

l) Vorgestern hoffte ich noch, da___ _____________.

m) Viele Menschen glauben, da___ _____________.

n) Das Fest, da___ _____________.

o) Merk dir das, da___ _____________.

p) In der Zeitung las ich von einem Pferd, da___ _____________.

q) In meinem Zimmer, da___ _____________.

r) Sie wünscht sich, da___ _____________.

s) Ich sage da___ _____________.

t) Mein Vater ist der Meinung, da___ _____________.

„das(s)“ blickt nach vorne (→)/zurück (←)

a) _____________

b) _____________

c) _____________

d) _____________

e) _____________

f) _____________

g) _____________

h) _____________

i) _____________

j) _____________

k) _____________

l) _____________

m) _____________

n) _____________

o) _____________

p) _____________

q) _____________

r) _____________

s) _____________

t) _____________

„das(s)“ blickt nach vorne (→)/zurück (←)

u) _____

v) _____

w) _____

x) _____

y) _____

u) Sie summt immer ein Lied, da_____ _____.

v) Meine Nichte besitzt ein Kleid, da_____ _____.

w) Ich lasse mir da_____ _____.

x) Sie kümmert sich nie darum, da_____ _____.

y) Heißt das, da_____ _____.

Lückentext

6. Setzen Sie die **fehlenden „das(s)“** in die **Lücken** ein! Notieren Sie in der Randspalte die jeweilige **Wortart,** der das „das(s)“ angehört!

Wortart

K

K, DP

Dass er wieder gesund werden wird und dass er wieder laufen kann, das freut mich sehr. Letzte Woche teilte mir eine Bekannte noch mit, _____ sie _____ sehr ärgere, _____ er sich selbst so bemitleide. Da mich _____ unglücklich machte, _____ er nur noch wie _____ ärmste Würstchen vor sich hin brütete, begab ich mich in jenes Krankenhaus, _____ für seine Genesung zuständig war. Vor Ort sagte er mir, _____ feststehe, _____ er sich genau _____ selbe Motorrad wieder kaufen werde, _____ er bei seinem Unfall zu Schrott gefahren habe.

_____ Aufregendste, was er mir erzählte, war, _____ er in der Sekunde vor dem Aufprall nicht _____ ganze bisherige Leben wie in einem Film ablaufen gesehen habe, sondern _____ er gedacht habe, _____ _____ Auto nur in seinem Kopf existiere und _____ er wie durch eine Nebelwand hindurchfahren könne.

„_____ Auto, _____ mich von der Maschine geholt hat, war ziemlich beschädigt. Vor allem _____ Heck war komplett eingedrückt!“

Mir blieb beinahe _____ Lachen im Halse stecken, als er mir _____ erzählte. _____ er aber nach diesem schweren Sturz schon wieder an _____ Motorradfahren denkt, _____ er lacht, wenn er spricht, und _____ er wieder besserer Stimmung ist, _____ beruhigt mich ungemein.

TrainingsBox:
- das 04
- das 05
- das 06

7. Lesezukunft: Setzen Sie die **fehlenden „das(s)"** in die **Lücken** ein!

Als ________ B E-Book erstmals ins Zentrum der öffentlichen Aufmerksamkeit rückte, glaubte man, ________ E ________ U neue Medium ________ O gute alte Buch in Windeseile aus den Regalen verdrängen würde. ________ T dem nicht so ist, ________ H weiß man mittlerweile.

Dennoch stellt sich die Sachlage so dar, ________ T ________ B Lesen im Internet und auf Smart-Phones immer beliebter wird und ________ A so ________ Z Bedürfnis, auf elektronischen Geräten zu lesen, immer mehr wächst.

Unbestritten ist, ________ R ________ M E-Book viele Vorteile hat. ________ U Lesen in der U-Bahn, in der Straßenbahn oder ________ K Schmökern und Blättern im Park, ohne ________ E man eine schwere Büchertasche mitschleppen muss, wird durch ________ K Gerät immens erleichtert. Wir wissen, ________ S ________ H menschliche Wesen zur Effizienz tendiert, und ________ O bietet dem E-Book ungeahnte Chancen. ________ B Reisen im Urlaub versüßen wir uns durch spannende Lektüre, ________ P Warten beim Arzt überbrücken wir mit dem Blättern in Zeitschriften und die Möglichkeit, ________ U zu lesen, wonach uns gerade ist, ________ H ist der große Vorteil eines solchen Gerätes.

________ O Buch hat hingegen den Vorteil, ________ E man es angreifen kann. Von Kindesbeinen an kennen wir den Geruch des Papiers, lieben ________ B Betasten eines schön gebundenen Buchrückens, erfreuen uns am Ledergeruch eines Bucheinbandes und können die Welt, die uns zwischen den Seiten und Zeilen nähergebracht wird, direkt begreifen. ________ B macht uns glücklich. ________ O Wissen um die Länge des Textes, die über die Dicke eines Buches festgestellt werden kann, ist für den einen ________ H Um und Auf. Ein anderer wiederum – ________ P ist zwar ________ U Schrecklichste schlechthin – liebt es, durch Eselsohren jene Stelle zu kennzeichnen, an der er ________ K Lesen abgebrochen hat – so ein Esel! ________ Z soll er mit seinem E-Book probieren – viel Spaß!

________ O Spannende an dieser Sache wird sein, welches Medium sich letztendlich durchsetzt: ________ H E-Book oder ________ P Buch. ________ L Bücher aus dem Leben eines lesenden Menschen aber niemals verschwinden werden, ________ B ist jetzt schon gewiss.

TrainingsBox:
- das 07

Überprüfung
Notieren Sie in dieser Spalte den Buchstaben neben einem **„dass"!** Lesen Sie das Wort, nachdem Sie die Übung abgeschlossen haben, von hinten nach vorne!

Notieren Sie hier Ihre Lösungsbuchstaben:

____

____

____

____

Korrigieren

8. Streichen Sie jeweils das **falsche „das(s)"!** Zeichnen Sie zudem ein, in **welche Richtung** das jeweilige „das(s)" blickt, und schreiben Sie das passende **Ersatzwort** in die Randspalte!

MUT ZUR LÜGE

DIE WAHRHEIT ÜBERS SCHWINDELN

Ersatzwörter

dies

Jeder von uns lügt. ~~Dass~~/Das ist eine Tatsache. Schätzungen zufolge bis zu 200 Mal am Tag. Kleine Notlügen sind meist harmlos. Häufig gilt sogar: Wer gut lügt, ist im Vorteil. Anders lief es damals bei Bill Clinton. Er hatte öffentlich gelogen und behauptet, seine Frau nicht betrogen zu haben. Dass/Das brachte ihm viele Probleme ein.

Lügen ist mehr, als nur dass/das Falsche zu sagen. Wer andere mit einer Lüge täuschen will, muss die Gedankenwelt seines Gegenübers kennen. Erst dann gelingt es, eine Lüge so zu formulieren, dass/das sie glaubwürdig klingt und der andere darauf hereinfällt. Umgekehrt ist es wichtig, dass/das man andere durchschaut, um sich vor Lügen zu schützen.

Lügen als Lebensretter

Der Soziologe Prof. Peter Stiegnitz verdankt es einer Lüge, dass/das er noch lebt. Als er acht Jahre alt war, sollte er mit einem der Judentransporte nach Auschwitz gebracht werden. Doch bevor er in den Zug einstieg, fragte ihn ein NS-Mann: „Bist du Jude?" Dass/Das verneinte der jüdischstämmige Peter Stiegnitz und überlebte. Bis heute beschäftigt er sich wissenschaftlich mit dem Phänomen der Lüge und hat den Begriff der Mentiologie geprägt, der Lehre vom Lügen. Prof. Peter Stiegnitz erklärt: „Ich trete dafür ein, dass/das wir die nützliche Lüge, dass/das heißt die Lüge innerhalb der moralischen Grenze der Schädigungsabsicht bejahen, dass/das wir damit leben und die Lüge jenseits der moralischen Grenze verneinen und meiden."

Näheres zu mit **„dass"** eingeleiteten **Nebensätzen** finden Sie auf Seite 199 ff.

Der Lügendetektor

Kriminalbeamte suchen nach Möglichkeiten, Täter zu überführen. Dass/Das beste Instrument hierfür ist der Lügendetektor. Er erfasst

Vorgänge im Körper mit Messelektroden. Lügt jemand, kann dass/das zu einem Ausschlag führen, weil z. B. die Körpertemperatur steigt oder sich die Muskelspannung erhöht. Doch Experten warnen, dass/das diese Ausschläge auch andere Ursachen haben können und dass/das sich dahinter nicht immer eine Lüge verbirgt. Prof. Helmut Lukesch, ein Psychologe, meint dazu: „Wir wissen durch den Lügendetektor nur, dass/das bestimmte Bereiche sozusagen mit Scham besetzt oder mit Aufregung verbunden sind. Ob dass/das Gesagte wirklich gelogen ist, ist eine andere Frage."

Der Blick ins Gehirn

Mithilfe eines Magnetresonanztomografen können Experten die Regungen im Gehirn beobachten. Wenn jemand zum Beispiel einen Einbruch begangen hat und dann ein Foto des Diebesgutes zu sehen bekommt, führt dass/das meist zu einer Reaktion. Auf dem Bildschirm erscheinen rote und gelbe Flecken, die für eine besondere Erregung sprechen. Dass/Das diese Methode – der Tatwissenstest – von der Polizei noch nicht eingesetzt wird, ist unverständlich.

Dr. Matthias Gamer, Psychologe an der Universität Hamburg, meint dazu: „Beim Lügen ist eine Region im Schläfenbereich stärker aktiviert. Umgekehrt gibt es dass/das nicht, dass/das heißt, es ist keine Region stärker aktiviert, wenn man die Wahrheit sagt."

Bayern online: Eine Sendung von Boris Geiger und Jenny von Sperber – leicht verändert

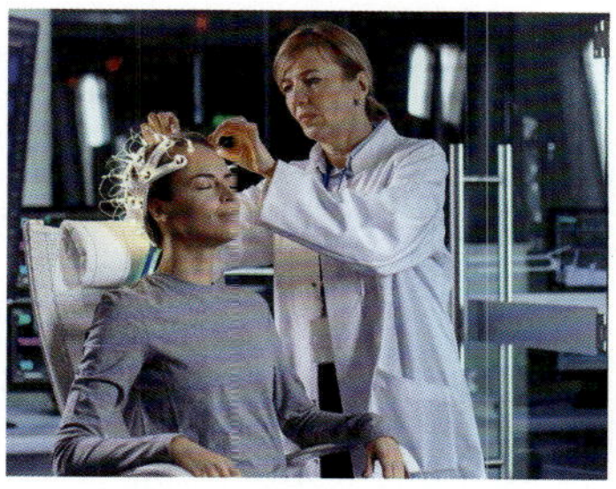

Ziele erreicht? – „s-Schreibung, Verdopplung, das-/dass-Schreibung“

Überprüfen Sie Ihr Wissen! Beantworten Sie die Fragen mit den nachfolgenden Wörtern! Bilden Sie am Ende die Summe Ihrer erreichten Punkte und benoten Sie sich selbst! **Antwortmöglichkeiten** (können mehrmals oder auch nie vorkommen):

Lösung im Anhang

richtig ■ falsch ■ ss ■ s ■ ß ■ das ■ dass ■ kurz ■ lang ■ nach vorne ■ zurück ■ Relativpronomen ■ Demonstrativpronomen ■ Artikel ■ Konjunktion

Frage/Aussage	Antwort	Punkte
1. Bei einem stimmlosen „s“ vibrieren die Stimmbänder nicht.		___/1
2. Faustregel I: kurz gesprochener Vokal oder Umlaut + stimmloser s-Laut =		___/1
3. Faustregel II: nach einem lang gesprochenen Vokal folgt **niemals** ein „ß“.		___/1
4. *Mit dem Ma____band mi____t er seine Grö____e.*		___/3
5. Der s-Laut im Wort „Vase“ wird mit stimmhaftem „s“ gesprochen.		___/1
6. „ä“, „ö“ und „ü“ sind Zwielaute.		___/1
7. Umlaut und Zwielaut sind Synonyme (Wörter gleicher Bedeutung).		___/1
8. Ein Doppel-p folgt nie nach einem lang gesprochenen Vokal.		___/1
9. Der Vokal im Wort „rot“ wird ________ gesprochen.		___/1
10. Wird ein „das“ als Relativpronomen verwendet, kann man es durch das Wort „welches“ ersetzen.		___/1
11. Nach einem Komma folgt immer ein „dass“.		___/1
12. Ein „dass“ kann niemals am Satzanfang stehen.		___/1
13. Treffen zwei „das(s)“ aufeinander, schreibt man das erste meist mit einem Doppel-s und das zweite mit nur einem „s“.		___/1
14. *<u>Das</u> hast du mir nicht gesagt!* – Um welche Wortart handelt es sich bei dem unterstrichenen „das“?		___/1
15. *Dem Mädchen, <u>das</u> ich gestern gesehen habe, möchte ich wieder begegnen!* – Um welche Wortart handelt es sich bei dem unterstrichenen „das“?		___/1
16. Demonstrativpronomen und Relativpronomen blicken ______.		___/1
17. Setzen Sie ein: *Ich möchte, ______ sie bleibt.*		___/1
18. „Dies(es)“ ist das Ersatzwort für ein Demonstrativpronomen.		___/1
19. Relativpronomen beziehen sich im Satz auf ein Verb.		___/1
20. Das Stammprinzip gilt nicht für alle abgeleiteten Formen.		___/1
21. Ändert sich der Stammvokal eines Verbs durch die Ableitung, kann sich auch die s-Schreibung verändern.		___/2
22. Der Wortstamm ist jener Teil des Verbs, der übrig bleibt, wenn man Vorsilben und die Endung weglässt.		___/1
Punkte gesamt (25)		

25–23 | 22–20 | 19–16 | 15–12 | 11 ...

Interaktive **Safety-Checks** finden Sie in der TRAUNER-DigiBox.

- s-Schreibung
- Verdopplung
- das-/dass-Schreibung

Rechtschreibung VERTIEFENDES WISSEN

1 „seid“ oder „seit“ WERKZEUG

Bei dem Wort **„seid“** handelt es sich entweder um die **zweite Person Plural von „sein“** oder um den **Imperativ von „sein“.**

Beispiele	
2. Person Plural	■ Seid ihr alle da? ■ Ihr seid heute wieder unmöglich.
Imperativ	Seid endlich still!

„Seit“ kann entweder als **Präposition** oder als **Konjunktion** verwendet werden.

Beispiele	
Präposition	Seit Jahren wartete er auf seine Beförderung.
Konjunktion	Seit sie mit der Schule fertig ist, arbeitet sie.

Arbeitsaufgabe „seid/seit“

■ Setzen Sie in den folgenden Texten alle fehlenden Formen von „seid“ und „seit“ ein!

a) „Also von vorne, ihr ______ mit eurem Wagen die Bergstraße entlanggefahren und ______ ohne Probleme bis hierher gekommen? ______ Jahren hat dies niemand ohne größeren Schaden geschafft! ______ froh darüber, dass ihr noch am Leben ______! ______ ich hier bin, sind auf dieser Strecke mehr als elf Menschen verunglückt. Wenn ihr nun weiterreist, ______ bitte vorsichtig! ______ bitte auch so nett und gebt diesen Brief ab, er liegt schon ______ Wochen hier. Nun gut, ______ mir gegrüßt!“

b) „______ wann ______ ihr denn ein Paar?“ – „Wir kennen einander ______ der ersten Klasse, aber erst ______ wenigen Tagen sind wir so eng befreundet.“ – „Aber ______ ihr zur letzten Party nicht schon gemeinsam erschienen?“ – „Ja, gemeinsam fort gehen wir ja bereits ______ Jahren, aber erst ______ ein paar Tagen sind wir so richtig verliebt. ______ Hanna meine Freundin ist, geht es mir richtig gut.“ – „Dann wünsche ich euch, dass ihr weiterhin so glücklich ______.“

2 „end-“ oder „ent-“

WERKZEUG

„end-“ ist bei allen Wörtern zu schreiben, die von **„Ende“** abgeleitet werden.

Beispiele

- endlos – ohne Ende
- endlich – am Ende doch noch ...
- endlagern – abschließend entsorgen
- endgültig – ...

„ent-“ ist eine Vorsilbe und bedeutet in vielen Zusammensetzungen **„weg“** bzw. **„heraus“**.

Beispiele

- entnehmen – herausnehmen
- entfernen – sich von etwas wegbewegen
- entkräften – die Kraft (der Argumente) schwächen, wegnehmen
- entlehnen – sich etwas ausleihen und mitnehmen
- entspannen – die Spannung wegnehmen

Arbeitsaufgabe „end-/ent-“

- Setzen Sie **„End-/end-“ oder „Ent-/ent-“** in die Lücken des folgenden Textes ein!

Das ______lose Warten auf seine ______lassung hatte nun ______lich ein ______e. Der erste Weg in Freiheit führte ihn in die Bibliothek, denn er benötigte freien Zugang zum Internet.

An den ______losen Schlangen vor der ______lehnung trottete er mit Gemächlichkeit vorbei und setzte sich im hinteren Bereich an ein für das Surfen ______sperrtes Gerät. ______lich konnte er ein wenig ______spannen und in die ______losen Weiten des Internets abtauchen.

Den Nachrichten ______nahm er, dass die Krise im Nahen Osten nun ______gültig eskaliert war, dass man in Gorleben noch immer den radioaktiven Müll ______lagerte und ______sorgte etc. etc. etc. Die Welt hatte sich in seiner schier ______losen Abwesenheit nicht verändert, und das beruhigte ihn.

Nach einer Stunde riss er sich ______lich von dem Gerät los, die wes______lichen Informationen hatte er ja bereits. Außerdem hatte er genug von der Öff______lichkeit. Daher be______ete er seine Sitzung und meldete sich ord______lich ab.

3 „Tod-/tod-“ oder „Tot-/tot-“

WERKZEUG

Zusammensetzungen mit „tod“:

- Zusammensetzungen, die das **Nomen „Tod“ als Bestimmungswort** haben, schreibt man mit „d“.
- Zusammensetzungen mit einem **Adjektiv** werden meist mit „d“ geschrieben. Oftmals dient hier **„Tod-/tod-“** nur als **Steigerung des Ausdrucks** mit der Bedeutung „sehr“ bzw. „äußerst“.

Beispiele: todunglücklich, todkrank, todmüde, tödlich, todschick

- Zusammensetzungen mit **„Todes-/todes-“** werden mit „d“ geschrieben.

Beispiele: der Todesstoß, die Todesstrafe, die Todesursache

Zusammensetzungen mit „tot“:

- Zusammensetzungen, die das **Adjektiv „tot“ als Bestimmungswort** haben, schreibt man mit „t“. Bei dieser Schreibung wird meist davon ausgegangen, dass die davon betroffene Person bzw. das davon betroffene Lebewesen tatsächlich „tot“ ist.

Beispiel: der Totschlag

- Zusammensetzungen mit einem **Verb** werden meist mit „t“ geschrieben.

Beispiele: totgefahren, totschlagen, totlaufen →
Aber: todgeweiht, todbringend

- Zusammensetzungen mit **„Toten-/toten-“** werden mit „t“ geschrieben.

Beispiele: der Totenkult, das Totenmahl, die Totenmaske

Arbeitsaufgabe „d/t“

- Setzen Sie **„d“ oder „t“** in die Lücken ein!

Hades nannten die Griechen das Reich der To___en. Oft verunglückten die to___esmutigen Helden tö___lich und sogleich wurde deren Seele in das To___enreich geführt.

Der Fährmann, halb to___gearbeitet nach dem Trojanischen Krieg, brachte die Getö___eten nur dann über den Styx, wenn dem To___en eine To___esmünze unter die to___esstarre Zunge gelegt wurde.

Tantalos musste im Hades besonders hart für seine Vergehen büßen. Er hatte seinen Sohn getö___et und ihn den Göttern als Speise vorgesetzt. Die Götter bemerkten dies und schickten ihn zur Strafe in den tiefsten Teil des To___enreiches. Dort musste Tantalos to___durstig und to___-hungrig sein „Leben“ fristen.

der Styx = jener Fluss, der das Reich der Lebenden vom Reich der Toten trennt. Über ihn bringt der Fährmann Charon die verstorbenen Seelen in das Reich des Hades.

Vertiefendes Wissen

Besonderheiten
Durch das Ableiten mancher Wörter kommt es zu schwierigen Konsonantenansammlungen.

4 „-dste-“

WERKZEUG

Wird ein Partizip I, das immer auf „-d“ endet, wie ein Adjektiv verwendet und mit dieser Form der Superlativ gebildet, so wird die Endung „-sten“ angehängt.

Beispiel
schonen – schonen**d** – am schonen**dsten** – die schonen**dste** Therapie

Arbeitsaufgabe „-dste-“

- Bilden Sie von folgenden Infinitiven das **Partizip I,** davon ausgehend den **Superlativ** (2. Steigerungsstufe) und verwenden Sie diesen **attributiv vor einem Nomen!**

Infinitiv	Partizip I	Superlativ	Anwendung
bedeuten	*bedeutend*	*am bedeutendsten*	*die bedeutendste Entwicklung*
brennen			
schlagen			
glänzen			
kleiden			
glitzern			
schimmern			
stinken			
aufbrausen			
treffen			
anstrengen			

5 Groß- und Kleinschreibung

Arbeitsaufgabe „Testen Sie sich selbst!"

Was wissen Sie schon?

- Überlegen Sie, ob Sie die in Großbuchstaben gedruckten Wörter **groß- oder kleinschreiben!**

a) An ein WEGLAUFEN war nicht zu DENKEN.

b) Er besucht mich immer DONNERSTAGS.

c) Die Ampel sprang von GRÜN auf ROT um.

d) Es gibt noch VIELES, was es zu LERNEN gibt.

e) Wir wünschen IHNEN auf IHREM weiteren Lebensweg alles GUTE, Frau Müller.

f) Ich brauche das Wörterbuch zum NACHSCHLAGEN schwieriger Wörter.

g) Sein ENGLISCH ist nahezu PERFEKT.

h) Mein Lieblingsmärchen ist „DIE sieben Raben".

i) Alles ANDERE besprechen wir MORGEN, heute bin ich schon zu müde.

j) Kannst du das ERKENNEN?

k) Regelmäßiges TRAINIEREN führt zu besseren LEISTUNGEN.

l) Mein Hobby ist LESEN.

m) Im Winter wird es des ABENDS rasch dunkel.

n) Über den UNGLÜCKLICHEN gibt es nichts NEUES zu berichten.

o) Sie stellte FEST: „SO kann das NICHT weitergehen!"

p) Er hat schon seit HEUTE VORMITTAG Kopfschmerzen.

Die **Lösungen** zu dieser Selbstüberprüfung finden Sie im **Anhang: Groß- und Kleinschreibung/LÖSUNGEN.**

Grossschreibung (G)/ Kleinschreibung (K)

a) ____________

b) ____________

c) ____________

d) ____________

e) ____________

f) ____________

g) ____________

h) ____________

i) ____________

j) ____________

k) ____________

l) ____________

m) ____________

n) ____________

o) ____________

p) ____________

Groß- und Kleinschreibung

BEISPIELE

Analysieren und Begründen

Regel	Beispielsatz	Erklärung
1	**Morgen** kann ich lange schlafen.	Satzanfang
1	Sie war sich sicher: **Das** wird ein Riesenerfolg.	Ein vollständiger Satz folgt auf einen Doppelpunkt.
1	Die Schlagzeile lautete „Immer Ärger mit den Kids“.	Überschrift
2	Mir macht das **Lesen** von Romanen Spaß.	bestimmter Artikel
2	Mir macht **Lesen** Spaß.	gedachter Artikel: Mir macht **(das)** Lesen Spaß.
2	Ein **Brummen** war zu hören.	unbestimmter Artikel
2	Lautes **Lachen** tönte mir entgegen.	versteckter Artikel im Adjektiv: das laute Lachen
2	Er ist aufs **Schlimmste** vorbereitet.	Präposition: aufs = auf das
3	Schicken **Sie** mir bitte **Ihr** Angebot zu.	höfliche Anrede
4	Wir wünschen dir alles **Gute!**	als Zahlwort gebrauchtes Pronomen

Achtung: Klären Sie immer, worauf sich ein Nominalisierungssignal bezieht!

Beispiele	Nominalisierungssignal
Hans ist **der Beste.** →	Der Artikel bezieht sich auf das Adjektiv.
Hans ist **der** beste **Skifahrer.** →	Der Artikel gehört zum Nomen „Skifahrer“ und zeigt nicht die Nominalisierung des Adjektivs an.

Achtung: Handelt es sich beim Nominalisierungssignal tatsächlich um ein Artikelwort?

Beispiel	Nominalisierungssignal
Hans hat mir **das** leise gesagt. →	„das“ wird hier als Pronomen verwendet und bezieht sich auf etwas schon Gesagtes, aber nicht auf das Wort „leise“!

Groß- und Kleinschreibung WERKZEUG

Ob ein Wort mit großem oder kleinem Anfangsbuchstaben geschrieben wird, kann Ihnen das Rechtschreibprogramm oftmals nicht sagen. In solch einem Fall sind das unten angeführte Regelwissen und gute Grammatikkenntnisse, insbesondere über Wortarten, hilfreich.

Die wichtigsten Regeln

Die meisten Zweifelsfälle der Groß-/Kleinschreibung lassen sich mit **vier Regeln** klären. Beispielsätze dazu finden Sie auf der linken Seite.

Mit großem Anfangsbuchstaben schreibt man	
1	das erste Wort eines Satzes (auch nach einem Doppelpunkt), eines Textes, einer Überschrift.
2	Nomen und als Nomen verwendete Wörter aller Wortarten.
3	die Anredepronomen und besitzanzeigenden Fürwörter in der höflichen Anrede.
4	Adjektive und Partizipien nach Zahlwörtern und als Zahlwörter gebrauchte Pronomen (unbestimmten Mengenangaben, z. B. alles, wenig, etwas, allerlei, viel). Die Adjektive/Partizipien erhalten dann als Endung ein „-es“ oder „-e“. Fehlt die Endung, schreibt man sie klein.

Wie erkennen Sie, ob ein Wort als Nomen verwendet wird?

In erster Linie daran, dass sich ein (bestimmter oder unbestimmter) **Artikel** oder ein **Artikelwort** auf ein Wort bezieht oder beziehen könnte.

- Oft ist der **Artikel mit einer Präposition** verschmolzen.
- **Adjektive,** die den Artikel (in Form einer Endung) versteckt in sich tragen, können die Funktion eines Artikels übernehmen.
- Weiters zählen **Pronomen** (sein, jeder, dieses, jemand ...) zu den Artikelwörtern, wenn sie als **Begleiter** verwendet werden.
- Der **Artikel** kann auch **ganz fehlen** und muss dazugedacht werden.

Artikelwörter werden in der Folge **alle artikelähnlichen Wörter** genannt, die einerseits eine **Artikelendung** bekommen können und andererseits **wie ein Artikel funktionieren.**

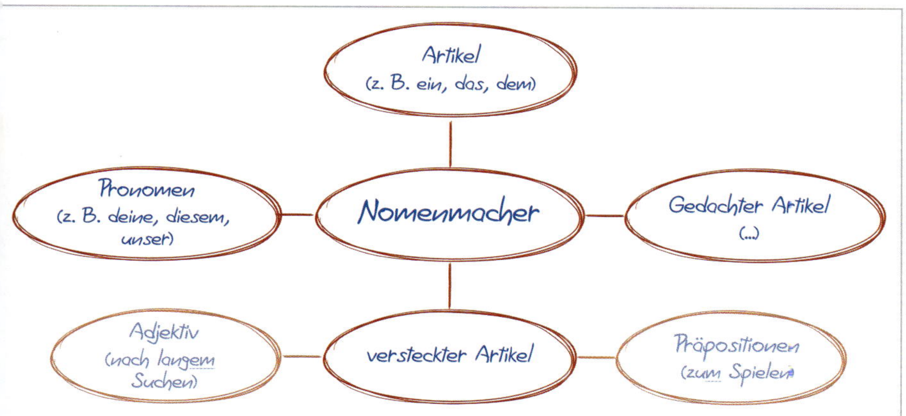

Artikel + Präposition
- ans = an – das
- aufs = auf + das
- beim = bei + dem
- im = in + dem
- vom = von + dem
- zum = zu + dem
- ...

Wörter, die Sie fast immer kleinschreiben sollten

Dazu gehören	Beispiele
Zahlwörter und als Zahlwörter gebrauchte Pronomen	viel, wenig, ander(e), ein(e), man, jedermann, beide, einige, nichts, ein bisschen, ein wenig, ein paar (= einige)
Tageszeiten als Adverbien	Kennzeichen „-s“ am Wortende, kein Artikel davor: morgens, mittags, abends

Zu diesem Kapitel finden Sie **interaktive Übungen** inkl. Lösungen und Feedback in der TRAUNER-DigiBox (Kategorie: TrainingsBox).

- groß – klein 01
- groß – klein 02

Arbeitsaufgaben „Groß- und Kleinschreibung"

1. Begründen Sie die **Großschreibung** der **fett gedruckten Wörter in den Beispielsätzen,** indem Sie jeweils die passende Regel in Kurzform angeben! **Markieren Sie** auch etwaige Signalwörter!

Beispielsatz	Erklärung
a) Wir lasen **„Die** Leiden des jungen Werthers".	
b) Über diesen Mann wüsste ich viel **Positives** zu berichten.	
c) Unser Aufsatzthema lautet **„Mein** schönstes Erlebnis mit einem Geißbock".	
d) Wir treffen einander zum **Lernen** gegen acht Uhr.	
e) Sie sind aufs **Schlimmste** gefasst.	
f) Für uns stand fest: **Wir** wollten Karl helfen.	
g) Mit lauter Stimme rief er: **„Ist** hier jemand?"	
h) Mich stört lautes **Singen** während des Unterrichts.	
i) Haben **Sie** unser Angebot erhalten?	
j) Gib mir bitte etwas zum **Schreiben!**	
k) Mein Vater sagt immer: **„Viele** Köche verderben den Brei."	
l) Sein **Zögern** hat ihm zum Nachteil gereicht.	
m) Das für mein Empfinden **Wichtige** kam nicht zur Sprache.	
n) Dieses Accessoire ist heuer ein **Muss.**	
o) Ein Mobiltelefon kann etwas sehr **Nützliches** sein.	
p) Zum Geburtstag wünschen wir dir alles **Gute**.	
q) Längeres **Verreisen** benötigt eine gute Planung.	
r) Alles hat ein Für und **Wider.**	
s) Ich bin mir nicht im **Klaren** darüber, wie es weitergehen soll.	
t) Hast du denn gar nichts **Interessantes** erlebt?	
u) Darf ich dir meine **Freundin** vorstellen?	
v) Ich habe mich beim **Weitspringen** verletzt.	
w) Mein Wecker verhindert ein **Verschlafen.**	
x) Lesen und **Schreiben** sind wichtige Kulturtechniken.	
y) **Isst** du Eis auch so gerne?	
z) Herr Huber, **Sie** haben mich sehr enttäuscht!	

2. Im Kasten finden Sie **nominalisierte Verben** und **Adjektive** mit ihren **„Nomenmachern"!** Sortieren Sie sie in eine Liste nach den folgenden Kategorien:

Verben und Adjektive			
mit Artikel	mit Pronomen	mit Präposition (+ Artikel)	mit Adjektiv (+ Artikel)

beim Einparken ■ jenes Grün ■ mein Singen ■ langes Sitzen ■ das Sortieren ■ zum Einnehmen ■ fröhliches Lachen ■ das Besondere ■ unser Raufen ■ beim Backen ■ helles Leuchten ■ vom Schwindeln ■ zum Öffnen ■ leuchtendes Rot ■ sein Üben ■ vom Diskutieren ■ das Bewegende ■ ausdauerndes Schwimmen ■ jenes Liebliche ■ klares Denken ■ sein Aufzeigen ■ rasches Überholen ■ ihr Weinen ■ vom Schlafen ■ zum Lesen

3. Suchen und **markieren** Sie in den folgenden Sätzen die **„Nomenmacher"** und schreiben Sie die Sätze in korrekter Groß-/Kleinschreibung ab! Ist der **Artikel nur gedacht,** setzen Sie ihn in **Klammern** vor dem jeweiligen Wort ein!

a) Bei kopfweh hilft vorsichtiges massieren der schläfen.

b) Dieses seminar bot uns viel interessantes.

c) Ich esse viel lieber süßes als salziges.

d) Nimmst du dir das buch zum lernen mit?

e) Ich bin vom jubeln schon ganz heiser.

f) Mich hielt sein schnarchen die ganze nacht wach.

g) Wir probieren es aufs neue.

h) Kannst du bitte dieses summen einstellen!

i) Das für uns wirklich spannende passierte im letzten kapitel.

j) Hastiges trinken kann zu schluckauf führen.

k) Plötzlich betrat diese schöne das lokal.

l) Hast du nichts preiswerteres gefunden?

m) Das teuerste ist nicht immer das beste!

n) Auf dem schild steht, dass baden hier verboten ist.

o) Er bot uns allen das du an.

TrainingsBox:
- groß – klein 03
- groß – klein 04

Rechtschreibprüfung am PC
Übertragen Sie die Sätze in ein Textverarbeitungsprogramm und schalten Sie die Rechtschreibprüfung ein! Überprüfen Sie, welche kleingeschriebenen Wörter als falsch erkannt werden und welche nicht!

TrainingsBox:
- groß – klein 05
- groß – klein 06

4. Entscheiden Sie, ob die **Pronomen in Großbuchstaben Anredefürwörter (Großschreibung) oder Personalpronomen (Kleinschreibung)** sind, und schreiben Sie den Brief ab!

Sehr geehrte Frau Müller!

Vielen Dank für IHR Mail. Wir haben IHREN Wunsch, IHRE beiden Katzen während IHRES Urlaubs bei uns unterzubringen, notiert. Wir können IHNEN versichern, dass wir uns um IHRE Katzen so kümmern werden, als wären es unsere eigenen, sodass SIE IHREN Urlaub ohne Sorgen um IHRE Lieblinge verbringen können. Wir sind uns sicher, dass SIE sich in unserer Katzen-Pension wie zu Hause fühlen werden.

Allerdings benötigen wir noch zusätzliche Informationen: Waren SIE schon einmal für längere Zeit außer Haus? Werden SIE üblicherweise nur in geschlossenen Räumen gehalten oder dürfen SIE auch in den Garten? Füttern SIE SIE mit Trockenfutter? Haben SIE schon einmal versucht, SIE mit anderen Katzen zusammenzubringen, und vertragen SIE sich mit IHNEN?

Wir danken im Vorhinein für IHRE Antwort.

Mit freundlichen Grüßen

Mia Katz

5. Markieren Sie jeweils das **Zahlwort** oder **das als Zahlwort gebrauchte Pronomen** in den nachfolgenden Sätzen! Folgt auf das Pronomen oder Zahlwort ein **Adjektiv oder Partizip (Großschreibung)** oder eine **andere Wortart (Kleinschreibung)?** Kreuzen Sie die richtige Lösung an!

TrainingsBox:
- groß – klein 07
- groß – klein 08

	Adjektiv/ Partizip	Verb
a) ich muss dir unbedingt etwas lustiges erzählen.		
b) karin musste viel üben.		
c) in meiner tasche fand ich manches unnötige.		
d) er sagt selten etwas dummes.		
e) obwohl sie angestrengt lauschten, konnten sie nichts hören.		
f) von ihm war ja nichts gutes zu erwarten.		
g) müssen wir das wirklich alles abschreiben?		
h) koch kein chili, sie mag nichts scharfes.		
i) über diese schule habe ich schon viel gutes gehört.		
j) während der projekttage haben wir manch aufregendes erlebt.		
k) zum dessert bekamen wir etwas besonders feines.		
l) an deiner arbeit ist nicht viel auszusetzen.		
m) seiner mimik nach zu urteilen, sagte sie ihm nichts nettes.		
n) der lehrer berichtete am elternsprechtag allerlei positives über meinen bruder.		

6. Handelt es sich beim „das“ in den nachfolgenden Sätzen um einen **Artikel (= Großschreibung des Verbs)** oder um ein **Demonstrativpronomen, das sich nicht auf das Verb bezieht (Kleinschreibung des Verbs)?** Kreuzen Sie an, wie Sie das Verb schreiben würden!

	groß	klein
a) Am Abend werde ich das LESEN.		
b) Ich mag das LESEN im Bett.		
c) Wenn ich das SEHE, werde ich traurig.		
d) Das BETRETEN der Baustelle ist verboten.		
e) Sie kennt das laute SCHREIEN schon lange.		
f) Morgen werde ich das ZAHLEN.		
g) Kannst du mir das VERPACKEN?		
h) Das VERPACKEN der Ware erfordert höchste Sorgfalt.		
i) Er hat das LERNEN zu wenig ernst genommen.		
j) Seit Wochen habe ich das unangenehme ZIRPEN im Ohr.		
k) Mir macht das ÜBEN der Rechtschreibung Spaß.		
l) Das STREICHELN eines Tigers ist nicht empfehlenswert.		
m) Er konnte das GESEHENE nicht verarbeiten.		
n) Hast du das GESEHEN?		

TrainingsBox:
- groß – klein 09
- groß – klein 10

7. Formen Sie die **unterstrichenen Nebensätze** zu **Nominalgruppen** um und schreiben Sie diese auf!

Beispiel
Als die Ware eintraf, war sie bereits defekt. (beim)
Die Ware war bereits beim Eintreffen defekt.

a) Bevor wir die Ware versenden, überprüfen wir sie. (vor)
b) Wenn man plaudert, erscheint die Wartezeit kürzer. (beim)
c) Es ist mir unbegreiflich, dass diese Unterlagen abhandengekommen sind. (das)
d) Ich bemerkte, wie seine Hände zitterten. (das)
e) Dass sie ständig nörgelt, stört mich. (ihr)
f) Wenn der Donner grollt, erwachen in mir böse Erinnerungen. (beim)
g) Als ich den Brief schrieb, wurde ich unterbrochen. (beim)
h) Ohne dass er etwas dazu getan hatte, kam er ins Finale. (ohne sein)
i) Er half Menschen, ihre Wut zu bekämpfen. (beim)
j) Nachdem er die Wohnung gereinigt hatte, ging er ins Kino. (nach)
k) Während ich lese, nasche ich gerne etwas. (beim)
l) Da er viel lernte, schrieb er gute Noten. (wegen)
m) Mir fällt auf, dass du häufig fehlst. (dein)
n) Ich genieße es, dass wir gemütlich zusammensitzen. (unser)

TrainingsBox:
- groß – klein 11
- groß – klein 12

Alternativaufgabe am PC
- Schalten Sie zunächst die Rechtschreibprüfung aus und schreiben Sie die Sätze in korrekter Groß-/Kleinschreibung ab!
- Nützen Sie nun die Rechtschreibprüfung zur Kontrolle!

Aber Achtung: Verlassen Sie sich nicht darauf, das Programm findet nicht alle Fehler!

Gemischte Übungen

8. Schreiben Sie die Sätze in **korrekter Groß-/Kleinschreibung** ab!

a) ich finde das abschreiben von texten lästig.

b) das einfache ist oft das beste.

c) als ich den schaden sah, war mir zum weinen zumute.

d) er erschrak, als er ein leises scharren vernahm.

e) am hinken habe ich ihn wiedererkannt.

f) hast du glattauers roman „alle sieben wellen" gelesen?

g) gnädige frau, ich möchte ihnen gratulieren.

h) die sache lag auf der hand: sie liebte ihn.

i) er beherrscht das binden von krawatten noch immer nicht, deshalb lässt er sich beim binden von seiner mutter helfen.

j) in diesem park sind spielen und lärmen verboten.

k) üblicherweise führt intensives trainieren zum erfolg. er trat aber zum wettkampf gar nicht erst an, denn er verletzte sich beim aufwärmen.

l) ich genieße das zwitschern der vögel in der früh.

m) darf ich vorstellen: das ist kurt, unser jüngster.

n) das alles erscheint mir ein bisschen eigenartig.

o) du glaubst auch, dass du etwas besonderes bist.

p) lies beim essen nicht die zeitung!

q) im farbkasten fehlt mir das dunkle blau.

r) nichts interessiert mich so sehr wie das sammeln von briefmarken.

s) jeder vom theater begeisterte sollte ein abonnement haben.

t) alles übrige erzähle ich dir persönlich.

u) ein paar von uns haben beim schreiben der hausübung musik gehört.

v) er weiß, dass joggen seine stimmung hebt.

w) ich suche schon lange nach etwas passendem.

x) mein kleiner bruder liebt das planschen und spielen am strand.

y) er hasst dieses lange diskutieren und ich möchte heftiges streiten vermeiden.

z) noch immer hatte ich jenes murmeln im ohr: „treten sie bitte näher, herr müller."

9. In dem folgenden Text aus der „Presse" wurden nachträglich **elf Fehler** bei der **Groß-/Kleinschreibung** eingebaut.
Finden Sie diese Fehler, markieren Sie sie und schreiben Sie eine **kurze Begründung** für Ihre **Verbesserung** in die Randspalte!

TrainingsBox:
- groß – klein 13

NACHPRÜFUNG: TAG UND NACHT STREBERN IST HÄUFIGER FEHLER

Auch wenn der Druck groß ist, sollten Schüler die Wochenenden und Nachmittage frei halten. Für den Erfolg bei der Prüfung sind außerdem ein Lernplan und eine Defizitanalyse von Vorteil.

Ein Lernplan, genügend Pausen und Erholung sowie eine Defizitanalyse – das ist laut Psychologen des Unterrichtsministeriums das Um und auf beim lernen für die Nachprüfung. Wichtig ist, dass Kinder und jugendliche nach dem Schulschluss zunächst einige Zeit Abstand gewinnen. Empfohlen werden einige Tage bis wenige Wochen. Dann sollten die Ursachen für das „Nicht genügend" im Zeugnis gesucht und ein Marschplan erstellt werden, wie der Stoff bewältigt werden kann. Grundsatz: Langsames beginnen und das lernen dann intensivieren. Erholungsphasen dürfen aber auch im Endspurt nicht fehlen.

Wochenenden und Nachmittag frei halten

Beim Lernrhythmus sollte man sich laut den Bildungspsychologen am gewohnten Schulalltag orientieren: Die Wochenenden und der Nachmittag sollten grundsätzlich für Freizeit und Ferienvergnügen reserviert sein. Vormittags wird in Einheiten von zwei bis drei Stunden oder zweimal eineinhalb Stunden mit Pause gelernt. Erst wenn die Prüfung näher rückt, sollte man das lernen auf vier Stunden pro Tag ausdehnen und – um sich auf die Stresssituation einzustellen – auch unter Zeitdruck arbeiten. Im Idealfall sollte in dieser Phase kein neuer Stoff mehr eingeprägt, sondern vor allem wiederholt werden – das kann durchaus auch im grünen passieren. Stehen zwei Nachprüfungen an, muss der Schüler dementsprechend mehr Zeit pro Tag investieren. Dabei sollte immer wieder kontrolliert werden, ob man noch im selbst erstellten Zeitplan liegt.

Allerdings sollte auch nach Lernbeginn nochmals eine reine Ruhephase eingelegt werden: so könnte sich der Schüler nach der Zeugnisverteilung zwei Wochen Ruhe gönnen, dann zwei Wochen lernen, wieder zwei Wochen pausieren und schließlich in den verbleibenden drei Wochen mit steigender Intensität büffeln. Der häufigste Lernfehler bei Nachprüfungen laut den Psychologen: Die ganzen Ferien verstreichen lassen und erst in den letzten Wochen Tag und Nacht strebern.

Wer sich Unterstützung von Nachhilfe-Profis holt, sollte bei schweren Lerndefiziten auf Einzelunterricht setzen. Gruppenunterricht kann indessen motivieren, weil der Schüler merkt, dass er sich nicht allein in dieser Situation befindet. Eltern und Freunde sollten vor allem Optimismus verbreiten – und vermitteln, dass ein wiederholen einer Klasse in ordnung ist.

WWW.DIEPRESSE.COM – LEICHT VERÄNDERT

die Defizitanalyse = die Untersuchung von Mängeln; hier: die Untersuchung, welche Teile des Lehrstoffs noch nicht beherrscht werden und daher nachgelernt werden müssen

Begründungen

Ziele erreicht? – „Groß- und Kleinschreibung“

Lösung im Anhang

Überprüfen Sie Ihr Wissen! Beantworten Sie die Fragen mit den nachfolgenden Wörtern! Bilden Sie am Ende die Summe Ihrer erreichten Punkte und benoten Sie sich selbst! **Antwortmöglichkeiten** (können mehrmals oder auch nie vorkommen):

Anredepronomen ■ groß ■ klein ■ in das ■ einige ■ Präpositionen ■ Pronomen ■ ganzer Satz ■ Adverb ■ richtig ■ falsch ■ Aufzählung ■ kleingeschrieben ■ großgeschrieben ■ zwei

Frage/Aussage	**Antwort**	**Punkte**
1. Nach einem Doppelpunkt wird das erste Wort großgeschrieben, wenn ein(e) ______ folgt.		___/1
2. Das erste Wort einer Überschrift wird mit großem Anfangsbuchstaben geschrieben.		___/1
3. „HEITERKEIT“ ist ein Nomen.		___/1
4. Nomen werden immer mit großem Anfangsbuchstaben geschrieben.		___/1
5. Wörter aller Wortarten können als Nomen verwendet werden.		___/1
6. *Beachten SIE bitte unsere Hausordnung!* – Das Wort in Großbuchstaben ist ein(e) ______?		___/1
7. Zahlwörter und als Zahlwörter gebrauchte Pronomen machen Adjektive zu Nomen.		___/1
8. Groß oder klein? – *Du hast nichts WESENTLICHES verpasst.*		___/1
9. Wenn sich „wenig“ auf ein Verb im Infinitiv bezieht, wird dieses großgeschrieben.		___/1
10. „ins“ ist die verkürzte Form von ______.		___/1
11. „mein“ ist ein Artikelwort.		___/1
12. Wenn kein Artikel vor einem Wort steht, schreibt man es immer klein.		___/1
13. Groß oder klein? – *Nach dem Brand standen sie vor dem NICHTS.*		___/1
14. „gestern“ ist ein Artikelwort.		___/1
15. Groß oder klein? – *Da hilft nicht einmal stundenlanges SUCHEN.*		___/1
16. „an“ gehört zur Wortart der ______.		___/1
17. Groß oder klein? – *Sie hat das GEWISSE Etwas.*		___/1
18. Im Satz „Ich habe das nicht so gemeint“ ist „das“ ein Artikelwort.		___/1
19. „EIN BISSCHEN“ wird immer ______.		___/1
20. Groß oder klein? – *Ich habe das MEISTE schon gelernt.*		___/1
21. „ein paar“ wird kleingeschrieben, wenn es ______ meint.		___/1
Punkte gesamt (21)		

Einen interaktiven **Safety-Check** finden Sie in der TRAUNER-DigiBox.

- Groß- und Kleinschreibung

Groß- und Kleinschreibung

EXPERTENWISSEN

1 Schreibung von Adjektiven, Partizipien und Pronomen

WERKZEUG

Adjektive, Partizipien und Pronomen, die sich **auf ein vorhergehendes oder nachfolgendes Nomen beziehen,** schreibt man **klein,** auch wenn davor ein Artikelwort steht.

Aber: Manchmal findet sich das **Adjektiv, Partizip** oder **Pronomen nicht in unmittelbarer Nähe des Nomens,** zu dem es gehört, vielleicht sogar in einem nachstehenden Satz. Trotzdem gilt hier die Kleinschreibung.

Expertenwissen

Arbeitsaufgaben „Schreibung von Adjektiven, Partizipien und Pronomen"

1. Zu welchen Nomen gehören die Adjektive in den folgenden Sätzen? **Unterstreichen Sie die Adjektive** und ziehen Sie einen **Pfeil zum zugehörigen Nomen!**

Beispiel

Ich nehme zwei Paar Sportschuhe mit, das bequeme alte und das ganz neue.

a) Ich wollte den größten Teil heute lernen, habe aber nur einen kleinen geschafft.

b) Bei ihr hat man den Eindruck, dass die linke Hand nicht weiß, was die rechte tut.

c) Das schwarze ist mein neues Kleid.

d) Ich besitze zwei Mobiltelefone, das alte verwende ich noch immer lieber als das neue.

e) Jede gute Tat, die du vollbringst, wird mit einer anderen guten belohnt.

f) Ich bevorzuge leise Musik, laute mag ich gar nicht.

g) Ich sortiere gerade meine Fotos, die unscharfen werfe ich weg.

h) Mir gefallen beide Mädchen, das dunkelhaarige allerdings ein wenig mehr als das blonde.

i) Welches T-Shirt möchtest du anziehen, das gelbe oder das weiße?

j) Das kleine rote dort drüben ist mein Auto.

k) Ich sehe mir gerne Fernsehserien an, die neue handelt vom Leben Jugendlicher in Südafrika.

2. Stellen Sie fest, ob die in **Großbuchstaben** geschriebenen Adjektive, Partizipien und Pronomen **groß- oder kleingeschrieben** werden!

- Achten Sie dabei vor allem darauf, ob sie sich auf ein **vorhergehendes oder nachstehendes Nomen** beziehen! Wenn dem so ist, unterstreichen Sie dieses!
- Markieren Sie die **kleingeschriebenen Wörter blau,** die **großgeschriebenen rot!**

a) Borg mir doch bitte dein Handy, bei MEINEM ist der Akku leer.
b) Er fragte sie, ob sie die SEINIGE werden wolle.
c) Ich habe mir neue Schuhe gekauft, aber die ALTEN waren viel bequemer.
d) Meine Freundin ist das FLEISSIGSTE Mädchen, das ich kenne.
e) Ich sammle Porzellanbären. Der ÄLTESTE hat meinem Großvater gehört.
f) Der DUNKELHAARIGE im Trainingsanzug, das bin ich.
g) Ich habe heuer zwei „Sehr gut" geschrieben, das ERSTE in Englisch, das ZWEITE in Deutsch.
h) Plötzlich betraten zwei Polizisten das Lokal. Der ERSTE kontrollierte die Ausweise, der ZWEITE blieb beim Ausgang stehen.
i) Der ERSTE, der mir einen Hinweis geben kann, wird belohnt.
j) Der SCHNELLSTE ist nicht immer der BESTE.
k) Ich muss mir noch Farbstifte kaufen, den GELBEN muss ich verlegt haben.
l) Sie ist mit Sicherheit die HUMORVOLLSTE unserer Lehrerinnen.
m) Jeder tut das SEINE, um zum Ziel zu kommen.
n) Unser JÜNGSTER feiert nun auch schon seinen achtzehnten Geburtstag.
o) Hast du alle Karten verkauft? – Nein, die TEUREN bin ich nicht losgeworden.
p) Der VORSICHTIGE erspart sich oft so manch Unangenehmes im Leben.
q) Wir liefen um die Wette; ich gehörte nicht zu den SCHNELLSTEN.
r) Wir ließen uns viele Autos zeigen, aber das UNSERE war das SCHÖNSTE.
s) Viele Sportler nahmen an dem Marathonlauf teil; der ÄLTESTE war bereits 70 Jahre alt, aber bei Weitem nicht der LANGSAMSTE.
t) Die KLEINE, die so gut Geige spielt, ist meine Schwester.

3. Finden Sie die **Fehler** im nachfolgenden Text und bessern Sie sie aus, indem Sie die **Wortgruppen korrekt in die Randspalte schreiben!**

Wortgruppen

das ungeduldigste

Meine Freundin ist das netteste Mädchen, das man sich vorstellen kann, aber manchmal kann sie auch das Ungeduldigste sein. Unlängst wollten wir ein Paar Schuhe kaufen. Der engagierte Verkäufer, es war ein sehr Freundlicher, zeigte uns viele Unterschiedliche. Aber das Modell, das sich meine Freundin vorgestellt hatte, war nicht dabei. Ich bemerkte, wie ihre Gesichtsfarbe sich zu einem leichten rot verfärbte – da heißt es immer aufpassen! Schließlich sprang sie auf, warf die gezeigten Schuhe auf den Boden, zog ihre Eigenen wieder an und stürmte auf die Straße. Die Verkäufer, vor allem der Unsere, sahen uns verwundert nach. Mich konnte das ganze nicht mehr erschüttern, ich kenne meine Freundin schon lange genug, bei ihr muss man immer auf überraschendes gefasst sein!

2 Schreibung von Tageszeiten

WERKZEUG

Die Bezeichnungen von Tageszeiten nach **Adverbien wie „gestern", „heute" oder „morgen"** schreibt man mit **großem Anfangsbuchstaben.**

Beispiel: Ich gehe heute Abend turnen.

Tageszeit als

Nomen	Adverb
Ein einmaliger, bestimmter Zeitabschnitt ist gemeint.	Hiermit wird eine Wiederholung bezeichnet.
Beispiel *Ich gehe am Montag turnen.* = ein bestimmter Montag	**Beispiel** *Ich gehe montags turnen.* = jede Woche am Montag

Achtung:

- Häufig, aber nicht immer ist das **„-s" ein Zeichen für ein Adverb.**

  Beispiele: morgen**s**, montag**s**

- Das „-s" kann aber auch die **Genitivendung** sein.

  Beispiel: Er pflegt des Abend**s** ein Glas Milch zu trinken.

Stehen die **Tageszeiten in Verbindung mit Wochentagen**, so werden diese zusammen- und großgeschrieben – außer sie werden als **Adverbien** verwendet. Dann werden sie wiederum kleingeschrieben.

Beispiel: *Am Montagabend gehe ich turnen.*
Aus „Montag" und „Abend" wird ein Wort, nämlich „Montagabend":
Ich gehe montagabends immer turnen.

Arbeitsaufgaben „Schreibung von Tageszeiten"

1. Handelt es sich bei den markierten Wörtern um **Adverbien oder Nomen im Genitiv?** Streichen Sie die falschen Anfangsbuchstaben durch!

   a) Meine Lieblingsserie läuft immer D/dienstags.
   b) Eines M/morgens beschloss sie, nur mehr zu Fuß in die Schule zu gehen.
   c) Deshalb steht sie M/morgens nun immer etwas früher auf.
   d) Nenads kleiner Bruder will A/abends immer ein Märchen hören.
   e) Ich saß eines schönen A/abends im Garten und las.
   f) Wir frühstücken S/sonntags immer gemeinsam.
   g) Am frühen Morgen eines außergewöhnlichen S/sonntags klopfte es an meinem Fenster.
   h) Meine Freunde und ich treffen einander immer S/samstagabends.
   i) Am frühen Abend dieses S/samstags war es uns aber zu kalt.
   j) Das war der beste Witz des A/abends.
   k) Mein Vater bearbeitet V/vormittags immer die Post.
   l) Ich habe am Vormittag des kommenden D/dienstags noch einen Termin frei.

Expertenwissen

2. Ist das Nomen „Morgen“ (Tageszeit → Großschreibung) gemeint oder das Adverb „morgen“ (nächster Tag → Kleinschreibung)? **Streichen Sie das falsche Wort durch!**

a) Ich werde dich Morgen/morgen Vormittag abholen.
b) Unser Match wird am Morgen/morgen stattfinden.
c) Er wurde gestern Morgen/morgen noch gesehen.
d) Musst du Morgen/morgen auch wieder so zeitig aufstehen?
e) Mein Wecker läutet jeden Morgen/morgen um halb fünf Uhr.
f) Vorgestern Morgen/morgen war ein besonders schöner Sonnenaufgang zu sehen.
g) Was wirst du Morgen/morgen Abend unternehmen?
h) Ein altes Sprichwort lautet: Was du heute kannst besorgen, das verschiebe nicht auf Morgen/morgen.
i) Ich war heute Morgen/morgen schon beim Training.
j) Ich freue mich schon sehr auf Morgen/morgen; da feiere ich Geburtstag.

3. Schreiben Sie die **Zeitangaben aus der Randspalte** in **korrekter Groß-/Kleinschreibung in die Lücken!** Beachten Sie auch die Zusammen-/Getrenntschreibung!

Zeitangaben

a) MORGEN VORMITTAG
b) DONNERSTAGS
c) ABENDS
d) ABENDS
e) MITTWOCH ABEND
f) GESTERN ABEND
g) MONTAGS
h) SONNTAG VORMITTAG
i) DIENSTAGS – MORGEN
j) ABENDS
ABEND
k) MORGENS
l) DIENSTAGS
m) MORGEN VORMITTAG
n) ÜBERMORGEN ABEND
o) NACHMITTAGS
p) DIENSTAG ABEND
q) MORGENS – ABENDS
r) SONNTAG MITTAG
s) MONTAG
t) NACHT
SAMSTAG – SONNTAG

a) Ich habe ____________ einen Termin bei meinem Rechtsanwalt.
b) Die Sprechstunde meines Klassenvorstands ist ____________.
c) Eines ____________ teilte sie ihm mit, dass sie ihn verlassen werde.
d) Ich trinke ____________ nie Kaffee.
e) Deine Nachricht erreichte uns am ____________.
f) ____________ sah ich einen tollen Spielfilm.
g) Seit Kurzem geht er ____________ immer zum Training.
h) Am ____________ gehe ich schwimmen.
i) In den Ferien kann ich außer ____________ jeden ____________ lange schlafen.
j) Ich lese ____________ gerne, aber heute gehe ich am ____________ aus.
k) Sie ist ____________ immer müde.
l) Die alte Frau erschien eines ____________ zum Abendessen.
m) Unser Termin wurde auf ____________ verschoben.
n) Bitte teilen Sie uns bis ____________ mit, ob Sie den Termin wahrnehmen.
o) Meine Hausübungen schreibe ich immer ____________
p) Die Serie läuft am ____________.
q) Sie arbeiten von ____________ bis ____________ ohne Pause.
r) Jeden ____________ gibt es bei uns Schnitzel mit Kartoffelsalat.
s) Wir wollten am kommenden ____________ mit den Eltern nach Spanien fahren.
t) Weißt du noch, wo du in der ____________ vom ____________ zum ____________ letzter Woche warst?

3 Superlative in Kombination mit „am“ oder „aufs“

WERKZEUG

Was Sie schon wissen

Präpositionen (mit verschmolzenem Artikel) sind „Nomenmacher“.

Einschränkung 1
Bei der Kombination von **„am“** + **Superlativ** wird das **Adjektiv kleingeschrieben,** wenn sich **„am“ nicht in „an dem“ zerlegen** lässt. In diesem Fall fragt man nach der Wortgruppe mit **„Wie?“.**

Beispiel
Er lief am schnellsten von uns allen. → Wie lief er? – „am schnellsten“
Nicht möglich: *Er lief an dem Schnellsten.*

Fragt man hingegen mit **„Woran?“** oder **„An wem?“** und lässt sich **„am“ in „an dem“ zerlegen,** muss der **Superlativ großgeschrieben** werden.

Beispiel
Es mangelte den Menschen am Notwendigsten.
→ Woran mangelte es den Menschen? – „am Notwendigsten“
Auch möglich: *Es mangelte den Menschen an dem Notwendigsten.*

Einschränkung 2
Superlative, die mit **„aufs“** gebildet werden, können **groß- oder kleingeschrieben** werden, wenn nach ihnen mit **„Wie?“** gefragt werden kann.

Beispiel
Wir haben die Anweisungen aufs Strengste/aufs strengste befolgt.
→ Wie haben wir die Anweisungen verfolgt? – „aufs Strengste/aufs strengste“

Wird mit **„Worauf?“** oder **„Auf was?“** gefragt, werden sie großgeschrieben.

Beispiel
Nach der Rede waren wir aufs Schlimmste gefasst. → Worauf waren wir gefasst? – „aufs Schlimmste“

Achtung: Dies gilt nicht für Verbindungen von anderen **Präpositionen + Artikel (z. B. zum, im, vorm, ins) + Superlativ!** In diesem Fall wird der Superlativ großgeschrieben.

Arbeitsaufgaben „Superlative in Kombination mit ‚am‘ oder ‚aufs‘“

1. Schreiben Sie die Sätze ab und setzen Sie das in **Klammern angegebene Adjektiv** im **Superlativ** ein! Überlegen Sie, ob Sie es **groß- oder kleinschreiben** müssen, indem Sie auch eine **Ersatzform** oder eine **Frage** bilden!

a) Diese Übung finde ich am (lustig).
b) Wir dürfen uns nicht immer am (schlecht) orientieren.
c) Am (gut) hat mir gefallen, dass wir lange aufbleiben durften.
d) Ich mag die Montagsserie am (lieb).
e) Mein Telefon benutze ich am (häufig) zum Schreiben von SMS.
f) Er zweifelt mittlerweile schon am (offensichtlich).
g) Diesmal hat der, der am (intensiv) trainiert hat, auch gewonnen.
h) Sie scheiterten bereits am (einfach).
i) Für diesen Entertainer wurde am (laut) applaudiert.

2. Schreiben Sie die Sätze ab und setzen Sie das **in Klammern angegebene Adjektiv im Superlativ** ein! Wo müssen Sie großschreiben, wo dürfen Sie groß- oder kleinschreiben? Formulieren Sie auch jeweils eine Frage!

a) Er hat mich aufs (grob) beleidigt.
b) Er wartete schon aufs (lustig) des Programms.
c) Wir wurden aufs (herzlich) begrüßt.
d) Dieser Fall muss aufs (eingehend) untersucht werden.
e) Wir müssen uns aufs (schlimm) vorbereiten.
f) Für heute beschränken wir uns aufs (notwendig).
g) Diesen Vorwurf weise ich aufs (entschieden) zurück.
h) Wir sind aufs (gering) angewiesen.
i) Er passte aufs (schön) auf, was er je gesehen hatte.
j) Wir haben uns aufs (gut) unterhalten.

Gemischte Übung

3. Manche der Superlative in Großbuchstaben sind nominalisiert, andere nicht. Schreiben Sie ein **„G" für Großschreibung oder ein „K" für Kleinschreibung** in die **Kästchen** und notieren Sie in der **Randspalte Stichwörter** zur betreffenden Regel!

Stichwörter

a) ____
b) ____
c) ____
d) ____
e) ____
f) ____
g) ____
h) ____
i) ____
j) ____
k) ____
l) ____
m) ____
n) ____
o) ____
p) ____
q) ____
r) ____
s) ____
t) ____
u) ____
v) ____
w) ____
x) ____
y) ____

		G/K
a)	Ich beherrsche bereits das WICHTIGSTE der Rechtschreibung.	
b)	Es ist am BESTEN, wenn wir jetzt schweigen.	
c)	Es ist das BESTE, jetzt kein Wort mehr zu sagen.	
d)	Man kann uns nicht das GERINGSTE nachweisen.	
e)	Das ist das DÜMMSTE, was du machen konntest.	
f)	Der Ablauf des Festes ist bis ins KLEINSTE festgelegt.	
g)	Mein Instinkt hat mich vor dem ÄRGSTEN bewahrt.	
h)	Ich habe nicht im ENTFERNTESTEN beabsichtigt, dich zu verletzen.	
i)	Sie wollte kein Lied zum BESTEN geben.	
j)	Ich verurteile dieses Benehmen aufs SCHÄRFSTE.	
k)	Sie wollte nicht einmal mehr im KLEINSTEN nachgeben.	
l)	Wir drangen bis ins ALLERGEHEIMSTE vor.	
m)	Diesen Witz fand ich am LUSTIGSTEN.	
n)	Wir waren aufs ÄUSSERSTE gefasst.	
o)	Dieser Turm war eindeutig am HÖCHSTEN.	
p)	Ich konnte mich nur noch ans UNANGENEHMSTE der Reise erinnern.	
q)	Sie griff ohne zu zögern zum GRÖSSTEN.	
r)	Er wehrte sich aufs HEFTIGSTE.	
s)	Diesmal war der KLEINSTE der SCHNELLSTE.	
t)	Dies war der LUSTIGSTE Abend seit Langem.	
u)	Wir delektierten uns am ALLERBESTEN.	
v)	Uns wurde nur das BESTE serviert.	
w)	Am ALLERBESTEN schmeckten mir deine Palatschinken.	
x)	Die am WENIGSTEN besitzen, geben oft am MEISTEN.	
y)	Wir beschränkten uns aufs ALLERWICHTIGSTE.	

4 Feste Verbindungen von Präposition und Adjektiv

WERKZEUG

Was Sie schon wissen

Präpositionen sind „Nomenmacher“. Daher werden Adjektive auch in festen Fügungen nach „Nomenmachern“ (z. B. Präpositionen) großgeschrieben.

Beispiel
im Allgemeinen

Aber:

- Verbindungen aus Präposition und nicht dekliniertem Adjektiv ohne vorangehenden Artikel schreibt man klein.
- Bei Verbindungen aus Präposition und dekliniertem Adjektiv ohne vorangehenden Artikel ist die Groß- und Kleinschreibung erlaubt.
- Paarformen mit nicht deklinierten Adjektiven zur Bezeichnung von Personen werden auch in Kombination mit Präpositionen großgeschrieben.

Beispiele
- über kurz oder lang
- von Neuem/von neuem
- von Jung und Alt

Achtung: Auch **„zu eigen** (machen)“ wird nur kleingeschrieben.

Arbeitsaufgaben „Feste Verbindungen von Präposition und Adjektiv“

1. Tragen Sie die **Wortgruppen** aus der Randspalte in der korrekten Groß-/Kleinschreibung in der Tabelle neben den passenden Worterklärungen ein!

Worterklärung	Wortgruppe
vorläufig	
etwas, das man braucht, nicht zur Verfügung haben	
seit langer Zeit	
die Situation ist ungünstig/schlecht	
mit Geldscheinen/Geldmünzen zahlen	
in guten und schlechten Zeiten zueinanderstehen	
wieder beginnen	
unklare Verhältnisse ausnutzen; in unbekannter Umgebung suchen	
sich bewusst sein	
an einen unbekannten Ort ziehen	
von überall her	
die/der Unterlegene sein	
Menschen jeden Alters	
nicht verändern	
nach einer gewissen Zeit	
keine Ahnung haben	
jemanden necken/foppen	

- VON NEUEM BEGINNEN
- VON NAH UND FERN
- NICHT ZUM BESTEN STEHEN
- BIS AUF WEITERES
- GROSS UND KLEIN
- AUF DEM TROCKENEN SITZEN
- ÜBER KURZ ODER LANG
- ZUM BESTEN HALTEN
- SICH IM KLAREN SEIN
- DURCH DICK UND DÜNN GEHEN
- SEIT LANGEM
- IM DUNKELN TAPPEN
- NACH UNBEKANNT VERZIEHEN
- BEIM ALTEN LASSEN
- GEGEN BAR
- DEN KÜRZEREN ZIEHEN
- IM TRÜBEN FISCHEN

2. **Markieren** Sie in den folgenden Sätzen jene Verbindungen aus Präposition und Artikel, die **nur kleingeschrieben** werden dürfen, **unterstreichen Sie** jene, die **sowohl groß- als auch kleingeschrieben** werden dürfen!

a) Der Schularbeitstermin steht schon seit längerem fest.
b) Der Betrag wurde in bar ausbezahlt.
c) Dieser Preis gilt bis auf weiteres.
d) Ich kannte den Mann von früher her.
e) Ich gehe jetzt, bis später!
f) Wir hörten von fern Musik.
g) Von nahem betrachtet gefällt mir das Gemälde noch besser.
h) Ich wohne erst seit kurzem in dieser Stadt.
i) In der verbesserten Version gefällt mir dein Aufsatz bei weitem besser.
j) Dieses Versprechen gilt auf ewig.
k) Zu kaufen von privat: gut erhaltener Teddybär.
l) Dann fangen wir eben noch einmal von neuem an.
m) Diese Regel ist uns schon seit längerem bekannt.

Zusammenfassende Übung

3. Übertragen Sie die Sätze in die **korrekte Groß- oder Kleinschreibung** und unterstreichen Sie die **festen Verbindungen bzw. Paarformeln!**

a) im großen und ganzen waren wir mit den ergebnissen dieses quartals zufrieden.
b) über kurz oder lang wird die wahrheit bewiesen werden.
c) ich muss den aufsatz noch ins reine schreiben.
d) der bauer sah den knecht schon von weitem.
e) beim ausverkauf drängen sich jung und alt in den geschäften.
f) mir war von vornherein klar, dass das nicht klappen kann.
g) halte uns doch bitte über die fortschritte auf dem laufenden.
h) du kannst ohne weiteres noch nach mitternacht bei uns läuten.
i) hast du diese geschichte wirklich für wahr gehalten?
j) zu dieser ausstellung konnten wir publikum von nah und fern begrüßen.
k) ein altes sprichwort lautet: gleich und gleich gesellt sich gern.
l) diese uhr wollte ich schon seit langem haben.
m) die stadt zeigte sich wieder einmal grau in grau.
n) deine erklärungen interessieren mich nicht im geringsten.
o) seit kurzem haben wir ein haustier.
p) möchtest du nicht ein lied zum besten geben?
q) bei der erbschaftssteuer gelten für arm und reich die gleichen bestimmungen.
r) du bist dir doch im klaren darüber, dass das konsequenzen haben wird.
s) das kann ich dir schwarz auf weiß beweisen.
t) du glaubst wirklich, du kannst mich für dumm verkaufen.
u) von nahem betrachtet war er gar nicht mehr so imposant.
v) sie hat dieses fest im stillen vorbereitet.
w) ihr vermögen hat sich um ein beträchtliches vermehrt.
x) ich habe mir dieses wissen zu eigen gemacht.
y) die polizei tappt in diesem mordfall noch im dunkeln.

5 Kleinschreibung von Nomen, die ihre nominale Bedeutung verloren haben

WERKZEUG

Was Sie schon wissen

Nomen werden großgeschrieben.

Aber:
- Die Wörter **„angst, bange, feind, freund, gram, klasse, leid, pleite, recht, schuld, spitze, unrecht, wert“** werden in Verbindung mit den Verben **„sein“, „bleiben“** und **„werden“** kleingeschrieben.
- Die Wörter **„recht/Recht“** und **„unrecht/Unrecht“** können in Verbindungen mit Verben wie **„behalten, bekommen, geben, haben, tun“** etc. groß- oder kleingeschrieben werden.

Arbeitsaufgaben „Nomen ohne nominale Bedeutung“

- Setzen Sie die **Wörter in Klammern** in **korrekter Groß- oder Kleinschreibung** ein und **markieren** Sie jene, die **sowohl groß- als auch kleingeschrieben** werden dürfen!

a) Wenn ich dir beim Klettern zusehe, wird mir ______________ (ANGST) und ______________ (BANGE).

b) Wegen dieses Vergehens lastet eine große ______________ (SCHULD) auf mir.

c) Entscheidet ihr, mir ist alles ______________ (RECHT).

d) Ich habe ______________ (ANGST) um dich, wenn du mit dem Moped fährst.

e) Dass ich nicht zu deinem Fest kommen kann, tut mir aufrichtig ______________ (LEID).

f) Wenn du weiterhin so unüberlegt einkaufst, wirst du bald ______________ (PLEITE) sein.

g) Meine Freundin ist mir sehr viel ______________ (WERT).

h) Er glaubt, er sei daran ______________ (SCHULD), dass sie erkrankt ist.

i) Ich bin es ______________ (LEID), dich ständig zu bitten, dein Zimmer aufzuräumen.

j) Früher kannte jeder den Showmaster, der häufig „Das ist ______________ (SPITZE)!“ rief.

k) Gib doch zu, dass du ______________ (UNRECHT) hast.

l) Sie ist sein ______________ (FEIND) geworden.

m) Wer trägt an seiner ______________ (PLEITE) die ______________ (SCHULD)?

n) Er war und blieb ihm ______________ (FREUND).

o) Der ______________ (WERT) des Schmuckstücks beträgt über tausend Euro.

Expertenwissen

6 Kleinschreibung von ursprünglichen Nomen, die nun als Präpositionen auftreten

WERKZEUG

Beispiele einiger wichtiger Präpositionen
abseits, angesichts, dank, kraft, längs, laut, mangels, mittels, namens, seitens, statt, an … statt, trotz, um … willen, zeit, zwecks

Was Sie schon wissen

Nomen werden großgeschrieben. Präpositionen werden kleingeschrieben.

Aber: Manche Präpositionen, die aus Nomen entstanden sind, sind diesen sehr ähnlich und werden daher häufig falsch geschrieben. Viele tragen als Signal ein „-s" am Wortende.

Arbeitsaufgaben „Kleinschreibung von ursprünglichen Nomen …"

1. Setzen Sie die **Präpositionen aus dem Kasten** in die Lücken der Sätze ein!

laut ■ statt ■ namens ■ dank ■ seitens ■ willen ■ mittels ■ längs ■ mangels ■ zwecks

a) Ich habe auch eine Freundin ________________ Susi.

b) Wir trafen einander ________________ Festlegung des Arbeitsplans.

c) Das Problem konnte ich ________________ deiner Hilfe gut lösen.

d) Ich entfernte den Splitter ________________ einer Pinzette.

e) Die Schularbeit findet ________________ Auskunft unseres Klassensprechers nächsten Montag statt.

f) Lass das doch sein, um meines Seelenfriedens ________________.

g) Wir gehen ________________ Alternativen diesen Weg.

h) Wir müssen mit Widerstand ________________ der Bevölkerung rechnen.

i) Die Bäume ________________ des Weges gehören geschnitten.

j) Ich erledige das ________________ meiner Mutter.

2. Stellen Sie fest, ob die in Großbuchstaben geschriebenen Wörter **als Nomen oder als Präposition** verwendet sind, und kreuzen Sie die richtige Antwort an!

	N	P
a) Besprechen wir die Angelegenheit von ANGESICHT zu Angesicht.		
b) Ich erkläre sie KRAFT meines Amtes für Mann und Frau.		
c) Ich bin ihr ZEIT meines Lebens sehr nahegestanden.		
d) Herzlichen DANK für deine Mühe.		
e) Den Ausflug haben wir ANGESICHTS des schlechten Wetters verschoben.		
f) Mir fehlt die ZEIT, um dich zu besuchen.		
g) Lass es, es hat ja doch keinen ZWECK.		
h) Seit er täglich trainiert, hat er viel mehr KRAFT.		
i) Das Opfer überlebte DANK der raschen ärztlichen Hilfe.		
j) Er wurde ZWECKS Feststellung der Personalien aufgehalten.		

7 Schreibung von Eigennamen und Ableitungen von Eigennamen

WERKZEUG

Was Sie schon wissen

Eigennamen werden großgeschrieben, weil sie – grammatisch gesehen – Nomen sind.

Eigennamen sind Bezeichnungen von **einzelnen** Personen, Orten, Institutionen, Werken usw.

Worauf Sie besonders achten müssen:

Mehrteilige Eigennamen können auch Wörter anderer Wortarten als Nomen enthalten, hauptsächlich sind dies Adjektive. Von den Bestandteilen mehrteiliger Eigennamen schreibt man das erste Wort und alle weiteren Wörter außer Artikel, Präpositionen und Konjunktionen **groß.**

Beispiele „Mehrteilige Eigennamen“
- die Kapverdischen Inseln
- Johann Wolfgang von Goethe
- die Vereinigten Staaten von Amerika
- Gasthaus zum Roten Hias'l

Sogenannte **feste Begriffe** sind keine Eigennamen im strengen Sinn, weil sie nicht Einzelnes bezeichnen, sondern vielmehr Klassen von Dingen, Personen oder auch Handlungen. Hier wird der **Kleinschreibung** der Vorzug gegeben.

Die **Großschreibung** gilt bei **festen Begriffen** nur in vier Bereichen. Das sind
- Titel, Ehren-, Amts- und Funktionsbezeichnungen,
- Klassifizierungen (v. a. in der Biologie),
- besondere Kalendertage,
- historische Ereignisse/Epochen.

Beispiele „Großschreibung bei festen Begriffen“
- Königliche Hoheit
- die Schwarze Witwe
- der Internationale Frauentag
- die Goldenen Zwanziger

In manchen Fällen ist es allerdings **Interpretationssache,** ob es sich um einen **festen Begriff** oder um einen **Eigennamen** handelt. In diesen Fällen darf man zwischen **Groß- und Kleinschreibung** wählen (z. B. die gelbe Karte/die Gelbe Karte). Sicherheitshalber sollten Sie aber ein Wörterbuch zurate ziehen.

Die **Ableitungen von (geografischen) Namen auf „-er“** schreibt man **groß.**

Beispiel „Geografische Namen auf ‚-er‘“
Schweizer Käse

Adjektive auf „-(i)sch“ werden **kleingeschrieben,** außer es handelt sich um einen Eigennamen. Wenn der **Name einer Person hervorgehoben werden soll,** kann man das Adjektiv auch **großschreiben,** muss aber die Nachsilbe in diesem Fall mit einem Apostroph abtrennen.

Beispiel „Adjektive“
die schillersche Ballade/
die Schiller'sche Ballade

Ableitungen mit anderen Nachsilben werden kleingeschrieben.

Beispiel „Ableitungen mit anderen Nachsilben“
eulenspiegelhafter Humor

Arbeitsaufgaben „Eigennamen“

1. Bestimmen Sie, ob es sich bei den nachfolgenden Wendungen um Eigennamen (E), feste Begriffe, die großgeschrieben werden (FG), feste Begriffe, die kleingeschrieben werden (FK), oder Zweifelsfälle (Z) handelt.

DIE KÜNSTLICHE INTELLIGENZ		DER BERLINER BÄR	
DER BLAUE BRIEF		DER NAHE OSTEN	
DER ERSTE MAI		DER BLAUE FLECK	
DIE VEREINTEN NATIONEN		DIE HOHE TATRA	
DIE GEMEINE STUBENFLIEGE		DER OLYMPISCHE GEDANKE	
DAS NEUE JAHR		DER KLEINE BÄR	
DAS GOLDENE DACHL		DIE HEILIGE MESSE	
DIE GELBE KARTE		DER HEILIGE VATER	
DER ZWEITE WELTKRIEG		DIE SCHWARZE WITWE	
SEINE EMINENZ		DIE OLYMPISCHEN SPIELE	

SIGMUND FREUD, österreichischer Arzt und Tiefenpsychologe (1856–1939)

2. Verbinden Sie die **Adjektive** der linken Spalte mit den **passenden Nomen der mittleren** und schreiben Sie die **Wendungen in die rechte Spalte!** Achten Sie dabei auf die Groß- bzw. Kleinschreibung!

NAPOLEONISCHE	Traumtheorie	
WIENER	Zahlen	
DARWINSCHE	Feldzüge	
SCHWEDISCHE	Bevölkerung	
FREUD'SCHE	Stil	
OLYMPISCHER	Relativitätsprinzip	
FRANKFURTER	Evolutionstheorie	
VIKTORIANISCHER	Kunstszene	
RÖMISCHE	Epen	
KYRILLISCHE	Gardinen	
EINSTEIN'SCHES	Bratwürste	
NEW YORKER	Wein	
HOMERISCHE	Würstchen	
NÜRNBERGER	Gedanke	
FRANZÖSISCHER	Schrift	

3. Übertragen Sie die Sätze in **korrekte Groß- bzw. Kleinschreibung** und **unterstreichen** Sie jene Wendungen, mit denen Sie sich in diesem Abschnitt beschäftigt haben!

a) WIR WÜNSCHEN DIR EIN SCHÖNES NEUES JAHR.
b) BEACHTEN SIE BITTE DIE ANSCHLÄGE AM SCHWARZEN BRETT.
c) MEINE NÄCHSTE REISE FÜHRT MICH ZUR CHINESISCHEN MAUER.
d) ICH FREUE MICH SCHON SO AUF DIE GROSSEN FERIEN.
e) ER WAR DAS SCHWARZE SCHAF DER FAMILIE.
f) IHM SASS EULENSPIEGELHAFTER SCHALK IM NACKEN.
g) MIR GEFALLEN DIE GOETHESCHEN BALLADEN BESSER ALS DIE SCHILLERSCHEN DRAMEN.
h) HEUTE ESSE ICH WIENER SCHNITZEL UND ANSCHLIESSEND SALZBURGER NOCKERL.
i) DER ANZUG IST AUS FEINSTEM ENGLISCHEM STOFF GEMACHT.
j) WIR WERDEN DEN HEILIGEN ABEND AM SCHWARZEN MEER VERBRINGEN.
k) VON ARISTOTELISCHER LOGIK VERSTEHE ICH NICHT VIEL, DAFÜR KANN ICH DIR DAS OHM'SCHE GESETZ ERKLÄREN.
l) FÜR DIESES FOUL BEKAM ER NUR DIE GELBE KARTE.
m) DIE HÖHERE MATHEMATIK IST FÜR MICH EIN SPANISCHES DORF.
n) DER WEISSE TOD EREILTE SIE IN DEN HOHEN TAUERN.
o) IN SCHWIERIGEN SITUATIONEN HILFT MIR AUTOGENES TRAINING.
p) DER REPORTER BERICHTETE AUS DEM WEISSEN HAUS.
q) WANN WURDE DAS OLYMPISCHE FEUER ERSTMALS ENTZÜNDET?
r) IM TOTEN MEER WURDE DER WEISSE HAI NOCH NIE GESICHTET.
s) MIR SCHMECKT DEUTSCHES BIER NICHT.
t) DIESER PALAST WEIST WICHTIGE MERKMALE DES VIKTORIANISCHEN BAUSTILS AUF.

8 Schreibung von Zahlen und Mengenangaben

WERKZEUG

Worauf Sie besonders achten müssen:	
Grundzahlen unter einer Million	werden kleingeschrieben, auch wenn davor ein „Nomenmacher“ steht.
Ziffer	Meint man aber die **Ziffer selbst,** wird sie großgeschrieben.
Ordnungszahlen	werden bei nominalem Gebrauch großgeschrieben.
Bruchzahlen	auf „-tel“ oder „-stel“ werden kleingeschrieben – außer sie sind nominalisiert. Mit einer **Mengenangabe** werden sie klein- und getrennt oder groß- und zusammengeschrieben.
H/hunderte, T/tausende, D/dutzende	dürfen klein- und großgeschrieben werden, wenn sie als unbestimmte Mengenangabe verwendet werden.
Unbestimmte Mengenangaben	werden in der Regel kleingeschrieben (auch wenn sich ein „Nomenmacher“ auf sie bezieht).

Beispiele

- Ich kenne diese zwei.
- Ständig würfle ich eine Zwei/einen Zweier.
- Ich war Zweiter!
- viertel acht, das erste Viertel
- der vierte Liter, der Viertelliter
- tausende Menschen/ Tausende Menschen
- viel, wenig, einige, manch(e), der eine, der andere, beide, ein paar, ein bisschen

Arbeitsaufgaben „Zahlen und Mengenangaben“

Bestimmte und unbestimmte Mengenangaben

1. Setzen Sie die fehlenden **Anfangsbuchstaben** ein und achten Sie dabei auf die Groß- und Kleinschreibung! **Kreuzen Sie jene Sätze an,** bei denen **Groß- und Kleinschreibung** möglich ist!

a) Die Fans des Stars warteten zu ___underten am Bühnenausgang. ☐
b) Der ___undertste Besucher bekam einen riesigen Blumenstrauß. ☐
c) Kannst du mir ein ___aar Äpfel geben? ☐
d) Ich habe ___utzende davon von einer Bäuerin geschenkt bekommen. ☐
e) Es werden ___ausende von Zuseherinnen und Zusehern erwartet. ☐
f) Ich freue mich schon sehr auf euch ___eide! ☐
g) Ich höre erst auf zu sammeln, wenn ich ___undert Bilder habe. ☐
h) Ich habe dir das doch schon ___undert Mal erklärt! ☐
i) Von dieser Naturkatastrophe sind ___illionen Menschen betroffen. ☐
j) Es konnte bereits ___ausenden Kindern geholfen werden. ☐

Bruchzahlen

2. Streichen Sie bei den nachfolgenden Sätzen **die falsche Schreibweise durch!** Sind beide Varianten möglich, lassen Sie beide stehen!

a) Ein viertel/Viertel des Gewinns steht mir zu.
b) Die Olympiasiegerin gewann mit zwei hundertstel Sekunden/zwei Hundertstelsekunden Vorsprung.
c) In der ersten Hälfte/hälfte spielte unsere Fußballmannschaft ganz hervorragend.
d) Ich kann schon um viertel/Viertel drei bei dir sein, aber nur drei viertel Stunden/drei Viertel Stunden bleiben.
e) In einer dreiviertel Stunde/Dreiviertelstunde muss ich zum Training.
f) Nicht einmal ein achtel/Achtel der Früchte konnte ich verarbeiten.
g) Ich war innerhalb einer viertel Stunde/Viertelstunde mit der Arbeit fertig.
h) Jeder fünfte/Fünfte Schüler hat schon einmal die Schule geschwänzt.
i) Mehr als zwei Drittel/Zweidrittel davon wurden erwischt.
j) Der Saal war erst viertel/Viertel voll.

Grund- und Ordnungszahlen

Expertenwissen

3. Schreiben Sie die Sätze in **korrekter Groß-/Kleinschreibung** ab! Achten Sie dabei besonders auf die **Schreibung der Grund- und Ordnungszahlen!**

a) Sie kam beim Wettlauf unter die ERSTEN DREI.
b) Diese ZWEI sind unsere Klassenbesten, sie haben jeweils nur einen ZWEIER im Zeugnis.
c) Wir sind zu VIERT, wir müssen den Gewinn daher durch VIER teilen.
d) Ich habe am DREIZEHNTEN April Geburtstag.
e) Er tut so, als ob er nicht bis DREI zählen könnte.
f) Zum wiederholten Male würfelt er eine SECHS.
g) Fehlt in deinem Buch auch das SECHSTE Kapitel?
h) Wir treffen uns um SIEBEN.
i) Morgen soll die Temperatur unter NULL fallen.
j) Im Rechnen mit Zahlen mit mehr als fünf NULLEN bin ich eine NULL.
k) Alle FÜNF von uns gingen zum Blutspenden.
l) Er hat eine MILLION Euro gespendet.

4. Muss es bei den folgenden Sätzen **„Paar" oder „paar"** heißen? Setzen Sie den **richtigen Anfangsbuchstaben** ein!

a) Ein ___aar tausend Zuschauerinnen und Zuschauer waren ihnen sicher.
b) Ich möchte mir noch ein ___aar schwarze Schuhe kaufen.
c) Karla und Ivan sind ein schönes ___aar.
d) Es liegen ein ___aar Nüsse auf dem Boden.
e) Sie gewannen den Bewerb im ___aarlaufen.
f) In der Deutschschularbeit befanden sich ein ___aar Fehler.
g) Mein Gummibaum verlor ein ___aar Blätter.
h) Der Geißbock frisst ein ___aar Grashalme.
i) Ist das Pferd ein ___aarhufer?

5. **Unterstreichen Sie alle Zahlwörter** und finden Sie die **falsch geschriebenen Wörter** in diesem Text! Streichen Sie diese durch und schreiben Sie sie **richtig** in die Randspalte!

Ich möchte nächstes Schuljahr im Ausland verbringen, wenigstens zum Teil. Meine Eltern sind dagegen, ich sei noch zu jung – dabei haben doch schon tausende von Schülerinnen und Schülern in meinem Alter diese Erfahrung gemacht. In einem Zeitungsartikel habe ich gelesen, dass es etwa Fünfhundert pro Jahr sind. Viele Organisationen bieten für Jugendliche im Alter zwischen Vierzehn und Achtzehn Programme an – und ich bin doch schon fünfzehn!
Dabei sind meine Eltern sehr interessiert daran, dass ich ein gutes Englisch spreche. Bereits mit sieben Jahren – da war ich erst in der ersten Klasse Volksschule – habe ich zum ersten Mal einen Kurs belegt. Ich war damit der erste in der Familie, der schon so früh mit dem Sprachenlernen begonnen hat. Fast ein viertel aus meiner Klasse nahm auch an dem Kurs teil. Damals mussten wir noch nicht Hunderte von Vokabeln lernen, sondern haben hauptsächlich gesungen und gespielt.
Möglicherweise ist meinen Eltern die Sprachreise zu teuer. Wenn dem so ist, müsste ich mich erkundigen, ob ich nicht am Erasmus-Programm für Jugendliche teilnehmen könnte. Ich werde ein Paar Mails schreiben und mich erkundigen, vielleicht kann ich meine Eltern dann überzeugen.

Korrigierte Wörter

6 Getrennt- und Zusammenschreibung

Arbeitsaufgabe „Testen Sie sich selbst!“

Was wissen Sie schon?

- Überlegen Sie, ob Sie die in Großbuchstaben gedruckten Wörter **getrennt oder zusammenschreiben!**

a) Nach Paris könnten wir doch auch ZUSAMMEN FAHREN!

b) Ein lauter Schrei ließ sie ZUSAMMEN FAHREN.

c) Dieses Eis sieht VERFÜHRERISCH GUT aus.

d) Ich möchte niemals von dir GETRENNT SEIN.

e) Immer wenn ich HEIM KOMME, begrüßt mich meine Katze.

f) Mich stört am KRANK SEIN VOR ALLEM, dass ich meine Freunde nicht sehe.

g) Die Aufgabe ist schon SO GUT wie erledigt.

h) Ich freue mich darauf, am SONNTAG MORGEN im Bett zu frühstücken.

i) Nach der Schule kaufe ich dir ein RIESIG GROSSES Eis.

j) Mit einem Hund muss man jeden Tag SPAZIEREN GEHEN.

k) Lass dich doch nicht IRRE FÜHREN!

l) Ich habe mir beim KUCHEN BACKEN die Hand verbrannt.

m) Um Karten für das Konzert zu bekommen, mussten wir eine Stunde lang SCHLANGE STEHEN.

n) Ich möchte lieber das HELL ROTE Kleid.

o) Pass auf, dass Wuffi nicht in der Menge VERLOREN GEHT.

p) Wir sollten die Hefte sorgfältig ÜBEREINANDER LEGEN.

Die **Lösungen** zu dieser Selbstüberprüfung finden Sie im **Anhang: Getrennt- und Zusammenschreibung/ LÖSUNGEN.**

Getrennt- und Zusammenschreibung

BEISPIELE

Regel	Getrenntschreibung (GS)	Zusammenschreibung (ZS)
1a	*Nächste Woche werden wir viel **zusammen sein.*** Verbindung mit „sein“ = GS	**Aber:** *Ich freue mich auf unser **Zusammensein.*** „unser“ nominalisiert die Wendung, daher ZS
1b	*Ich möchte mit dir **essen gehen.*** Verb + Verb = GS	–
1b	*Sie konnten den Dieb **gefangen nehmen.*** Partizip + Verb = GS	–
1c	*Das ist nur ein **verschwindend kleiner** Teil.* Partizip + Adjektiv = GS	–
1d	*Ich möchte **so gut** tanzen wie du.* „so“ + Adjektiv = GS	–
2a	–	*Er macht eine **vieldeutige** Aussage.* „-deutig“ kommt alleine nicht vor = ZS
2b	–	*Hast du **irgendetwas** Essbares im Haus?* Zusammensetzung mit „irgend-“ = ZS
2c	–	*Ich habe **nächtelang** gelernt.* Nomen + Adjektiv = ZS
2d	–	*Am **Sonntagmorgen** werden wir gemütlich frühstücken.* Tageszeit + Wochentag = ZS
3a	*Ihr solltet bei der Präsentation doch **frei sprechen.*** Adjektiv + Verb in wörtlicher Bedeutung (= frei sprechen, ohne abzulesen) = GS	*Man wird den Angeklagten **freisprechen.*** Adjektiv + Verb, aber in übertragener Bedeutung, denn „frei“ beschreibt NICHT, in welcher Art und Weise gesprochen wird.
3b	*Wir müssen noch **Koffer packen!*** Nomen + Verb = GS	*Ich konnte an der Veranstaltung nicht **teilnehmen.*** verblasstes Nomen + Verb = **Ausnahme** = ZS
3c	*Heute gönnen wir uns ein **riesig großes** Eis.* abgeleitetes Adjektiv + Adjektiv = GS	*Ich mag dieses **nasskalte** Wetter gar nicht.* Adjektiv + Adjektiv = ZS
3c	*Der Text ist **leichter verständlich** als der vorige.* gesteigertes Adjektiv + Adjektiv = GS	–
3c	*Sie trug ein **sehr eng anliegendes** Shirt.* erweitertes Adjektiv + Partizip = GS	–
3d	*Wir haben **zusammen gekocht.*** Betonung liegt auf „gekocht“ = GS	*Wir haben die Seiten **zusammengeklebt.*** Adverb + Verb = ZS
3e	*Alle haben an meinem Schicksal **Anteil genommen.*** Nomen + Verb = GS	*Sie hat mich an ihrem Erfolg **teilhaben** lassen.* verblasstes Nomen + Verb = ZS

Achtung:
Beachten Sie folgende Wörter! Sie werden häufig falsch geschrieben:
- vor allem
- gar nicht
- dasselbe
- -weise (probeweise)

Getrennt- und Zusammenschreibung

WERKZEUG

„Zusammenschreiben", aber „getrennt schreiben" – Warum?

Die Getrennt- und Zusammenschreibung ist ein komplexer Bereich, zu dessen vollständiger Beherrschung gute Grammatikkenntnisse benötigt werden. Sie finden hier jene Regeln, die es Ihnen ermöglichen, einen Großteil der Zweifelsfälle zu klären.

Die wichtigsten Regeln

Regel	Immer getrennt geschrieben (außer bei nominalem Gebrauch) werden:
1a	Wortgruppen mit dem Wort „sein". „sein" bleibt immer allein!
1b	Verb + Verb (auch Partizip)
1c	Partizip + Adjektiv
1d	„so", „wie", „zu" + Adjektiv oder Adverb

Regel	Immer zusammengeschrieben werden:
2a	Verbindungen, von denen ein Bestandteil in dieser Form nicht selbstständig vorkommt
2b	Alle Verbindungen mit „irgend-"
2c	Verbindungen aus Nomen und Adjektiv
2d	Tageszeiten in Verbindung mit Wochentagen

Bei Verben muss man zusätzlich zur Unterscheidung zwischen **Wortgruppen** (Getrenntschreibung) und **Zusammensetzungen** (Zusammenschreibung) auch auf die Unterscheidung zwischen **trennbaren** und **untrennbaren Verben** achten.

Regel	Getrenntschreibung	Zusammenschreibung
3a	Adjektiv + Verb in wörtlicher Bedeutung	Adjektiv + Verb in übertragener Bedeutung
3b	abgeleitetes/erweitertes/gesteigertes Adjektiv + Adjektiv/Partizip	(unflektiertes) Adjektiv + Adjektiv
3c	Adjektive auf „-ig", „-lich", „-isch" + Adjektiv	–
3d	Adverb/Präposition + Verb, wenn das Verb auch betont sein kann	Adverb/Präposition + Verb, wenn das Adverb/die Präposition betont ist (= trennbares Verb)
3e	Nomen + Verb	Nomen + Verb, wenn das Nomen verblasst ist

Beispiele „Verblasste Nomen + Verb"
eislaufen, haushalten, heimgehen (und weitere Verbindungen mit „heim-"), irreführen, irreleiten, irrewerden, kopfstehen, leidtun, nottun, preisgeben, standhalten, stattfinden, stattgeben, statthaben, teilhaben, teilnehmen, wundernehmen

Können Sie nun die eingangs gestellte Frage beantworten?

Beispiele „Getrenntschreibung"	
1a	krank sein **aber:** das Kranksein
1b	spazieren gehen
1c	strahlend schön
1d	zu viel essen

Beispiele „Zusammenschreibung"	
2a	letztmalig
2b	irgendetwas finden
2c	tagelang
2d	Montagmorgen

Näheres zu den **trennbaren** und **untrennbaren** Verben finden Sie in diesem Abschnitt unter **Getrennt- und Zusammenschreibung – VERTIEFENDES WISSEN.**

Beispiele „Getrennt- und Zusammenschreibung"	
3a	richtig schreiben, richtiggehend
3b	leichter verdaulich/ sehr leicht verdaulich
3b	nasskalt
3c	riesig groß
3d	<u>zusammen fahren</u> (gemeinsam fahren)
3d	<u>zusammen</u>fahren (erschrecken)
3e	Auto fahren, eislaufen

Zu diesem Kapitel finden Sie **interaktive Übungen** inkl. Lösungen und Feedback in der TRAUNER-DigiBox (Kategorie: TrainingsBox).

Arbeitsaufgaben „Getrennt- und Zusammenschreibung“

1. Ziehen Sie die **Wortgrenzen** in diesen „Wortschlangen“ und übertragen Sie den Text anschließend mit der korrekten Getrennt- bzw. Zusammenschreibung auf ein Blatt in Ihrer Mappe! Jede Schlange stellt einen Satz dar, die Kommas sind richtig gesetzt. **Unterstreichen Sie** anschließend in **Ihrem Text die zusammengesetzten Wörter!**

UNTERWÄSCHE-DIEB: BRITEN ZEIGEN EIGENEN KATER AN

einbritischesehepaarhatseinenkaterbeiderpolizei angezeigt,weilerunterwäschestiehlt.

wiediebritischenachrichtenagentur„pa“amdonnerstagnachmittagberichtete,hattedastieraussouthhamptonandersüdküsteenglandsalleininden vergangenenwochensiebzigwäschestückeausdernachbarschaftgestohlen.

nachdemdasehepaardenkaterletztenweihnachtsabendvoneinertierschutz organisationadoptierthatte,begannerzunächstdamit,gartenhandschuhe nachhausezubringen.

dochschonbaldstibitztederzwölfjahrealteoscarauchdamenunterhosen, herrensockenundkinderunterwäschevonbenachbartengrundstücken.

schließlichfürchtetendieeheleute,ihrenachbarnkönnteneinediebesbandein derwohngegendvermuten,undinformiertendiepolizei.

WWW.DIEPRESSE.COM

TrainingsBox:
- getrennt 01
- getrennt 02

2. Ordnen Sie die **Wortgruppen** im Kasten richtig in die Tabelle ein!

Beifall erhaltend ■ geheim halten ■ so groß ■ müde sein ■ liegen lassen ■ frisch gestrichen ■ schwimmen gehen ■ wir werden genau sein ■ zu viel ■ fürchterlich kalt ■ riesig groß ■ Trab reiten ■ richtig geraten ■ gefangen nehmen ■ wie viel ■ winzig klein ■ Feuer spucken ■ ich werde da sein

Verb + Verb	Adjektiv + Verb	Nomen + Verb

Verbindung mit „sein“	„so“, „wie“, „zu“ + Adjektiv/Adverb	komplexes Adjektiv + Adjektiv

„Komplexes Adjektiv“ meint sowohl gesteigerte, abgeleitete und erweiterte Adjektive als auch Adjektive aus -ig, -lich etc.

3. Schreiben Sie die folgenden Sätze auf ein Blatt in Ihrer Mappe und setzen Sie das **Verb in Klammern** in der jeweils geforderten Form ein!

a) Lass uns doch eine Runde spazieren (gehen, Infinitiv).

b) Hast du dieses Buch (schenken, Partizip II) bekommen?

c) Die Polizisten konnten die Übeltäter (fangen, Partizip II) nehmen.

d) Das Baby wird bald (laufen, Infinitiv) lernen.

e) In dieser Menschenmenge kann ein Kind leicht (verlieren, Partizip II) gehen.

f) Dieses Haus kann sich wirklich (sehen, Infinitiv) lassen.

g) Wer konnte dieses Unglück (kommen, Infinitiv) sehen?

h) Meine Nachbarin ist trotz ihrer Krankheit arbeiten (gehen, Partizip II).

i) Wir haben die Sirenen heulen (hören, Partizip II).

j) Zwei aufeinander folgende Verben werden üblicherweise (trennen, Partizip II) geschrieben.

TrainingsBox:
- getrennt 03

Verb + Verb
Partizip + Verb

4. In den nachfolgenden Sätzen finden Sie Wortzusammensetzungen aus Adjektiven + Verben. Überlegen Sie, ob diese **getrennt (wörtliche Bedeutung) oder zusammengeschrieben (übertragene Bedeutung)** werden müssen!

Wieder kann Ihnen die Betonungsregel helfen: Können beide Wörter betont werden, werden sie getrennt geschrieben, kann nur das erste betont werden, schreibt man sie zusammen.

a) Selbstverständlich werden wir diesen Betrag Ihrem Konto GUT SCHREIBEN.

b) Er ist erst fünf Jahre und kann schon so GUT SCHREIBEN.

c) Das ist ein wichtiger Abend, ich möchte mich noch FEIN MACHEN.

d) Bravo, das hast du FEIN GEMACHT.

e) Ich war beim Arzt, um mich KRANK SCHREIBEN zu lassen.

f) Du weißt doch, dass du die Schularbeit nicht KRANK SCHREIBEN sollst.

g) Ich kann dich nicht von jeglicher Schuld FREI SPRECHEN.

h) Wir sind alleine, du kannst ganz FREI SPRECHEN.

i) Auf vereisten Wegen kann man nicht SICHER GEHEN.

j) Lass uns SICHER GEHEN, dass es auch klappt.

k) Wir sollten die Vereinbarung schriftlich FEST HALTEN.

l) Bei Sturm musst du den Drachen ganz FEST HALTEN.

m) Kannst du bitte bei der nächsten Raststätte KURZ HALTEN?

n) Was das Geld betrifft, wollen wir unsere Kinder KURZ HALTEN.

TrainingsBox:
- getrennt 04
- getrennt 05

Adjektiv + Verb

TrainingsBox:
- getrennt 06
- getrennt 07

Nomen + Verb

Faustregel
Zusammengeschrieben wird zumeist dann, **wenn der Sinn verändert wird,** sobald man einen Artikel vor das Nomen setzt.

5. Kreuzen Sie jeweils an, ob die **Kombination von Nomen und Verb zusammen- oder getrennt geschrieben** wird! Achten Sie dabei auf die **verblassten Nomen!** Setzen Sie, wo es möglich ist, einen **unbestimmten Artikel vor das Nomen** und schreiben Sie die neue Wendung auf!

Nomen + Verb	Z	G	neue Wendung
Auto + fahren			*ein Auto fahren*
Eis + laufen			
Teil + nehmen (an einer Veranstaltung)			
Anteil + nehmen			
Korrektur + lesen			
Kopf + stehen			
Probe + fahren			
Stand + halten			
Radio + hören			
Sturm + läuten			
Preis + geben (ein Geheimnis)			
Kuchen + backen			

TrainingsBox:
- getrennt 08
- getrennt 09

Adjektiv/Partizip + Adjektiv

6. **Verbinden Sie** die **Adjektive/Partizipien!** Schreiben Sie sie in die nachfolgende Tabelle, und geben Sie in **Kurzform** an, nach **welcher Regel** Sie **zusammen- oder getrennt** schreiben!

a) nass ■ kalt
b) strahlend ■ weiß
c) besser ■ erkennbar
d) süß ■ sauer
e) verführerisch ■ schön
f) lau ■ warm
g) täuschend ■ echt
h) gestochen ■ scharf
i) mikroskopisch ■ klein
j) früh ■ reif
k) sehr schwierig ■ lesbar
l) schrecklich ■ nervös
m) tief ■ traurig
n) siedend ■ heiß
o) eisig ■ kalt

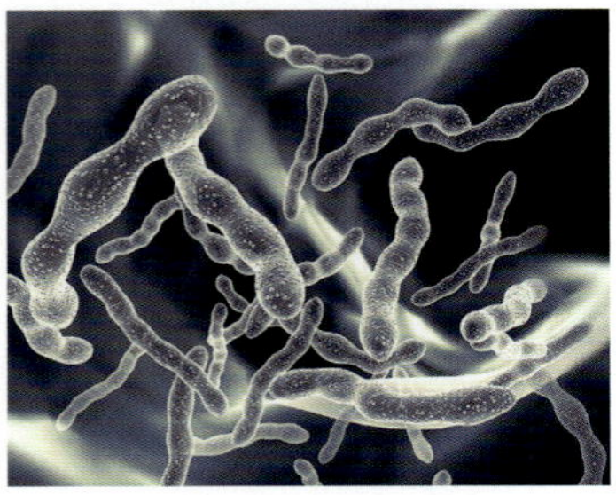

Bakterien können nur mit einem Mikroskop sichtbar gemacht werden. Sie sind

______________.

Wörter	Regel

7. Bilden Sie aus den folgenden **Wortgruppen Zusammensetzungen** und verwenden Sie sie mit einem **Nomen!**

Beispiel
im Preis günstig – *preisgünstige Kleidungsstücke*

Wortgruppe	Zusammensetzung + Nomen
schonend gegenüber der Umwelt	
reich an Einfällen	
mit schweren Folgen	
beständig in der Form	
empfindlich gegen Licht	
der Pflege bedürftig	
fähig etwas zu lernen	
mehrere Meter hoch	
acht Jahre alt	
so grau wie Asche	
frei von Fehlern	
schädlich für die Umwelt	
zum Fahren bereit	
frei von Schadstoffen	
im Wettkampf erprobt	

Zusammengesetzte Adjektive aus Nomen und Adjektiv

TrainingsBox:
- getrennt 10
- getrennt 11

Die **Betonungsregeln** können Ihnen beim Lösen der Aufgaben helfen.

8. Handelt es sich in den folgenden Sätzen um **Konjunktionen (Zusammenschreibung erforderlich) oder um die Kombination zweier Wörter?** Schreiben Sie die Sätze mit der richtigen Getrennt- bzw. Zusammenschreibung auf ein Blatt in Ihrer Mappe!

Betonungsregel: Kann nur der zweite Teil betont werden, handelt es sich um eine Konjunktion.

a) Ich komme zu deinem Fest, SO FERN es nicht regnet.

b) Mein Liebster weilt SO FERN von mir!

c) Der Vortrag hat SO LANGE gedauert, dass ich nicht mehr zum Einkaufen gekommen bin.

d) SO LANGE der Vortrag dauert, lasse ich mein Mobiltelefon ausgeschaltet.

e) Ich werde den Abwasch erledigen, NACH DEM wir gegessen haben.

f) NACH DEM Essen werde ich den Abwasch erledigen.

g) Er zeigte sein Einverständnis, IN DEM er lächelte.

h) Er schrieb einen Brief, IN DEM er seiner Freude Ausdruck verlieh.

i) Ich wusste SO VIEL und habe trotzdem kein „Sehr gut" bekommen.

j) SO VIEL ich weiß, ist er noch nicht angekommen.

k) Auf dich muss ich immer SO LANGE warten.

l) SO LANGE du zur Schule gehst, solltest du viel schlafen.

m) Ich gebe dir Bescheid, SO BALD ich mehr in Erfahrung gebracht habe.

n) Dass du SO BALD kommst, damit habe ich nicht gerechnet.

o) Hör nicht auf zu trainieren, du bist doch schon SO WEIT gekommen!

p) SO WEIT ich weiß, wohnt sie in Hamburg.

q) Er geht SO WOHL tanzen als auch laufen.

r) Ich habe mich bei dir SO WOHL gefühlt!

Adverb + Verb

9. Schreiben Sie die nachfolgenden Sätze ab und achten Sie dabei auf die **Getrennt- bzw. Zusammenschreibung von Adverb und Verb!** Unterstreichen Sie das **betonte Wort!**

a) Wenn wir so nett ZUSAMMEN SITZEN, lassen sich Probleme gut besprechen.

b) Ich freue mich sehr, dass ich dich nach so langer Zeit WIEDER SEHE.

c) Seit der Augenoperation kann meine Oma WIEDER SEHEN.

d) Wenn wir gemeinsam essen, wollen die Kinder auch DABEI SITZEN.

e) Die Arbeit der Kassiererinnen ist hart, sie dürfen nicht DABEI SITZEN.

f) Die Schlucht ist eng, wir können nur HINTEREINANDER GEHEN.

g) Wenn wir vier ZUSAMMEN KOMMEN, haben wir immer viel Spaß.

h) Es wird wohl darauf HINAUS LAUFEN, dass noch weitere Schularbeiten HINZU KOMMEN.

i) Ich glaube fest daran, dass es mit uns AUFWÄRTS GEHEN wird.

j) Redet doch miteinander, vielleicht könnt ihr doch ZUEINANDER FINDEN.

k) Lass uns WEITER GEHEN, hier gibt es ja doch nichts zu sehen!

l) Mit flachen Schuhen kann ich WEITER GEHEN als mit hochhackigen.

m) Mir ist mein Handy ABHANDEN GEKOMMEN.

n) Dieses Kapitel sollten wir noch einmal WIEDER HOLEN.

o) Muss ich den Besen schon WIEDER HOLEN?

p) Da bin ich noch einmal mit einem blauen Auge DAVON GEKOMMEN.

q) Falls es DABEI BLEIBT, sehen wir uns nächste Woche.

r) Der Autoschlüssel sollte DA LIEGEN, wo er immer liegt.

s) Herr Müller ist nicht hier, Sie müssen mit mir VORLIEB NEHMEN.

t) Konntest du das selbst HERAUS FINDEN?

u) Er konnte die Auszeichnung nicht persönlich ENTGEGEN NEHMEN.

v) Wir könnten viel VONEINANDER LERNEN.

w) Hier ist es unheimlich, lasst uns eng BEISAMMEN BLEIBEN.

10. Wird **„zu“** in den folgenden Sätzen als **Konjunktion** (Zeichen für einen nachfolgenden Infinitiv – **Getrenntschreibung)** oder als **Vorsilbe (Zusammenschreibung erforderlich)** gebraucht?

Bei der Entscheidung kann Ihnen wieder die Betonungsregel helfen: Wird „zu“ betont, wird zusammengeschrieben, wird das Verb betont, wird getrennt geschrieben.

TrainingsBox:
- getrennt 12
- getrennt 13

Vorsilbe „zu“ oder Infinitivsignal „zu“

a) Wir werden ihm ein köstliches Abendessen ZU BEREITEN.

b) Ich habe schon wieder vergessen, meine Daten ZU SICHERN.

c) Wir hoffen, ihm damit eine Überraschung ZU BEREITEN.

d) Wenn so viele Menschen ZU SEHEN, werde ich nervös.

e) Ich kann Ihnen ZU SICHERN, die Ware pünktlich zu liefern.

f) Hast du vergessen, ihm Bescheid ZU SAGEN?

g) Der Läufer konnte auf den letzten Metern noch ZU LEGEN.

h) Hast du Zeit, nach der Suppe ZU SEHEN?

i) Wenn Ihnen die Farben ZU SAGEN, streichen wir das Zimmer so.

j) Er hat die Gewohnheit, seine Beine auf den Tisch ZU LEGEN.

k) In der Nacht solltest du die Türe ZU SCHLIESSEN.

l) Zu dieser Angelegenheit habe ich nichts mehr ZU SAGEN.

m) Vergiss bitte nicht, die Türe ZU SCHLIESSEN.

n) Mein Hund würde in so einer Situation auch ZU BEISSEN.

o) Dieses Kleid würde mir auch ZU SAGEN.

TrainingsBox:
- getrennt 14
- getrennt 15

Adverb + Verb oder Partizip + Verb

11. Handelt es sich bei den Wörtern in der Tabelle um **Verbindungen zwischen Adverbien + Verben (Betonungsregel) oder Partizipien + Verben (Getrenntschreibung)?** Kombinieren Sie die Elemente in der linken Spalte mit jenen in der mittleren und schreiben Sie das Lösungswort in die rechte Spalte!

		Zusammen-/Getrenntschreibung
vorwärts	treiben	*vorwärtstreiben*
rückwärts	einparken	
aneinander	vorbeireden	
vorlieb	nehmen	
beiseite	legen	
gefangen	nehmen	
zunichte	machen	
auswendig	vortragen	
getrennt	schreiben	
zugute	halten	

Tageszeiten in Verbindung mit Wochentagen

September

Mo	Di	Mi	Do	Fr	Sa	So
				1	2	3
4	5	6	7	8	9	10
11	12	13	14	15	16	17
18	19	20	21	22	23	24
25	26	27	28	29	30	

12. Verbinden Sie die **Namen der Wochentage mit den Tageszeiten** und schreiben Sie diese Zusammensetzungen auf!

8. September, 8:30 Uhr	*Freitagmorgen*
11. September, 12 Uhr	
21. September, 18:15 Uhr	
22. September, 23:30 Uhr	
24. September, 15 Uhr	
26. September, 7:40 Uhr	

Gemischte Übungen

TrainingsBox:
- getrennt 16
- getrennt 17

13. Schreiben Sie die Sätze mit der richtigen Getrennt- bzw. Zusammenschreibung auf ein Blatt in Ihrer Mappe!

a) Die Zwillinge sehen einander so ähnlich, ich kann sie kaum AUSEINANDER HALTEN.

b) Mit dieser Hausübung werden wir bald FERTIG SEIN.

c) Du kannst doch nicht deine Kleidung einfach so FALLEN LASSEN!

d) Musst du immer so DICK AUFTRAGEN beim Erzählen?

e) IRGEND JEMAND hat meine Jause gegessen.

f) Ich kann das nicht lesen, die Wörter sind zu KLEIN GESCHRIEBEN.

g) Deine Leistungen werden wir LOBEND ERWÄHNEN.

h) Als wir noch jünger waren, haben wir häufig ZUSAMMEN GESPIELT.

i) Der Abschied wird mir sicher SCHWER FALLEN.

j) Ich möchte nicht, dass dieser Brief VERLOREN GEHT.

k) Wir treffen uns am Abend zu einem fröhlichen BEISAMMEN SEIN.

l) Die Uhr ist STEHEN GEBLIEBEN.

m) Meine Rede hat großen ANKLANG GEFUNDEN.

n) Dagegen werden wir IRGEND ETWAS unternehmen müssen.

o) Mit dem Ergebnis können wir ZUFRIEDEN SEIN.

p) SO BALD mache ich das sicher nicht mehr!

q) Lass uns darüber reden, SO BALD ich zu Hause bin.

r) Er hörte nicht und nicht auf ZU REDEN.

s) Ich musste ihm erst gut ZU REDEN, damit er sich beruhigte.

t) Bitte hilf mir, den Text RICHTIG ZU STELLEN.

14. In diesen leicht veränderten „Presse"-Artikel wurden nachträglich **zehn Fehler der Getrennt- und Zusammenschreibung** eingebaut. Finden Sie diese Fehler und schreiben Sie die Wörter **richtig in die Randspalte!** Geben Sie außerdem in **Kurzform** an, mit **welcher Regel** Sie diese Schreibweise begründen!

TrainingsBox:
■ getrennt 18

TIROLER AUSREISSER: SPRITZTOUR ENDET IN JESOLO

Am Sonntag sind die drei Hauptschüler im Alter von 14 und 15 Jahren aus Fieberbrunn in Tirol mit dem Auto eines Vaters durch gebrannt. Nun warten sie bei der Polizei in Jesolo auf ihre Eltern.

Die Spritztour der drei am Sonntag ausgerissenen Tiroler Burschen hat am Freitag Nachmittag in Jesolo ihr Ende gefunden. Laut Landeskriminalamt werden sie der Zeit in einem Polizeikommissariat des Adria-Urlaubsorts solange fest gehalten, bis ihre Eltern sie abholen. Welche Umstände dazu geführt haben, dass die Hauptschüler im Alter von 14 und 15 Jahren aufgegriffen wurden, war vorerst noch nicht klar. Alle drei sind wohlauf.

Ihnen blüht jetzt eine Anzeige, weil sie ohne Führerschein Autofuhren. Die Jugendlichen verschwanden in der Nacht auf Sonntag und mit ihnen das Auto des Vaters von einem der drei. Die beiden 14-Jährigen und der 15-Jährige waren zwischenzeitlich europa weit im Rahmen einer Schengenfahndung und zu dem über Facebook gesucht worden.

Trotz Großfahndung und Lichtbildern in den Medien gab es bis vor Kurzem nicht irgend einen Hinweis zum Verbleib der drei Buben aus Fieberbrunn bei Kitzbühel. Auch eine Handypeilung brachte keinen Erfolg, da sie ihre Telefone ausgeschaltet hatten. Die Jugendlichen hatten weder Geld noch Kleidung oder Toilette-Artikel von zu Hause mit genommen. Eine laut Polizei glaubwürdige Zeugin meldete schließlich, dass sie die Burschen am Mittwoch an einem Strand in Jesolo gesehen hatte.

DIE PRESSE – LEICHT VERÄNDERT

Korrigierte Wörter + Regeln

Ziele erreicht? – „Getrennt- und Zusammenschreibung“

Lösung im Anhang

Überprüfen Sie Ihr Wissen! Beantworten Sie die Fragen mit den nachfolgenden Wörtern! Bilden Sie am Ende die Summe Ihrer erreichten Punkte und benoten Sie sich selbst! **Antwortmöglichkeiten** (können mehrmals oder auch nie vorkommen):

Nomen ■ Verb ■ Adjektiv ■ richtig ■ falsch ■ Wochentagen ■ trennbares ■ untrennbares ■ zusammengeschrieben ■ getrennt geschrieben ■ verblasstes ■ Nominalisierung ■ abwesend sein ■ Abwesendsein ■ Abwesend sein ■ abwesendsein ■ nominalisiertes

Frage/Aussage	Antwort	Punkte
1. Wortgruppen mit „sein“ werden immer ______.		___/1
2. Stoßen Partizip und Verb aufeinander, wird meistens ______.		___/1
3. Richtig oder falsch? – *Er verdient genau so viel wie ich.*		___/1
4. Richtig oder falsch? – *Er heißt Peter, so viel ich weiß.*		___/1
5. *Er wird doch nicht schon wieder ______, sein ständiges ______ am Freitagnachmittag fällt bereits vielen auf.*		___/2
6. Verbindungen mit „irgend-“ werden ______.		___/1
7. Tageszeiten in Verbindung mit ______ werden zusammengeschrieben.		___/1
8. „missachten“ ist ein ______ Verb.		___/1
9. Richtig oder falsch? – *Ich besuche dich am* ***Mittwoch Abend.***		___/1
10. Richtig oder falsch? – *hinfallen*		___/1
11. Richtig oder falsch? – *Eis laufen*		___/1
12. Richtig oder falsch? – *ein Eis essen*		___/1
13. Richtig oder falsch? – Wortgruppen, die aus Adjektiv und Verb bestehen, werden immer zusammengeschrieben.		___/1
14. „HEIM + GEHEN“ wird ______.		___/1
15. „TEIL“ im Wort „teilnehmen“ nennt man ein ______ Nomen.		___/1
16. Um welche Wortarten handelt es sich hier? – *Auto fahren*		___/1
17. Richtig oder falsch? – *Viele Menschen lieben das Rad fahren.*		___/1
18. *Dieser Misserfolg lässt sich nicht* ***schönreden.*** – Zusammenschreibung, weil aus ______ und Verb eine neue Wortbedeutung entsteht.		___/1
19. Stoßen zwei Adjektive aufeinander, wird zumeist ______.		___/1
20. Richtig oder falsch? – *Ich muss die Milch kaltstellen.*		___/1
21. Richtig oder falsch? – *vor allem*		___/1
22. Richtig oder falsch? – *garnicht*		___/1
Punkte gesamt (23)		

23–20 19–17 16–14 13–11 10 …

Einen interaktiven **Safety-Check** finden Sie in der TRAUNER-DigiBox.

- Getrennt- und Zusammenschreibung

Getrennt- und Zusammenschreibung

VERTIEFENDES WISSEN

Bildung von

untrennbaren Verben	trennbaren Verben
mit Nomen **Beispiel:** handhaben	mit Wörtern, die in dieser Form nicht selbstständig vorkommen **Beispiel:** fehlschlagen
mit Adjektiv **Beispiel:** vollziehen	mit Partikeln (Adverb, Präposition): ab-, an-, auf-, aus-, beisammen-, bei-, ein-, entgegen, fort-, heim-, her-, hin-, hinunter-, los-, mit-, nach-, nieder-, um-, umher-, vor-, weg-, weiter-, weis-, zu-, zurück- **Beispiele:** abfahren, herlaufen, weissagen
mit Vorsilben: be-, emp-, ent-, er-, ge-, miss-, ver-, zer **Beispiele:** befehlen, erkennen	

Partikel (Adverb, Präposition), die sowohl **trennbare als auch untrennbare Verben** bilden: durch-, hinter-, über-, um-, unter-, voll-, wider-, wieder-.

Beispiele
- untergehen: es ging unter → trennbar
- unterhalten: ich unterhielt mich → untrennbar

Untrennbare Verben werden immer zusammengeschrieben.

Erkennungsstrategien

Mithilfe folgender Merkmale können Sie überprüfen, ob ein Verb trennbar oder untrennbar ist.

	Untrennbare Verben	Trennbare Verben
Konjugation	können nicht getrennt werden, ohne ihre Bedeutung zu verändern oder zu verlieren. **Beispiele** ■ Es wurde **vollzogen.** ■ Er hat das Gesetz **vollzogen.**	werden nur im Infinitiv, Partizip I und II zusammengeschrieben sowie im Nebensatz bei Endstellung. **Beispiele** ■ Das **kommt** noch **hinzu.** ■ Das **wird** noch **hinzukommen.**
Partizip Perfekt	werden entweder ohne „ge-“ geschrieben **(vollzogen)** oder mit „ge-“ vor einer Verbindung **(ge**langweilt).	werden mit „-ge-“ zwischen Vorsilbe und Verbstamm gebildet (außer bei Verben auf „-ieren“): hinzu**ge**kommen.
Infinitiv mit „zu“	„zu“ steht vor der Verbindung. **Beispiel** Seine Aufgabe ist es, das Gesetz **zu vollziehen.**	„zu“ steht zwischen Vorsilbe und Verbstamm. **Beispiel** Das wird noch hinzu**zu**kommen haben.

Arbeitsaufgaben „Trennbare und untrennbare Verben“

1. Schreiben Sie neben dem angegebenen Infinitiv eine **Wortgruppe** in der 3. Person Singular/Plural Perfekt auf!

a) umrühren: *sie hat umgerührt*

b) untersagen: ______

c) durchfallen: ______

d) unterbrechen: ______

e) aufstehen: ______

f) sich ausruhen: ______

g) zerstören: ______

h) langweilen: ______

i) abstellen: ______

j) liebkosen: ______

Beispiel

a) Warum hat er seine Freundin hintergangen? – Er meinte, es sei leicht, die Ahnungslose zu hintergehen.

2. Bilden Sie mit den angegebenen Wortgruppen **Fragen im Perfekt.** Fügen Sie in den Antworten das **„zu“** an der passenden Position ein und schreiben Sie die Sätze auf!

a) hintergehen/Freundin/er/warum? –

Er meinte, es sei leicht, die Ahnungslose ___ hinter___gehen.

b) du/Geld/Bank/hinterlegen? –

Ich war gestern dort, um es ___ hinter___legen.

c) untertauchen/Bankräuber? –

Er hatte ja Zeit genug ___ unter___tauchen.

d) umgraben/Garten/du? –

Ich hatte noch keine Zeit, ihn ___ um___graben.

e) vollziehen/er/Ritual/warum? –

Es machte ihm Spaß, es ___ voll___ziehen.

f) aufgeben/warum/du/nicht? –

Ich hatte niemals vor, so schnell ___ auf___geben.

g) entfernen/Wrack/du? –

Mein Bruder hat mir geholfen, es ___ ent___fernen.

h) durchlesen/meinen Aufsatz/du? –

Ich war zu müde, um ihn ___ durch___lesen.

i) fortsetzen/Vortragsreihe/er? –

Ja, es war immer geplant, sie ___ fort___setzen.

j) überfordern/Trainer/Buben? –

Nein, er hat gut aufgepasst, ihn nicht ___ über___fordern.

Getrennt- und Zusammenschreibung: Besonderheiten, Feinheiten, Ausnahmen

EXPERTENWISSEN

1 Verbindungen mit „bleiben“ oder „lassen“ WERKZEUG

Was Sie schon wissen

Die Kombination aus Verb + Verb wird getrennt geschrieben.

Aber: Werden **Verbindungen mit „bleiben“ oder „lassen“** in übertragener Bedeutung gebraucht, ist auch die Zusammenschreibung möglich.

Auch **„kennen lernen“/„kennenlernen“** darf sowohl getrennt als auch zusammengeschrieben werden. Sie sollten sich aber in einem Text durchgehend an eine Variante halten.

⚠ Dies ist eine **Kann-Bestimmung:** Befolgen Sie diese Regel, beweisen Sie Sprachgefühl und Regelkenntnisse. Sie machen aber keinen Fehler, wenn Sie durchgehend getrennt schreiben.

Expertenwissen

Arbeitsaufgaben „bleiben/lassen“

1. In der linken Spalte finden Sie Verbindungen mit „bleiben“ und „lassen“ in übertragener Bedeutung, in der rechten Spalte Erklärungen der Wendungen. Wenn Sie sie richtig zusammenfügen, ergibt sich ein **Lösungssatz.**

K	auf etwas sitzen bleiben	1	nicht mehr essen
M	jemanden fallen lassen	2	eine Sache nicht weiter verfolgen, sich mit einer Sache vorläufig nicht beschäftigen
A	(eine Bemerkung) fallenlassen	3	sich nicht beherrschen, sich aus Bequemlichkeit allzu lässig benehmen
H	jemanden hängenlassen	4	etwas nicht verkaufen, etwas nicht loswerden
I	etwas stehenlassen	5	nicht beachten
N	etwas bleibenlassen	6	eine Verabredung nicht einhalten, im Stich lassen
C	etwas liegenlassen	7	nicht tun, nicht beginnen, sein lassen
E	links liegenlassen	8	nicht getan werden, unerledigt bleiben
U	stehenbleiben (Uhr)	9	jemanden nicht weiter begünstigen, sich nicht weiter um ihn kümmern
C	etwas ruhenlassen	10	absagen
N	jemanden sitzenlassen	11	etwas unerledigt lassen
S	hängenbleiben	12	jemanden im Stich lassen
H	sich gehenlassen	13	nebenbei äußern
E	liegenbleiben	14	aufhören zu funktionieren
I	etwas platzenlassen	15	im Gedächtnis bleiben

Lösungssatz

1	2	3		4	5	6	7	8

9	10	11	12		13	14	15

2. Bilden Sie nun mit **jeder Wendung** aus **Aufgabe 1** einen Satz!

Expertenwissen

3. Handelt es sich bei den folgenden Wörtern um **übertragene Bedeutungen (Zusammenschreibung) oder wörtliche Bedeutungen (Getrenntschreibung)?** Setzen Sie die Wörter in Klammern korrekt ein!

a) Reiß dich zusammen, du kannst dich doch nicht so ____________________ ____________________ (hängen/lassen).

b) Von mir aus kannst du das Bild gerne an der Wand ____________________ ____________________ (hängen/lassen).

c) Es ist so heiß, lass uns zur Abkühlung ____________________ (baden/gehen).

d) Seine Geschäftsidee ist so unausgegoren, damit wird er sicher ____________________ (baden/gehen).

e) Meinst du, wir dürfen am Wochenende eine Party ____________________ ____________________ (steigen/lassen).

f) Mein kleiner Cousin möchte schon wieder seinen Drachen ____________________ (steigen/lassen).

g) Opa ist müde, wir sollten ihn ein wenig ____________________ ____________________ (ruhen/lassen).

h) Dass sie diesen alten Streit nicht ____________________ (ruhen/lassen) können!

i) Er war mit seinem Auto auf einer einsamen Landstraße ____________________ (liegen/geblieben).

j) Weil ich so müde war, bin ich noch ein wenig ____________________ ____________________ (liegen/geblieben).

4. Gemischte Übung: Kreuzen Sie die Sätze mit jenen Kombinationen aus **Verb und Verb** an, die sich **zusammenschreiben** lassen!

a) Ich möchte in der Freistunde spazieren gehen.	
b) Das muss ich mir von dir nicht bieten lassen.	
c) Du hast dich schon lange nicht mehr blicken lassen.	
d) Ich muss mit meiner kleinen Schwester noch lesen üben.	
e) Diese Jacke darf man nicht waschen, ich muss sie reinigen lassen.	
f) Diese Regel wird mir ewig im Gedächtnis haften bleiben.	
g) Sie werden ihn doch nicht in dieser Kleidung auftreten lassen!	
h) Wir sollten dieses Projekt nicht so schleifen lassen.	
i) Wenn du die Jacke nachschleifen lässt, wird sie schmutzig werden.	
j) Ich habe Angst, im Vortrag stecken zu bleiben.	
k) Wenn ich so schwer trage, solltest du nicht untätig sitzen bleiben.	
l) Drei Schüler sind heuer in unserer Klasse sitzen geblieben.	
m) Sie haben ihn wie eine heiße Kartoffel fallen gelassen.	
n) Er war ganz plötzlich mitten auf der Straße stehen geblieben.	

2 Verbindungen mit einem adjektivisch gebrauchten Partizip als zweitem Bestandteil

WERKZEUG

Was Sie schon wissen

Die Kombination aus Adjektiv + Partizip wird getrennt geschrieben.

Aber: Diese Zusammensetzungen dürfen **zusammen- und getrennt geschrieben** werden, wenn die Partizipien adjektivisch gebraucht sind.

Beispiel
ein schwer wiegendes Problem – ein schwerwiegendes Problem

Ist aber der **erste Bestandteil gesteigert oder erweitert,** gilt wiederum die **Getrenntschreibung.**

Beispiel
ein schwerer wiegendes Problem

Wird die **ganze Verbindung gesteigert oder erweitert,** schreibt man sie **zusammen.**

Beispiel
ein schwerwiegenderes Problem

Arbeitsaufgaben „Partizip"

1. Vervollständigen Sie folgende Sätze, indem Sie die **Attributsätze in adjektivisch gebrauchte Partizipien** umformen!

Beispiel
Eine Pflanze, die Fleisch frisst, nennt man ...
Eine Pflanze, die Fleisch frisst, nennt man fleischfressende / Fleisch fressende Pflanze.

a) Ein Schüler, der Rat sucht, ist ein ...
b) Ein Vater, der allein erzieht, ist ein ...
c) Ein Blick, der viel sagt, ist ein ...
d) Ein Angebot, das ernst gemeint ist, ist ein ...
e) Eine Spinne, die Ekel erregt, ist eine ...
f) Ein Drache, der Feuer speit, ist ein ...
g) Ein Brot, das frisch gebacken ist, ist ein ...
h) Ein Raubtier, das wild lebt, ist ein ...
i) Ein Vorfall, der Aufsehen erregt, ist ein ...
j) Ein Mensch, der kleinlich denkt, ist ein ...
k) Ein Mechaniker, der hart arbeitet, ist ein ...
l) Eine Schularbeit, die verloren gegangen ist, ist eine ...
m) Ein Ferialjob, der gut bezahlt ist, ist ein ...

Expertenwissen

Expertenwissen

2. In folgender Aufgabe sind alle **Kombinationen mit einem adjektivisch gebrauchten Partizip getrennt geschrieben.** Unterstreichen Sie in den Sätzen, in denen der erste Teil erweitert ist, die Erweiterung! Kreuzen Sie bei jenen Sätzen, in denen die Kombinationen mit den adjektivisch gebrauchten Partizipien auch zusammengeschrieben werden könnten, das Kästchen an!

a) Ich gratuliere dir, du hast eine alle Achtung bietende Leistung vollbracht!
b) Dem Vortrag lauschte ein bunt gemischtes Publikum.
c) Ich bereite mich vor, indem ich kunterbunt gemischte Übungen löse.
d) Meine Mutter betrat den Raum mit Unheil verkündender Miene.
e) Ich fürchtete mich in diesem völlig leer stehenden Haus.
f) In diesem hart umkämpften Markt Fuß zu fassen, ist eine schwierige Aufgabe.
g) Das Gipfelkreuz befindet sich in Schwindel erregender Höhe.
h) In diesem Restaurant wird nur Fleisch von ganz frisch geschlachteten Tieren verarbeitet.
i) Die rote Beeren suchenden Kinder liefen durch den Wald.
j) Ist die Gelse ein Blut saugendes Insekt?

Beispiel
Die Arbeit war nicht anstrengend, das war leichtverdientes Geld.

Die Arbeit war nicht anstrengend, das war sehr leicht verdientes Geld.

3. Erweitern Sie folgende Kombinationen mit adjektivisch gebrauchten Partizipien! **Achtung:** Sie müssen dann die Wörter getrennt schreiben!

a) Ich habe einen gutbezahlten Ferialjob gefunden.
b) Pass auf, wenn du mit der rotfärbenden Chemikalie hantierst!
c) Ich lebe in einem dünnbesiedelten Gebiet.
d) Schwefel ist eine übelriechende Substanz.
e) Sie schockierte ihre Eltern mit ihren schwarzgefärbten Haaren.
f) Für dieses Gericht brauchst du kleingeschnittenen Speck.
g) Für mich ist dieser Text schwerverständlich.
h) Hast du dieses kleine, alleinreisende Mädchen gesehen?
i) Die beiden gingen engumschlungen nach Hause.

Streichholzköpfe enthalten oft **Schwefel.** Daher entwickeln Sie beim Anzünden auch einen ganz eigenen Geruch.

4. Ist bei den nachfolgenden Sätzen die ganze Wortgruppe erweitert oder nur der erste Teil? Schreiben Sie die Sätze ab und entscheiden Sie, ob die gekennzeichneten Wörter getrennt oder zusammengeschrieben werden!

a) Ich mag dieses äußerst WOHL RIECHENDE Parfum.
b) Wer hilft der große NOT LEIDENDEN Bevölkerung?
c) Die sehr NOT LEIDENDEN Menschen werden in unserem Programm betreut.
d) Zuerst sollten wir uns um die SCHWER WIEGENDSTEN Probleme kümmern.
e) Erfreulicherweise waren die anderen Passagiere LEICHTER VERLETZT.
f) Meine Freundin ist ein sehr VERTRAUEN ERWECKENDER Mensch.
g) Sie werden sehen, das ist eine großen GEWINN BRINGENDE Investition.
h) Dieses Geschäft ist sehr GEWINN BRINGEND.
i) Ich mag diese ganz FRISCH GEPFLÜCKTEN Kirschen.

3 Adjektiv und Verb

WERKZEUG

Was Sie schon wissen

Die Kombination aus Adjektiv + Verb wird getrennt geschrieben, außer es entsteht eine neue Wortbedeutung.

Aber: Bezeichnet ein einfaches Adjektiv das **Resultat einer Tätigkeit,** so darf man Adjektiv und Verb getrennt und zusammenschreiben. Dies gilt dann, wenn das Verb nicht zusammengesetzt ist und es sich um kein reflexives (rückbezügliches) oder intransitives Verb handelt.

Beispiele

blau färben/blaufärben

Beide Varianten sind möglich, weil „blau" ein einfaches Adjektiv ist, „färben" kein zusammengesetztes Verb ist und „blau" das Resultat des Färbens bezeichnet. – *Was ich **blau gefärbt/blaugefärbt** habe, ist nun blau.*

Getrenntschreibung

■ **blauer färben**	„blauer" ist gesteigert
■ **ganz blau färben**	„ganz" erweitert „blau"
■ **hellblau färben**	„hellblau" ist ein zusammengesetztes Adjektiv
■ **bläulich färben**	„bläulich" ist eine Ableitung von „blau"
■ **blau einfärben**	„einfärben" ist ein zusammengesetztes Verb

Intransitive Verben benötigen kein Akkusativobjekt.

Einfache Adjektive sind nicht zusammengesetzt, erweitert, gesteigert oder abgeleitet.

Abgeleitete Adjektive tragen häufig die Nachsilben „-ig", „-lich" und „-isch".

Arbeitsaufgaben „Adjektiv und Verb"

1. Bei den folgenden Wortverbindungen **passen vier nicht in die Reihe,** weil die Adjektive nicht das Resultat einer Tätigkeit bezeichnen. Finden Sie heraus, um welche vier es sich dabei handelt, und **streichen Sie sie durch!**

- glatt streichen
- klein hacken
- schwer fallen
- dunkel lackieren
- weich spülen
- böse schauen
- hell lachen
- kahl scheren
- kaputt schlagen
- kalt bleiben
- schuldig sprechen
- dick machen
- gerade stellen

2. Setzen Sie **jene Wortverbindungen aus Aufgabe 1, die Sie nicht durchgestrichen haben,** so in die Sätze ein, dass diese einen Sinn ergeben!

a) Sie lässt sich den Kopf ______________________________.

b) Willst du wirklich deine Möbel ______________________________.

c) Ich bügle nicht; es reicht, wenn ich die Wäsche ______________________________.

d) Wir müssen noch die Kräuter ______________________________.

e) Er wird die Wäsche auch ______________________________.

f) Wenn Sie so weitermachen, werden Sie die Tasse ______________________________.

g) Der Richter hat den Angeklagten ______________________________.

h) Er wollte unbedingt die Möbel noch ______________________________.

i) Man sagt, dass Chips jeden Menschen ______________________________.

Expertenwissen

3. Unterstreichen Sie die zum Verb gehörigen Adjektive! Prüfen Sie, ob es sich dabei um **einfache Adjektive** handelt, und **kreuzen Sie anschließend an,** ob Sie die Wendungen zusammenschreiben dürfen (Ja) oder nicht (Nein)!

	Ja	Nein
a) Bevor du zu deinem Vorstellungsgespräch gehst, solltest du dich glatt rasieren.		
b) Um gute Makronen herstellen zu können, musst du die Mandeln ganz fein mahlen.		
c) Hast du den Kühlschrank kälter gestellt?		
d) Ich habe den Pudding über Nacht kalt gestellt.		
e) Der Friseur hat mir die Haare zu dunkel gefärbt.		
f) Das Gummiband lässt sich ganz schön lang ziehen.		
g) Vor dem Servieren der Nachspeise muss ich noch das Obers steif schlagen.		
h) Wirst du mit der Arbeit rechtzeitig fertig werden?		
i) Er möchte den Zaun ganz gerade richten.		
j) Sie können sich im Gästezimmer frisch machen!		
k) Oje, ich habe die Eier zu hart gekocht.		
l) Diese Erlebnisse werden ihn hart machen.		
m) Ich habe mir die Haare kurz abschneiden lassen.		
n) Bis ich am Ziel bin, werde ich mir die Füße wund laufen.		
o) Wenn sie das hört, wird sie wieder die Augenbrauen hoch ziehen.		
p) Dank seines Verhandlungsgeschicks hat er die Geiseln frei bekommen.		

4. Gemischte Übung: Schreiben Sie die folgenden Sätze ab, wobei Sie zusammenschreiben sollten, was zusammengeschrieben werden darf! Notieren Sie in der **Randspalte ein Stichwort zur Regel, wenn Sie die Wörter getrennt schreiben!**

a) Dir wird die Regel auch noch klar werden.
b) Könntest du bitte den Rasen noch etwas kürzer mähen?
c) Die Belastungen werden ihn noch krank machen.
d) Sie werden ihr Haus neu aufbauen.
e) Alle Waschmittelhersteller versprechen, dass ihre Produkte die Wäsche besonders rein waschen.
f) Dieser Job wird mich wohl nicht reich machen.
g) Du gehst so schlampig, dass du deine Absätze schief trittst.
h) Für den Schulball hat sie sich besonders schön gemacht.
i) Im Fasching werde ich mein Gesicht schwarz anmalen.
j) Soll ich dir den Tee wärmer machen?
k) Diesen Anzug dürfen Sie nur trocken reinigen.
l) Ich werde mir die Haare trocken föhnen.
m) Das gebrochene Gelenk mussten die Ärzte ruhig stellen.
n) Ich kann mir dein Gerede nicht mehr ruhig anhören.
o) Nach dem Konzert musste ich ihn richtiggehend wach rütteln.

Regeln

a) ______
b) ______
c) ______
d) ______
e) ______
f) ______
g) ______
h) ______
i) ______
j) ______
k) ______
l) ______
m) ______
n) ______
o) ______

4 Einzelne Getrennt- und Zusammenschreibungen

WERKZEUG

Wird das Wort **„Mal"** als Nomen verwendet, wird es groß- und vom zugehörigen Attribut getrennt geschrieben. Ansonsten schreibt man es klein und zusammen. Dass „Mal" als Nomen verwendet wird, erkennt man oft an der Deklinationsendung oder den Begleitern.

Beispiel
das erste Mal – auf einmal

Immer zusammengeschrieben werden:
auf einmal, manchmal, diesmal, zweimal, keinmal

Lassen Sie bei der Wiedergabe einer umgangssprachlichen Wendung die Silbe „ein" weg, wird „mal" kleingeschrieben: noch mal/nochmal (**Aber Achtung:** nochmals!), komm mal her ...

Arbeitsaufgabe „Einzelne Getrennt- und Zusammenschreibungen"

- Setzen Sie die **Wörter in den Klammern in die Lücken** ein und **markieren Sie die Fallendungen!** Achten Sie auf die Getrennt- bzw. Zusammenschreibung sowie die Groß- und Kleinschreibung!

a) Ich habe diesen Film bereits ______________ (VIER MAL) gesehen.

b) Lass uns das ein ______________ (ANDER MAL) besprechen.

c) Das solltest du nicht noch ______________ (EIN MAL) versuchen!

d) ______________ (AUF EIN MAL) stand sie vor meiner Tür.

e) ______________ (DIESES MAL) lasse ich dir das noch durchgehen.

f) Lass es uns ______________ (DIES MAL) auf meine Art probieren!

g) Du solltest jede Übung mindestens ______________ (ZWEI MAL) machen.

h) Ich habe den Eindruck, dass du ______________ (VON MAL ZU MAL) besser wirst.

i) Ich gehe ______________ (MANCH MAL) mit meinen Freunden spazieren.

j) Dieses Buch habe ich schon ______________ (VIELE MALE) gelesen.

k) Ich habe schon so ______________ (MANCHES MAL) im Zelt geschlafen.

l) Ich danke Ihnen ______________ (VIEL MALS) für Ihr Angebot.

Expertenwissen

5 Präpositionen und Nomen

WERKZEUG

Was Sie schon wissen

Die Kombination aus Präposition + Nomen wird häufig getrennt geschrieben.

Aber: Ergeben eine Präposition und ein Nomen eine neue Präposition oder ein neues Adverb, werden sie zusammengeschrieben.

Beispiele: anstatt, anstelle, inmitten, zuliebe

Die **Getrennt- und Zusammenschreibung ist u. a. in folgenden Fällen möglich:** imstande sein/im Stande sein ■ infrage stellen/in Frage stellen ■ zugrunde gehen/zu Grunde gehen ■ zuhause/zu Hause ■ zuleide/zu Leide ■ zurande/zu Rande ■ zustande/zu Stande ■ anstelle/an Stelle ■ aufgrund/auf Grund ■ aufseiten/auf Seiten ■ mithilfe/mit Hilfe ■ vonseiten/von Seiten ■ zugunsten/zu Gunsten

Arbeitsaufgaben „Präpositionen und Nomen“

1. Setzen Sie die **Wörter in den Klammern in die Lücken** ein und **markieren Sie** jene farbig, die Sie getrennt und zusammenschreiben können! **Achtung:** Manche Kombinationen aus Präposition und Nomen dürfen in dieser Übung nicht zusammengeschrieben werden.

a) Das kommt für mich überhaupt nicht ______________________ (IN FRAGE).

b) Er hat gelesen ______________________ (AN STATT) zu lernen.

c) Möchtest du lieber ______________________ (ZU FUSS) gehen oder mit dem Bus fahren?

d) Musst du immer alles ______________________ (IN FRAGE) stellen?

e) Mein kleiner Bruder ist schon ______________________ (IM STANDE), alleine zu essen.

f) Bevor wir ausgehen, muss ich diesen Text noch ______________________ (ZU ENDE) bringen.

g) Sprich doch mir ______________________ (ZU LIEBE) mit ihm!

h) Der Star stand ______________________ (IN MITTEN) seiner kreischenden Fans.

i) Es macht den Eindruck, als sei er jetzt völlig ______________________ (VON SINNEN).

j) Heute bleibe ich zur Abwechslung einmal ______________________ (ZU HAUSE).

2. Verbindungen mit „allzu“ werden getrennt geschrieben. Bilden Sie **fünf Sätze,** in denen „allzu“ vorkommt!

- ______________________
- ______________________
- ______________________
- ______________________
- ______________________

7 Kommasetzung

Arbeitsaufgabe „Testen Sie sich selbst!“

Was wissen Sie schon?

- Wo dürfen/müssen Beistriche gesetzt werden? Setzen Sie sie ggf. ein und vergleichen Sie Ihre Ergebnisse mit den Lösungen im Anhang!

a) Meiner Meinung nach hat dies nichts mit dem Wetter zu tun.

b) Sollten wir auf Rechtschreibung Grammatik Interpunktion und Syntax mehr achtgeben?

c) Wenn es zu regnen beginnt müssen wir den Wettbewerb abbrechen.

d) Bello ist ein lebhafter sehr freundlicher Hund.

e) Einerseits hatte er genug Geld andererseits war ihm das T-Shirt nicht so viel wert.

f) Manche Geschäfte z. B. die in Tourismusgebieten dürfen auch an Wochenenden und Feiertagen geöffnet haben.

g) Oh je ich habe schon wieder einen Fehler gefunden.

h) Das Buch das wir im Unterricht gelesen haben war nicht sehr spannend.

i) Guten Tag meine sehr verehrten Zuhörerinnen und Zuhörer mein Name ist Hanna Müller.

j) Meine Freundin bat mich ihr bei der Hausübung zu helfen.

k) Ich sagte zu ohne auch nur eine Sekunde zu zögern.

l) Auf einen Tag der Woche nämlich auf den Sonntag freue ich mich besonders.

Die **Lösungen** zu dieser Selbstüberprüfung finden Sie im **Anhang: Kommasetzung/ LÖSUNGEN.**

Kommasetzung

BEISPIELE

Regel	
1	■ Ich möchte die Schule abschließen, ein Studium beginnen, einen interessanten Beruf ergreifen. ■ Er kam, sah und lief davon. ■ Das Kleid gefällt mir viel, viel besser. ■ Wir brachten Kuchen, Kaffee und Saft mit. ■ Das Auto ist schnell, schön, teuer. ■ Borg mir doch bitte einen Kugelschreiber oder etwas Ähnliches. ■ Ich mag sowohl Pizza als auch Spaghetti gern.
2	■ Das Buch ist alt, aber gut erhalten. ■ Ich verbringe viel Zeit mit Lesen, außerdem mit Musikhören.
3	■ Das ist Herr Pfandlhuber, mein Klassenvorstand. ■ Wir beide, du und ich, wissen das. ■ Ich lese gerne, vor allem Liebesgeschichten.
4	■ Ich lese Zeitung, um auf dem Laufenden zu bleiben. ■ Er riet mir, sofort nach Hause zu gehen. ■ Vom langen Wandern erschöpft, ließ er sich im Gras nieder.
5	■ Die Sportler betreten das Spielfeld, die Landeshymne wird gespielt(,) und dann ertönt der Anpfiff. ■ Ich weiß, dass ich nichts weiß. ■ Der Mann jubelte, dass er im Lotto gewonnen habe, und lief davon. ■ Ich weiß, dass du sparsam bist, dass du das neue Handy aber trotzdem kaufen wirst.
6	■ Ach, lass uns doch zu Hause bleiben. ■ Herr Müller, treten Sie doch näher! ■ Allerdings, genau das meine ich!
7	■ „Stimmt das so?“, fragte er schüchtern. ■ „Bitte“, rief sie entnervt, „denk doch endlich mit!“

Zu diesem Kapitel finden Sie **interaktive Übungen** inkl. Lösungen und Feedback in der TRAUNER-DigiBox (Kategorie: TrainingsBox).

- Komma 01
- Komma 02

Arbeitsaufgabe „Kommasetzung“

1. Nun sind Sie an der Reihe! Fügen Sie die Nummer der Regel ein, nach der die Beistriche gesetzt wurden!

	Regel
a) Georg, beeil dich bitte!	
b) Ob ich heute mitkommen darf, weiß ich noch nicht.	
c) Er pfiff laut, tanzte, war einfach glücklich.	
d) Meine Freundin, eine Klavierspielerin, gibt heute ein Konzert.	
e) Er belegt den Kurs, um sein Geigenspiel zu perfektionieren.	
f) „Entschuldige bitte“, erwiderte er, „ich habe gerade ein wenig geträumt.“	
g) Ohne auch nur mit der Wimper zu zucken, log er sie an.	
h) Das hat wehgetan, au!	
i) Liliane ist so eine gute, treue, verschwiegene Freundin!	
j) Jetzt habe ich das T-Shirt, das mir eigentlich zu teuer ist, doch gekauft.	

Kommasetzung **WERKZEUG**

Wozu brauchen Sie Kommas? – Ganz einfach: Richtig gesetzte Kommas erleichtern das Lesen und Verstehen eines Textes. Sie erleichtern aber auch das Schreiben, da sich mit ihnen Mehrdeutigkeiten/mehrdeutige Formulierungen verhindern lassen. So manches Missverständnis kann durch ein nicht oder falsch gesetztes Komma entstehen.

Beispiele „Mehrdeutige Formulierungen"

- Er will sie nicht.
Er will, sie nicht. } Wer will hier nicht?
- Ich riet, ihm zu folgen.
Ich riet ihm, zu folgen. } Wer soll wem folgen?
- Karl sagt, Anna spinnt.
Karl, sagt Anna, spinnt. } Spinnt nun Anna oder Karl?

Die wichtigsten Regeln

1 Das Komma steht bei **Aufzählungen gleichrangiger Satzglieder und Attribute,** außer sie sind durch folgende Konjunktionen verbunden: und, oder, beziehungsweise (bzw.); wie, sowie; entweder – oder, weder – noch, nicht – noch; sowohl – als (auch).

2 Das Komma trennt Satzglieder, Attribute oder Teilsätze ab, die durch **anreihende oder entgegensetzende Konjunktionen** verbunden sind.

> **Beispiele „Anreihende Konjunktionen"**
> auch, außerdem, ferner, je – desto, einerseits – andererseits, zum einen – zum anderen, teils – teils
>
> **Beispiele „Entgegensetzende Konjunktionen"**
> aber, zwar, jedoch, doch, sondern, vielmehr, dennoch

3 **Appositionen, nachgestellte Einschübe und nähere Bestimmungen** werden durch ein Komma abgetrennt.

4 Grundsätzlich dürfen **Infinitivgruppen** und **Partizipgruppen** zumeist durch Kommas abgetrennt werden; in manchen Fällen müssen sie das auch. Sie sind also auf der sicheren Seite, wenn Sie Kommas setzen.

5 Das Komma **trennt Sätze (Haupt- und Hauptsätze, Neben- und Nebensätze, Haupt- und Nebensätze)** voneinander. In manchen Fällen muss kein Komma gesetzt werden, darf aber gesetzt werden, um die Gliederung des Satzes deutlich zu machen. Sie können also auch hier keinen Fehler machen, wenn Sie ein Komma verwenden.

Ausnahme: Werden gleichrangige Nebensätze durch anreihende oder ausschließende Konjunktionen verbunden, wird kein Komma gesetzt.

6 **Ausrufe, Anreden und Ausdrücke der Stellungnahme** werden mit Kommas abgetrennt.

7 Ein Komma **trennt** die direkte Rede vom **nachgestellten oder eingeschobenen Begleitsatz.**

Gleichrangige Wörter könnten auch durch „und" verbunden werden. Der Sinn des Satzes bleibt gleich, wenn Sie die Wörter vertauschen.

Beispiele „Ausschließende Konjunktionen"
- oder
- entweder – oder
- sonst
- andernfalls

Genaueres zur **Kommasetzung bei Infinitiv- und Partizipgruppen** finden Sie im **EXPERTENWISSEN: 3 Das Komma in Partizip- und Infinitivgruppen/WERKZEUG.**

Ein Satz muss mindestens aus einem **Subjekt** und einem **Prädikat** bestehen.

Entgegen der sich hartnäckig haltenden Meinung wird nicht überall dort ein Komma gesetzt, wo man eine Sprechpause macht. So wird zum Beispiel nach „meiner Meinung nach" **kein** Komma verwendet.

TrainingsBox:
- Komma 03
- Komma 04
- Komma 05

Arbeitsaufgaben „Kommasetzung“

2. Aufzählungen: Unterstreichen Sie in den nachfolgenden Sätzen die **Konjunktionen** und setzen Sie ein **Komma, wo es möglich ist!**

a) Auf diesem Spielplatz haben die Kinder genug Raum, um zu laufen zu springen zu spielen und manchmal auch zu streiten.

b) Das Meer kann ebenso ruhig und friedlich wie unruhig und gefährlich sein.

c) Die Schülerinnen und Schüler sollten zur Jause nicht nur Süßes sondern auch Äpfel Birnen oder anderes Obst mitnehmen.

d) Ich glaube, dass du nicht die Wahrheit sagst sondern lügst.

e) Als Hausübung sollten wir das erste zweite und dritte Kapitel lesen.

f) Ich möchte am Wochenende lange schlafen eine lustige außergewöhnliche Party feiern sowie die ganze Nacht hindurch tanzen.

g) Leider haben wir weder etwas zum Essen noch etwas zum Trinken serviert bekommen.

h) Wir können Ihnen das Gerät sowohl in Beige als auch in Braun liefern.

i) Zu meiner Geburtstagsfeier lade ich Freunde Schulkollegen und Verwandte ein.

j) Meine Lieblingsfarben sind Blau Weiß und Rot.

k) Ich hatte meiner Mutter versprochen, mein Zimmer aufzuräumen den Müll hinunterzutragen sowie einkaufen zu gehen.

l) Der heurige Sommer war teils regnerisch teils brütend heiß.

m) Im August war es warm aber regnerisch.

n) Im Juli gab es sowohl Regenschauer als auch Gewitterstürme.

o) Hagel Starkregen und Sturm konnten uns aber nicht die Laune verderben.

p) In unserem Lunchpaket befanden sich ein Apfel ein Wurstbrot und ein Schokoriegel.

q) Auf den Straßen sah man tanzende singende gut gelaunte Menschen.

r) Weder mein Bruder noch meine Schwester konnten mir bei der Hausübung helfen.

s) Er wollte nicht rasten noch ruhen, bevor er sie gefunden hatte.

t) Müde hungrig und durstig kehrten wir nach Hause zurück.

TrainingsBox:
- Komma 06
- Komma 07

3. Aufzählungen: Entscheiden Sie, ob die aufgezählten Wörter in den folgenden Sätzen gleichrangig (Komma) oder nicht gleichrangig (kein Komma) sind, und setzen Sie, wenn nötig, ein Komma ein!

a) Wieder einmal musste ich mir seinen Vortrag zur allgemeinen wirtschaftlichen Lage anhören.

b) Endlich haben wir den langen mühsamen Weg hinter uns gebracht.

c) Glaubst du, erleben wir heute einen spannenden physikalischen Versuch?

d) In den letzten großen Ferien waren wir in Spanien.
e) Ich traf ihn an einem kalten stürmischen Herbsttag.
f) Wir genossen den Sonnenuntergang am leise dahinplätschernden Gebirgsbach.
g) Ein alter schwacher Mann mühte sich die Stiegen hinauf.
h) Alle umarmten einander und wünschten ein schönes neues Jahr.
i) Er wohnt in einem alten verfallenen Haus.
j) Es herrschte eine fröhliche ausgelassene Stimmung.
k) Man servierte uns hervorragenden holländischen Käse.
l) Mr. Right ist unser neuer britischer Butler.
m) Es geschah an einem kalten windigen Morgen.
n) Mein Freund ist ein sehr intelligenter junger Mann.
o) Mein Vater ist ein sehr humorvoller liebevoller Mensch.
p) Das ist aber ein liebes kleines Mädchen.
q) Mein Trainer ist ein sehr dynamischer unternehmungslustiger Herr.
r) Sie ist eine verlässliche freundliche Pflegekraft.
s) Das war ein langer anstrengender Flug.
t) Was ich jetzt möchte, ist ein heißer dampfender Tee.

4. Unterstreichen Sie die Appositionen, nachgestellten Einschübe und näheren Bestimmungen und trennen Sie sie mit einem **Komma** ab!

TrainingsBox:
- Komma 08
- Komma 09
- Komma 10

a) Ich durfte Karl meinem Freund die Auszeichnung überreichen.
b) Wir können den Katastrophenopfern helfen zum Beispiel mit Nahrungsmittelspenden.
c) Kapitän Holzbein ein erfahrener Seemann scheute die Gefahr nicht.
d) Gerhard hatte mit seinen Freunden besonders mit Peter viel Spaß.
e) Setzen Sie sich mit Herrn Geld unserem Buchhalter in Verbindung.
f) Das Seminar beginnt morgen und zwar um 9 Uhr.
g) Nun müssen Sie das Obst passieren d. h. durch ein Sieb streichen.
h) Dort drüben steht Professor Pauker mein Englischprofessor.
i) Für Schüler kostet der Eintritt nur die Hälfte also 10 Euro.
j) Sie wurde 1921 also noch vor dem Zweiten Weltkrieg geboren.
k) Mein Onkel ein großer Tierfreund füttert täglich vierzehn Katzen.
l) Ich komme dich bald besuchen wahrscheinlich schon nächste Woche.
m) Obst in erster Linie Birnen esse ich sehr gerne.
n) Das ist Karl mein großer Bruder.
o) Hast du Susi meine kleine Quietscheente gesehen?
p) Mein schönstes Geburtstagsgeschenk eine Reise nach Amerika bekam ich von meiner Omi.
q) Meinen Urlaub verbringe ich in Rom der Geburtsstadt meiner Eltern.
r) Ich interessiere mich sehr für Musik besonders für Rock.
s) Er machte mit seiner Freundin Schluss und das per SMS.
t) Wir stellen die Ware am Vormittag zu das heißt zwischen acht und zwölf Uhr.

5. Stellen Sie zehn Ihrer Klassenkameraden bzw. -kameradinnen nach folgendem Schema vor:

Das ist Emma, meine Sitznachbarin.

TrainingsBox:
- Komma 11
- Komma 12
- Komma 13

6. Unterstreichen Sie in den folgenden Sätzen die **Infinitivgruppen** und setzen Sie die **fehlenden Kommas** ein!

a) Es ist mutig eine abweichende Meinung zu äußern.
b) Ich soll dich daran erinnern die Butter mitzunehmen.
c) Anstatt gemütlich im Schwimmbad zu liegen musste ich lernen.
d) Er zog nach Polen ohne uns etwas zu sagen.
e) Ich lief schnell zum Auto um die Kamera zu holen.
f) Ein unabhängiges Leben zu führen das war sein großes Ziel.
g) Es ist mir nicht möglich die genaue Uhrzeit zu rekonstruieren.
h) Der Lehrer hat darauf verzichtet Peters Eltern anzurufen.
i) Bist du bereit deinem Bruder zu verzeihen?
j) Eine rasche Lösung zu finden hat jetzt erste Priorität.
k) Auf die Gelegenheit mit dir tanzen zu gehen habe ich lange gewartet.
l) Meine Großmutter liebt es im Fotoalbum zu blättern.
m) Hast du vergessen die Zeitung abzubestellen?
n) Ich habe darüber nachgedacht etwas länger in London zu bleiben.
o) Ich hatte noch keine Zeit gehabt darüber nachzudenken.
p) Er ist zu stolz seinen Fehler zuzugeben.
q) Der Gedanke bald in eine eigene Wohnung zu ziehen ist verlockend.
r) Ich hatte nicht den Mut meiner Mutter die Wahrheit zu sagen.
s) Die Gastgeberin war so nett uns durchs Haus zu führen.
t) Die Kleine versteht es gut ihre Eltern um den Finger zu wickeln.

TrainingsBox:
- Komma 14
- Komma 15

7. Formen Sie die **unterstrichenen Nebensätze zu Infinitivgruppen** um und schreiben Sie die Sätze auf ein **Blatt in Ihrer Mappe!** Vergessen Sie nicht die **Kommas!**

a) Ella tat wie immer alles, damit sie für uns eine angenehme Atmosphäre schafft.
b) Es ist bei uns üblich, dass man beim Betreten eines Raumes grüßt.
c) Das Beherrschen der wichtigsten Benimmregeln ist wichtig, damit man sich bei größeren Veranstaltungen nicht blamiert.
d) Ich spiele am Computer, damit ich mich entspanne.
e) Ich glaubte nicht mehr daran, dass ich meine Eltern noch umstimmen könnte.
f) Es freut uns sehr, dass wir euch begleiten dürfen.
g) Sie reist an den See, damit sie schwimmen lernt.
h) Karl redet immer nur, statt dass er handelt.

i) Er schrieb jahrelang an einem Roman, ohne dass er jemals fertig wurde.

j) Wir sind überzeugt davon, dass wir nächste Woche das Projekt fertigstellen werden.

k) Sie hat alles daran gesetzt, dass sie endlich wieder arbeiten kann.

l) Er war von weit her angereist, damit er ihr in der schwierigen Situation helfen konnte.

m) Du musst rechtzeitig reservieren, damit du noch einen Sitzplatz bekommst.

n) Statt dass er ihr zu Hilfe kam, starrte er sie nur an.

o) Er hat alles hinter sich gelassen, ohne dass er es auch nur einen Tag bereut hätte.

p) Wir bitten Sie, dass Sie die Hausordnung beachten.

q) Ich trage beim Kochen immer eine Schürze, damit ich meine Kleidung nicht beschmutze.

r) Hans schaut schon wieder fern, statt dass er seiner Mutter im Haushalt hilft.

s) Ich beschloss, dass ich meine Arbeit persönlich bei Herrn Meier abgeben würde.

t) Ich muss die Regeln verstehen, damit ich sie anwenden kann.

8. Verbinden Sie je einen Satz aus dem linken Kasten mit einem aus dem rechten! Rekonstruieren Sie so die **Zeitungsmeldung** und schreiben Sie den Bericht auf ein Blatt in Ihrer Mappe! Vergessen Sie nicht, **Kommas** zu setzen!

ZEHN MILLIONEN RUBEL: GELDREGEN IN MOSKAU

Auf der Flucht vor der Polizei wollte ein korrupter Beamter in Moskau alles Beweismaterial loswerden.	***daher***	*Er warf kurzerhand zehn Millionen Rubel aus dem Auto.*
Das Geld flatterte zur Freude der Passanten über eine der großen Hauptstraßen Moskaus.	***deshalb*** ***wie***	*Dies berichtete die russische Hauptstadtpresse.*
Allerdings war die Polizei bei dem Vorfall am Donnerstag sehr schnell zur Stelle.	***und*** ***als***	*Die Ordnungshüter versuchten, alles Geld aufzusammeln.*
Der Beamte arbeitete den Berichten zufolge in der nationalen Fischereibehörde.	***der*** ***da***	*Er soll Schmiergelder in großem Umfang angenommen haben.*
Er merkte, dass die Polizei ihn mit seinen „Nebeneinnahmen“ auf frischer Tat ertappen würde.	***weil***	*Er warf das Geld einfach aus dem Cadillac.*

DIE PRESSE – LEICHT VERÄNDERT

TrainingsBox:
- Komma 16
- Komma 17

9. Unterstreichen Sie in den nachfolgenden Sätzen die **Subjekte und Prädikate!** Befindet sich das Kästchen zwischen zwei vollständigen Sätzen, so setzen Sie ein **Komma!**

a) Nach dem Essen war mir so schlecht ☐ wie schon lange nicht mehr.

b) Eine schnelle Entscheidung ist umso dringlicher ☐ als die Zeit bereits knapp wird.

c) Wegen des kalten Windes ☐ fror ich wie ein Schneider.

d) Das ging ja schneller ☐ als ich erwartet hatte.

e) In diesem Fall hilft nichts ☐ als Abwarten.

f) Ich bin klüger ☐ als du denkst.

g) Mein Zeugnis war besser ☐ als meine Eltern zu hoffen gewagt hatten.

h) Er arbeitete schon wieder länger ☐ als er vorgehabt hatte.

i) Meiner Meinung nach ☐ sollten wir endlich nach Hause gehen.

j) Am Ende ist man immer schlauer ☐ als man am Anfang war.

k) Trotz meiner riesig großen CD-Sammlung ☐ freue ich mich über jede Neuerwerbung.

l) Was ich aber gar nicht mag ☐ ist schmalzige Unterhaltungsmusik.

m) In einem Zimmer im zweiten Stockwerk der Villa des Stars ☐ war ein Feuer ausgebrochen.

n) Wann ein Komma gesetzt werden darf oder muss ☐ kann man in diesem Buch nachlesen.

o) Falls Sie in der Kommasetzung unsicher sind ☐ bitten Sie jemanden, Ihren Text Korrektur zu lesen.

p) Bei einem Überholmanöver in einer unübersichtlichen Rechtskurve ☐ geriet das Auto ins Schleudern ☐ und der Lenker verlor die Kontrolle über sein Fahrzeug.

q) Sie sollten jeden Tag eine halbe Stunde trainieren ☐ ob Sie Lust haben oder nicht.

10. Eingeschobene Sätze sind nicht immer leicht zu erkennen. **Finden und unterstreichen Sie** sie in den folgenden Sätzen und **schließen Sie sie mit Kommas ein!**

a) Sie wählten auch diesmal wieder wie konnte es anders sein Britta gleich zu Beginn in ihre Mannschaft.

b) Sie wird nehme ich an die Schularbeit nachschreiben müssen.

c) Eines Morgens es war zu Ferienbeginn stand sie vor der Tür.

d) Der Film der letzte Woche angelaufen ist scheint ein Kassenschlager zu werden.

e) Das ist entschuldige den Ausdruck eine Schweinerei!

f) Gestern in der Früh ich war gerade aufgestanden rief sie mich an.

g) Das war wie Sie sich vorstellen können äußerst unangenehm für mich.

h) Die Schularbeiten werden wie es bei uns üblich ist innerhalb von drei Tagen verbessert retourniert.

i) Bitte antworten Sie wenn es Ihnen möglich ist noch diese Woche.

j) Ich habe wie man so schön sagt die Flinte ins Korn geworfen.
k) Viele Schülerinnen und Schüler dies haben Wissenschaftler der Universität Wien ermittelt schlafen zu wenig.
l) Susi gab einen Text ab den sie im Internet gefunden hatte und nichts Selbstverfasstes.
m) Der Lehrer zählte alle Schülerinnen und Schüler ab die sich am Treffpunkt eingefunden hatten und entließ sie dann.
n) Die wenigen die noch Fehler gemacht haben werden die Kommasetzung auch bald beherrschen.
o) Ich bin mir sicher dass ich im Recht bin und sehe daher dem Prozess gelassen entgegen.
p) Auf die Frage ob sie uns begleiten wolle reagierte sie unwirsch.
q) Ich kann mich noch gut an die Zeit als es keine Mobiltelefone gab erinnern.

11. **Unterstreichen Sie** in den nachfolgenden Sätzen die **Ausrufe, Anreden und Ausdrücke der Stellungnahme** und grenzen Sie sie mit **Kommas** vom Satz ab!

a) Juhu ich habe einen Preis gewonnen!
b) Peter reich mir bitte das Salz!
c) Du liebe Susi bist mir besonders ans Herz gewachsen.
d) Das ist schiefgegangen oje.
e) Achtung da kommt ein Auto!
f) Vorsicht wir tragen Gläser!
g) Hallo hört mich jemand?
h) Ja genau so habe ich das gemeint!
i) Frau Meier kommen Sie bitte in die Rechtsabteilung!
j) Wahrlich das ist ein Hochgenuss!
k) Wir sind heute zusammengekommen, um dir lieber Fritz zu deiner Leistung zu gratulieren und dir die Auszeichnung zu überreichen.
l) Aua du tust mir weh!
m) Herr Doktor ich habe Schmerzen im rechten Knie.
n) Nein das habe ich nicht gemeint!
o) Ha das haben wir gut gemacht!

Gemischte Übungen

12. Setzen Sie in den nachfolgenden Sätzen ein **Komma,** wo dies erlaubt ist!

a) Sie machte sich hübsch um einen guten Eindruck zu hinterlassen.
b) Nachdem ich drei Stunden für die Schularbeit gelernt hatte ging ich mit meinem Hund spazieren.
c) Den Ring ein Geschenk seiner Freundin legte er nie ab.
d) Ich helfe dir gerne aber ich habe nur eine Stunde Zeit.
e) Ich rate allen die mit der Rechtschreibung Probleme haben im Wörterbuch nachzuschlagen.

TrainingsBox:
- Komma 18
- Komma 19

f) Viele Studenten von Wirtschaftswissenschaftlern bis zu Medizinern haben diese Gelegenheit genutzt.

g) In den südlichen österreichischen Bundesländern scheint die Sonne häufiger.

h) Ich mag es sehr im Bett zu frühstücken.

i) Morgens wäschst oder duschst du dich ziehst dich an und isst dein Frühstück.

j) Das Frühstück das leider oft ausgelassen wird gilt als eine wichtige Mahlzeit.

k) Entweder ihr hört jetzt zu oder ich werde böse.

l) Ich konnte nicht zum Konzert gehen weil ich krank war.

m) Brr das Wasser ist kalt.

n) Christiane Meier Obfrau des Elternvereins hielt die Eröffnungsrede.

o) Sie stand auf um besser sehen zu können.

p) Au weh darauf weiß ich auch keine Antwort!

q) Dieses Foto es zeigt ihr Pferd trägt sie immer bei sich.

r) Sie liebt Musik schnelle Autos und moderne Kleidung.

s) Er zog sich zurück um ein wenig nachdenken zu können.

t) Lukas war müde weil er bereits in den frühen Morgenstunden zu arbeiten begonnen hatte und ging daher schon um 20 Uhr zu Bett.

u) Heute meldeten sich genauso wenige Personen bei uns wie in den vergangenen Tagen.

v) Liebling komm bald zurück!

w) Sie bestellt Mineralwasser er bevorzugt einen Fruchtsaft.

x) Nach vielen Tagen der Einsamkeit auf hoher See freute er sich schon sehr auf seine Familie.

TrainingsBox:
- Komma 20

13. Setzen Sie in den folgenden Text die **fehlenden Kommas** ein und **begründen Sie die Kommasetzung** mit einem Stichwort in der Tabelle! Wie viele Kommas pro Zeile gesetzt werden sollten, sehen Sie in der Randspalte.

Kommasetzung pro Zeile

1 Komma
1 Komma
1 Komma

1 Komma
1 Komma

3 Kommas
1 Komma
1 Komma
1 Komma

DER HYBRIDBÄR: WORT UND TIER DES JAHRES

VON OLIVER GRIMM

Heute wollen wir an dieser Stelle eine kleine Reise unternehmen die Hunderte Kilometer nördlich des Polarkreises beginnt vom schnellen Sex unter Fremden handelt und in der Antwort mündet wieso es in der U-Bahn stinkt.

Am 30. April berichtete der kanadische Fernsehsender CBC über einen Vorfall aus dem Örtchen Ulukhaktok. Ulukhaktok liegt in den Northwest Territories Kanadas an der Westküste von Victoria Island. Allzu vielfältig ist das lokale Freizeitangebot nicht die Eisbärenjagd auf dem Packeis zählt zu den Höhepunkten für die knapp 400 Einwohner. Am 8. April so der Bericht kam David Kuptana einem der örtlichen Jäger ein merkwürdiger Bär vor das Zielfernrohr: weiß wie ein Eisbär aber mit dem Gesicht und den braunen Tatzen eines Grizzly. Wildbiologen analysierten das Erbgut des Bären der das

Aufeinandertreffen mit Herrn Kuptana bedauerlicherweise nicht überlebte und kamen zu einer erstaunlichen Erkenntnis: Der Bär war ein Eisbär-Grizzly-Mischling – aber schon in zweiter Generation. Irgendwo in den Weiten Kanadas war seine Mutter (bereits eine Mischung) auf einen Grizzly gestoßen: Kälte Ödnis kein gescheites Fernsehprogramm: Das Resultat nennt man Hybridbär.

Diese bezaubernde Anekdote schenkt uns nicht nur Wort und Tier des Jahres: Hybridbär. Sie führt uns auch zur Antwort auf die Frage nach dem üblen Geruch im öffentlichen Nahverkehr. Denn irgendwo in den Weiten des eiszeitlichen Europas vor Zehntausenden Jahren traf ein Homo sapiens auf eine Neandertalerin. Kälte Ödnis kein gescheites Programm im Fernsehen: Das Resultat fährt jeden Morgen mit der U-Bahn zur Arbeit.

Sie glauben das nicht? Schauen Sie sich einmal um.

Oliver Grimm, Die Presse

1 Komma

2 Kommas

1 Komma

3 Kommas

B 1	
B 2	
B 3	
B 4	
B 5	
B 6	
B 7	
B 8	
B 9	
B 10	
B 11	
B 12	
B 13	
B 14	
B 15	
B 16	
B 17	
B 18	

B = Begründung

Ziele erreicht? – „Kommasetzung“

Lösung im Anhang

1. Streichen Sie alle Beschreibungen durch, die nicht den Regeln entsprechen! **(Je ein Punkt)**

a) Vor einem „und“ steht niemals ein Komma.
b) Nach Partizipgruppen darf ein Komma gesetzt werden.
c) Ein Komma trennt die direkte Rede vom Begleitsatz.
d) Zwischen Aufzählungen, die durch Konjunktionen miteinander verbunden sind, wird ein Komma gesetzt.
e) Ein Komma darf zwischen Hauptsätzen, die mit „und“ verbunden sind, stehen.
f) Ein eingeschobener Attributsatz (Nebensatz) wird von Kommas eingeschlossen.
g) Überall dort, wo man eine Sprechpause macht, wird ein Komma gesetzt.
h) Das Komma trennt eine nachgestellte Erklärung ab.
i) Eine Anrede wird durch ein Komma abgetrennt.
j) Ein Attributsatz (Nebensatz) wird mit einem Komma vom übergeordneten Satz abgetrennt.
k) Ein Komma trennt eine erweiterte Infinitivgruppe vom ihr übergeordneten Satz ab.

Punkte ____ /3

2. Setzen Sie nun alle Kommas, wo möglich, in die Beispielsätze des Zeitungsberichts ein! **Achtung:** Nicht in jedem Satz fehlt ein Komma! **(Pro Satz – auch kommalose – zwei Punkte)**

Punkte ____ /14

BRITISCHER SUPERMARKT VERKAUFT EICHHÖRNCHENFLEISCH

○ *Seit einiger Zeit sind zudem immer wieder Massentötungen der „zugereisten“ grauen Eichhörnchen im Gespräch die zunehmend die einheimischen Artgenossen vertreiben.*

○ *Nach seinen Angaben verkauft er der das Fleisch seit rund fünf Monaten in seiner Budgens-Filiale anbietet wöchentlich rund ein Dutzend Eichhörnchen.*

○ *Ungeachtet scharfer Proteste von Tierschützern will ein britischer Supermarkt am Verkauf von Eichhörnchenfleisch festhalten.*

○ *Thornton verteidigte das Fleisch als ökologisch korrektes Nahrungsmittel: Eichhörnchen bräuchten nicht wie etwa Rinder tonnenweise Getreide zu ihrer Ernährung und sowieso gebe es „zu viele von ihnen“.*

○ *„In ein paar Jahren wird das wie Kaninchenfleisch sein“ sagte Supermarkt-Leiter Andrew Thornton.*

○ *Tierschützer verurteilen die Maßnahme als „Massaker“. Thornton werfen sie vor daraus Profit schlagen zu wollen.*

○ *Eichhörnchenfleisch zählte früher zu den gängigen Zutaten der britischen Küche. Seit einigen Jahren erlebt es ein Comeback in Feinschmecker-Lokalen und bei auf Wild spezialisierten Fleischereien.*

Die Presse – leicht verändert

3. Wenn Sie jetzt die Beispielsätze in der Reihenfolge der dazupassenden Beschreibung aus **Aufgabe 1** auf ein Blatt in Ihrer Mappe schreiben, erhalten Sie einen (leicht veränderten) Bericht aus der Presse. **(Jede zugeordnete Beschreibung ergibt wiederum zwei Punkte.)**

Punkte ____ /14

Punkte gesamt ____ /31

31–29 28–25 24–21 20–16 15 ...

Einen interaktiven **Safety-Check** finden Sie in der TRAUNER-DigiBox.

- Kommasetzung

Kommasetzung – EXPERTENWISSEN
Besonderheiten, Feinheiten, Ausnahmen

1 Das Komma und die Konjunktionen in Sätzen — WERKZEUG

Das Komma **muss** in Verbindungen mit **begründenden** (denn, darum, deshalb, also etc.) **und entgegensetzenden Konjunktionen** (aber, allein, dagegen, jedoch, doch, dennoch, sondern, trotzdem, nicht nur – sondern auch, vielmehr etc.) gesetzt werden.

Das Komma **kann** in Verbindungen mit **anreihenden und ausschließenden Konjunktionen** gesetzt werden, wenn die einzelnen Sätze vollständig sind.

Beispiele
- Ich bin müde, **deshalb** gehe ich jetzt schlafen.
- Ich bin müde, **trotzdem** gehe ich noch aus.

- Ich bin müde(,) **und** ich gehe jetzt schlafen.

Ein Komma MUSS	Beispiel
nach einem eingeschalteten Nebensatz folgen.	Ich weiß, dass ich recht habe, und gebe auch nicht nach.
nach einer eingeschalteten Infinitivgruppe folgen.	Ich glaube, recht zu haben, und gebe auch nicht nach.
nach einer Apposition folgen.	Mein Bruder, ein guter Sportler, und ich trainieren gemeinsam.
nach einer eingeschobenen direkten Rede folgen.	Sie sagte: „Du bist bestimmt noch nicht satt“, und gab mir noch ein Brot.
vor „und“, „und zwar“, „und das“ folgen, wenn diese Wörter nachträgliche genauere Bestimmungen einleiten.	Ich misstraute ihm, und das mit gutem Grund.

Aber: Das **Komma** vor anreihenden und ausschließenden Konjunktionen **darf nicht** gesetzt werden, wenn die angeschlossenen Konstruktionen kein eigenes Subjekt oder Prädikat haben (also keine vollständigen Sätze sind).

Werden gleichrangige (vollständige) Nebensätze durch anreihende oder ausschließende Konjunktionen verbunden, so wird **kein Komma** gesetzt.

Beispiel „Kein Komma“
Wir erwarten, **dass du pünktlich erscheinst oder dass deine Eltern dich entschuldigen.**

Arbeitsaufgaben „Kommas und Konjunktionen“

1. Bilden Sie aus dem vorgegebenen Wortmaterial **Hauptsatzreihen** (= Hauptsatz + Hauptsatz) und setzen Sie die erforderlichen Kommas in Rot ein, die möglichen in Grün!
   a) und großer Peter ein ist muskulöser Bursche ▪ älter er ich daher wirkt als.
   b) Schriftsteller werde eines berühmter werden ich ein Tages ▪ Schüler Werke müssen alle und werden lesen meine.
   c) uns Aula die Platz der erschien für richtige Zweck diesen ▪ vorbei denn Schüler dort viele kommen.
   d) Erfolg gegeben Voraussetzungen für scheinen alle einen ▪ kommen vorbei leider aber Kunden kaum.
   e) mir es hast versprochen du ▪ meintest es ernst nicht du oder?
   f) mich ich beeilen muss ▪ ich spät zu zum Unterricht komme sonst.

Für einen Überblick über die Konjunktionen siehe die WERKZEUG-Seite Kommasetzung.

Expertenwissen

Expertenwissen

Regeln

a) ____________________

b) ____________________

c) ____________________

d) ____________________

e) ____________________

f) ____________________

g) ____________________

h) ____________________

i) ____________________

j) ____________________

k) ____________________

l) ____________________

m) ____________________

n) ____________________

o) ____________________

p) ____________________

q) ____________________

r) ____________________

s) ____________________

t) ____________________

u) ____________________

v) ____________________

w) ____________________

2. Setzen Sie an jenen Stellen Kommas ein, wo sie möglich sind, und schreiben Sie die **passende Ziffer** in das nebenstehende Kästchen (**1** = Komma zwingend, **2** = Komma erlaubt, **3** = kein Komma erlaubt)! Schreiben Sie in die **Randspalte** ein **Stichwort zur jeweils passenden Regel!**

a)	Der Arzt sagte dass er am nächsten Tag wiederkommen werde und ging.	*1*
b)	Ich frage mich ob ich einen Ferienjob annehmen soll oder ob ich lieber lange Ferien mache.	
c)	Ich gehe täglich schwimmen außer es gibt ein Gewitter.	
d)	Die Professorin war sehr erstaunt dass ich die Antwort wusste und auch richtig aufschreiben konnte.	
e)	Ich möchte weder ins Kino gehen noch möchte ich tanzen ich möchte einfach einen gemütlichen Abend zu Hause verbringen.	
f)	Ich freute mich sehr als ich hörte dass auch du meiner Einladung Folge leisten würdest.	
g)	Meine Großmutter fragte: „Bist du satt geworden?“ und räumte im selben Moment den Teller in die Küche.	
h)	Burli mein Wellensittich und Beppo mein Kater sind gute Freunde.	
i)	Wenn der Berg nicht zum Propheten kommt muss der Prophet zum Berge gehen.	
j)	Ein Magazin hat wieder einmal die am besten gekleideten Promis gewählt und sorgte damit erneut für Überraschungen.	
k)	Wir versuchten einander Mut zu machen doch unsere Hände zitterten trotzdem.	
l)	Entweder du gehst jetzt zu Bett oder du wirst morgen nicht ausgeschlafen sein.	
m)	Laut rief Rosa nach ihrem Hund aber er zeigte sich nicht.	
n)	Dem Spieler wurde die Gelbe Karte gezeigt weil er ein Foul begangen hatte und der Spieler der Gegenmannschaft verletzt worden war.	
o)	Sie rief: „Besuch mich doch bald!“ und sprang in den Bus.	
p)	Ich lese viel und zwar meistens Krimis.	
q)	Meine Freundin möchte nicht nur gute Noten schreiben sondern den Lernstoff auch verstehen.	
r)	Ich bin überzeugt davon viel zu wissen und freue mich daher auf die Prüfung.	
s)	Ich jogge auch im Winter weil es gesund ist obwohl mich das Wetter nicht immer dazu einlädt.	
t)	Welchen Ausblick konnten wir genießen als wir den Gipfel erreicht hatten!	
u)	Als ich genauer hinsah erkannte ich den Mann als denselben der mir gestern ein Bein gestellt hatte und der damit meine Verletzung verursacht hatte.	
v)	Ich kann mich nicht konzentrieren wenn du die ganze Zeit sprichst und mich damit ablenkst.	
w)	Er eröffnete ein Restaurant und war äußerst erfolgreich damit.	

2 Das Komma in Datums-, Zeit-, Adress- und mehrteiligen Literaturangaben

WERKZEUG

Was Sie schon wissen

Ein Komma steht bei **Aufzählungen gleichrangiger Wortgruppen. Appositionen** werden **durch ein Komma abgetrennt.**

Mehrteilige Datums- und **Zeitangaben, Adressangaben** und **Literaturangaben** können als Aufzählung oder als Fügung mit Apposition gesehen werden. Daher werden auch sie **durch Kommas gegliedert.**

Datums- und Zeitangaben

Steht der **Wochentag im Dativ** und der **Monatstag im Akkusativ,** liegt eine **Aufzählung** vor, daher muss kein abschließendes Komma gesetzt werden.

Beispiele „Aufzählung"

- ***Am** Freitag, **den** 7. Februar feiere ich meinen Geburtstag.*
  → Hier handelt es sich um eine Aufzählung. Daher ist kein abschließendes Komma notwendig.
- *Die Feier findet **am** Freitag, **den** 7. Februar(,) um 19 Uhr statt.*
  → Bei dieser Aufzählung ist nur das erste Komma verpflichtend; nach der Datumsangabe muss daher kein abschließendes Komma gesetzt werden.

Stehen **Wochentag und Monatstag im Dativ,** liegt eine **Apposition** vor. Das abschließende Komma kann, muss aber nicht gesetzt werden.

Beispiele „Apposition"

- ***Am** Freitag, **dem** 7. Februar(,) feiere ich meinen Geburtstag.*
  → Bei dieser Apposition kann ein abschließendes Komma gesetzt werden.
- *Die Feier findet **am** Freitag, **dem** 7. Februar, um 19 Uhr(,) statt.*
  → Bei dieser Apposition müssen das erste und zweite Komma gesetzt werden. Das dritte darf man setzen.

Stilistisch gesehen ist die Schreibung von mehrteiligen Datumsangaben besser, wenn der Wochentag und der Monatstag im Dativ stehen, der Monatstag also eine Appostion zum Wochentag darstellt.

Arbeitsaufgabe „Datumsangaben"

- Setzen Sie die **fehlenden Kommas bei den Datumsangaben** ein! Kommas, die gesetzt werden dürfen, aber nicht müssen, setzten Sie in Klammern.

DER KING OF POP

Michael Jackson kam in Gary (Indiana) am Freitag dem 29. August 1958 als Sohn des Kranführers Joseph Jackson und der Verkäuferin Katherine Jackson zur Welt. 1969 am 14. Dezember brachte ein Auftritt in der Ed-Sullivan-Show den Durchbruch für „The Jackson Five", deren Leadsänger er war. 1971 startete Michael Jackson im Alter von 13 Jahren seine Solokarriere, blieb aber bis 1984 Mitglied der Band. Am Donnerstag den 5. März 2009 kündigte der Sänger seinen Abschied von der Bühne an. Knapp ein Jahr nach seinem 50. Geburtstag verstarb der „King of Pop" am Donnerstag den 25. Juni 2009 um 14:26 Uhr Ortszeit in Los Angeles. Am Dienstag dem 7. Juli ab 10 Uhr fand die offizielle Trauerfeier im Staples Center in Los Angeles statt. Beigesetzt wurde der Sänger am Donnerstag dem 3. September 2009 um 21:43.

MICHAEL JACKSON (1958–2009)

Adressangaben

Adressangaben werden ebenfalls durch Kommas gegliedert. Ob das letzte (schließende) Komma gesetzt wird, bleibt freigestellt.

Beispiel
Frau Maria Müller, Osterburg, Hasenstraße 11(,) hat den ersten Preis gewonnen.

Ortsangaben mit Präpositionen stehen hingegen **ohne Komma.**

Beispiel
Frau Maria Müller aus der Hasenstraße in Osterburg hat den ersten Preis gewonnen.

Mischformen sind möglich.

Beispiel
Frau Maria Müller aus der Hasenstraße 11, Osterburg(,) hat den ersten Preis gewonnen.

Mehrteilige Literaturangaben

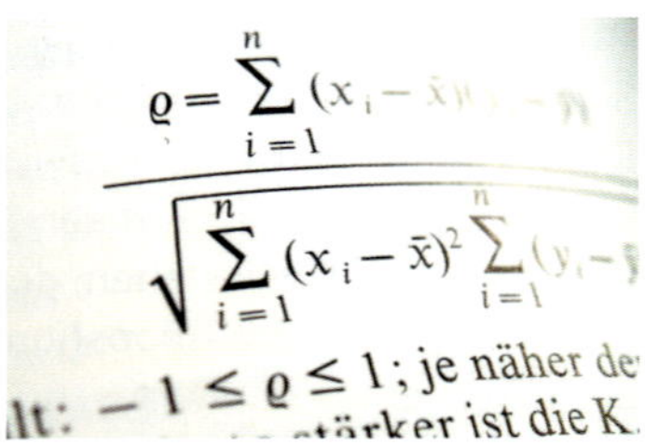

Mehrteilige Literaturangaben werden durch Kommas gegliedert. Das letzte (schließende) Komma kann, muss jedoch nicht gesetzt werden.

Beispiel
„Lasst alle Hoffnung fahren." Dieses Zitat von Dante, „Die Göttliche Komödie", Hölle, 3. Gesang, Vers 9(,) bedeutet …

Literaturangaben **mit Präpositionen** stehen **ohne Komma.**

Beispiel
Die gesuchte Formel finden Sie in Ihrem Mathematiklehrbuch auf Seite 89.

Arbeitsaufgabe „Adress-, Orts- und Literaturangaben"

- Setzen Sie bei den folgenden Adress-, Orts- und Literaturangaben die **fehlenden Kommas** ein!

  a) Der Artikel „Mitten im Leben …" ist in „psychologie heute" 37. Jahrgang Heft 8 S. 40 erschienen.
  b) Informieren Sie bitte Frau Karla Reiter Gestütstraße 15 4711 Pferdehausen über die Verschiebung des Turniers.
  c) Frau Karla Reiter aus der Gestütstraße 15 in Pferdehausen wurde über die Verschiebung des Turniers bereits informiert.
  d) Diese Annonce wird in der „Kleinen Zeitung" auf S. 15 erscheinen.
  e) Dieses Mephisto-Zitat finden Sie in Goethes „Faust" Vers 1578.
  f) Wir haben unser Büro von Wien Hernalser Hauptstraße 12 nach Villach Warmbaderstraße 10 verlegt.
  g) Was sagt König Philipp im „Don Carlos" im 2. Akt?
  h) Unser Faschingsfest findet im Turnsaal der Volksschule Diesterweggasse 7 1140 Wien statt.
  i) Er zitiert in seiner Arbeit aus dem „Brockhaus" 21. Auflage Band 14.

3 Das Komma in Partizip- und Infinitivgruppen

WERKZEUG

Was Sie schon wissen

Infinitive dürfen (fast immer) durch Kommas abgetrennt werden.

Auch **Partizipgruppen** kann man durch Kommas abtrennen. Besonders sinnvoll ist dies bei Mittelstellung.

Beispiele
- Deinem Vorschlag entsprechend(,) habe ich einen Tisch reserviert.
- Wir werden(,) grob geschätzt(,) 20 Leute sein.

Partizipien ohne nähere Bestimmung stehen in der Regel **ohne** Komma. **Infinitivgruppen** müssen durch Kommas abgetrennt werden, wenn sie mit **„um, ohne, anstatt, statt, außer, als"** eingeleitet werden.

Infinitiv- und Partizipgruppen müssen durch ein Komma vom Rest des Satzes getrennt werden, wenn sie

mit einem hinweisenden Wort (oder einer hinweisenden Wortgruppe) angekündigt oder wieder aufgenommen werden.	einem Nomen oder Pronomen nachgestellt sind und diesem zur näheren Bestimmung dienen.
Beispiele ■ Ich habe **es** nicht bereut, diese Schule gewählt zu haben. ■ Kaugummi kauend, **so** stand sie vor mir.	**Beispiele** ■ Meine Angst, in engen Räumen zu verweilen, lege ich nun ab. ■ Der Mann, fürchterlich erschrocken, fiel vom Pferd.

In Fällen, in denen der **Infinitiv** mit einem übergeordneten Verb ein **mehrteiliges Prädikat** bildet, werden Infinitivgruppen im Allgemeinen **nicht durch ein Komma abgetrennt,**
- wenn die Infinitivgruppe von einem **Hilfsverb oder von „brauchen, pflegen, scheinen"** abhängig ist.
- wenn die Infinitivgruppe mit einem übergeordneten Satz verschränkt ist oder den übergeordneten Satz einschließt.

Beispiel „Abhängige Infinitivgruppe"
Sie scheint heute gut aufgelegt zu sein.

Beispiele „Infinitivgruppe mit übergeordnetem Satz"
- Diese Geschichte habe ich dir doch schon zu erklären versucht.
- Die gesamte Erzählung bitte ich euch zu überarbeiten.

Arbeitsaufgaben „Partizip- und Infinitivgruppen"

1. Bilden Sie Sätze mit **„um, ohne, anstatt, statt, außer, als" + „zu" + Infinitiv** und schreiben Sie diese auf ein Blatt in Ihrer Mappe!

a) Ich besuche einen Sprachkurs. Ich will meine Englischkenntnisse perfektionieren.
b) Er drohte mir. Er erhob die Stimme dabei nicht.
c) Sie würde eher weglaufen. Sie will keine Spinne streicheln.
d) Der Zeuge konnte nichts tun. Er konnte nur die Rettung rufen.
e) Sylvia übernachtete bei ihrer Freundin. Sie hatte ihre Eltern nicht gefragt.
f) Wir wollen lieber einkaufen gehen. Wir wollen nicht zu Mittag essen.
g) Er sollte die Tafel selbst löschen. Stattdessen bat er Rolf darum.

Expertenwissen

h) Er verwendet den Computer oft. Er möchte sich über Neues informieren.
i) Ich müsste aufstehen. Stattdessen bleibe ich im Bett liegen.
j) Ich bin von zu Hause weggefahren. Ich habe das Licht nicht gelöscht.

2. Setzen Sie an jenen Stellen Kommas ein, wo sie möglich sind, und schreiben Sie die passende Ziffer in das nebenstehende Kästchen (**1** = Komma zwingend, **2** = Komma erlaubt, **3** = kein Komma erlaubt)! **Schreiben Sie in die Randspalte ein Stichwort zur jeweils passenden Regel!**

a) Sein Gejammer ignorierend, ließ sie ihn stehen.	2
b) Ich habe mir beim Versuch über eine Schanze zu springen das Bein gebrochen.	
c) Auch einmal einkaufen zu gehen das kam ihm gar nicht in den Sinn.	
d) Es ist so erholsam einfach nur Musik zu hören und sonst nichts zu tun.	
e) Du scheinst ja heute in ziemlich übler Laune zu sein.	
f) Er torkelte heftig schwankend über die Straße.	
g) Ich hatte einfach keine Zeit zuzuhören.	
h) Dieses Detail braucht Sie nicht weiter zu interessieren.	
i) Sie zog nicht einmal in Erwägung diesen Ferialjob anzunehmen.	
j) Mutters größter Wunsch ist es einmal das Meer zu sehen.	
k) Nicht jeder pflegt sich so gut zu beherrschen wie sie.	
l) Dich zu verstehen gelingt mir nicht immer.	
m) Im Hotel angekommen nahmen wir eine Dusche.	
n) Frisch geduscht erforschten wir dann die fremde Stadt.	
o) Er hatte das Ziel Weltmeister zu werden.	
p) Statt ordentlich zu frühstücken trank er nur ein Glas Wasser.	
q) Ich freue mich darauf diesen Urlaub mit dir zu verbringen.	
r) Einen riesigen Blumenstrauß in der Hand haltend stand sie vor der Tür.	
s) Eure Arbeit ist verglichen mit anderen hervorragend.	
t) Du brauchst dir keine Sorgen zu machen.	
u) Hast du nichts Besseres zu tun als deinen Bruder zu ärgern?	
v) Dieses Experiment wollen wir nun zu beschreiben versuchen.	
w) Weinend schrieb sie diesen Brief.	
x) Sie behauptet einen Geist gesehen zu haben.	
y) Fürchterlich hustend und keuchend erreichte der Mann den 20. Stock.	
z) Die Möglichkeit ein Studium zu beginnen steht dir nach Abschluss dieser Schule offen.	

Regeln

a) ______
b) ______
c) ______
d) ______
e) ______
f) ______
g) ______
h) ______
i) ______
j) ______
k) ______
l) ______
m) ______
n) ______
o) ______
p) ______
q) ______
r) ______
s) ______
t) ______
u) ______
v) ______
w) ______
x) ______
y) ______
z) ______

Expertenwissen

8 Fremdwörter

Ungefähr ein Drittel unserer ganz normalen Umgangssprache besteht aus Fremdwörtern, die wir allerdings nicht mehr als solche empfinden. Oder denken Sie bei den Wörtern „Adresse“, „Konto“ oder sogar „Fenster“ daran, dass sie anderen Sprachen entlehnt sind?

entlehnen = entleihen, (aus)leihen

Deutsche Wörter werden auch in andere Sprachen „exportiert“. So heißt es beispielsweise im Englischen „kindergarten“, „sauerkraut“ oder „wunderkind“; das Wort „W/weltanschauung“ findet sich zudem nicht nur im Englischen, sondern auch im Französischen, Spanischen und Italienischen.

Ob der Gebrauch von Fremdwörtern ein Zeichen für Bildung ist oder aber möglichst vermieden werden sollte, ist immer wieder Anlass für Diskussionen. Einig ist man sich jedoch bei der Tatsache, dass man über die Bedeutung und Schreibung von Fremdwörtern Bescheid wissen sollte, wenn man sie verwendet.

Arbeitsaufgabe „Testen Sie sich selbst!“

Was wissen Sie schon?

- Manche Fremdwörter der folgenden Sätze sind falsch geschrieben, andere passen in ihrer Bedeutung nicht in die Sätze, bei einigen stimmen sowohl Rechtschreibung als auch Bedeutung nicht. **Aber Achtung:** Nicht in allen Sätzen verstecken sich Fehler! **Verbessern Sie die Sätze, wo nötig**, und vergleichen Sie Ihre Ergebnisse mit den Lösungen im Anhang!

a) Dieses Mädchen besticht durch seine Inteligenz.

b) Du glaubst doch nicht im Ernst, dass du dich so einfach aus der Atmosfäre ziehen kannst.

c) Meine Wunde ist infisziert.

d) Er ist der potenzielle Nachfolger unseres Chefs.

e) Sie reagierte sehr emozional.

f) Die Delfintherapie hat schon vielen Kindern geholfen.

g) Der Betrieb, in dem mein Vater arbeitet, musste Inkontinenz anmelden.

h) Die Webcam ist in meinem Computer bereits intrigriert.

i) Das ist eine tolle Maschiene.

j) Ich habe mich über diesen Autor gut informirt.

k) Unser Termomether zeigte heute minus 14 Grad an!

Die **Lösungen** zu dieser Selbstüberprüfung finden Sie im **Anhang: Fremdwörter/ LÖSUNGEN.**

Fremdwörter

BEISPIELE

In der folgenden Tabelle finden Sie aus dem Lateinischen oder Griechischen stammende Silben, die häufig in Fremdwörtern vorkommen, und deren Bedeutung. Fügen Sie jeweils mindestens ein Beispielwort, in dem sich die Silbe finden lässt, der Tabelle hinzu.

Verwechseln Sie die Silbe **„hyper“ (= über)** nicht mit der Silbe **„hypo“**, die **„unter“** bedeutet!

Silbe	Übersetzung	Fremdwort
a, ab	weg, un-, miss-	absurd
ad	an, bei, zu	adäquat
ant, anti	gegen	Antagonist
auto	selbst	Automat
bio	Leben	biologisch
de	ab-, ent-, über-, ver-,	deinstallieren
demo	Volk	Demokratie
dis	auseinander	diskriminieren
e, ex	aus	Expansion
fon, phon	Ton	Fonetik/Phonetik
homo	gleich	homogen
hyper	über	hyperaktiv
im, in	in, hinein; drückt auch Verneinung aus	Immigrant
inter	zwischen	international
ko, kol, kom, kon	zusammen, mit	Koalition
kontra	gegen	Kontrast
mikro	klein	Mikroskop
mono	allein, einzeln	Monopol
multi	viel	multiplizieren
opp	drückt Gegensätzlichkeit oder Gegnerschaft aus	Opposition
poly	viel	polyglott
prä	vor	Prämisse
pro	für, vor	Pronomen
phys	Natur	Physiologie
psych(o)	Seele	Psychologie
re	gegen, zurück, wieder, neu	Reaktion
sub	unter	Subkultur
sym, syn	miteinander, zusammen	Symbiose
tele	fern	Telebanking
trans	hinüber, durch	Transit
uni	ein	Unikat

Fremdwörter

WERKZEUG

Zur Schreibung von Fremdwörtern gibt es keine allgemeingültigen Regeln. Für ein Gruppe gelten die **Regeln der Herkunftssprache,** eine Gruppe („vor allem solche aus sogenannten „toten Sprachen") wurde eingedeutscht, für die dritte Gruppe sind **beide Schreibweisen** möglich. Bei diesen sollten Sie darauf achten, dass Sie innerhalb eines Textes nur eine Schreibvariante verwenden.

Tote Sprache = eine Sprache, die nicht mehr als Muttersprache verwendet wird

Sie finden im Folgenden eine Anleitung für die Schreibung häufig vorkommender Buchstaben, Buchstabenkombinationen und Silben in Fremdwörtern. In Zweifelsfällen hilft allerdings nur das **Nachschlagen im Wörterbuch** (oder das Verwenden eines entsprechenden deutschen Ausdrucks).

ph – th – rh

Gebräuchliche Wörter mit **„ph"** können zumeist auf zweierlei Weise geschrieben werden; Wörter, die dem sogenannten Bildungswortschatz oder Fachsprachen angehören, werden nur mit „ph" geschrieben. Die Silben „phon", „phot" und „graph" dürfen immer durch „fon", „fot" und „graf" ersetzt werden. Nicht mehr üblich ist das „ph" in den Wörtern „Foto" oder „Telefon".

Beispiele
- Meta**ph**er
- Fantasie/**Ph**antasie
- Delfin/Del**ph**in

Das **„th"** bleibt in den meisten Fremdwörtern erhalten; zwei Schreibweisen sind nur bei „Thunfisch/Tunfisch" und „Panther/Panter" möglich.

- **Th**ermometer

Ebenso bleibt **„rh"** zumeist erhalten; zwei Schreibweisen gelten bei „Katarrh/Katarr" und „Myrrhe/Myrre".

- **Rh**ythmus

„ph", „th" und **„rh"** dürfen beim Abteilen nicht getrennt werden!

- Rhy**th**-mus

-tial/-zial, -tiell/-ziell

Gibt es verwandte Wörter auf „-z" im Auslaut, so ist die z-Schreibung erlaubt.

- existentiell/existenziell → Existenz

-ie, -ier, -ieren, -ierung

Die Buchstabenfolge „-ie" kommt in Fremdwörtern vor allem in den Endungen „-ie", „-ier" und „-ieren" vor. Zumeist liegt die Betonung auf der Endsilbe. Im Wortinneren und manchmal auch am Wortende wird „-ie" getrennt gesprochen.

- Manie, Passagier, marinieren
- Mumie

„-il, -in, -ine, -iv, -iz" in Fremdwortendungen

Ein lang gesprochenes „-i" wird in Endungen von Fremdwörtern zumeist ohne Dehnungszeichen geschrieben. Ein „-tz" kommt in Fremdwörtern nie vor, manchmal aber ein Doppel-z.

- grazil, feminin, Maschine, informativ, Novize
- Razzia

Siehe Abschnitt **3 Verdopplung.**

Pluralbildung bei Wörtern aus dem Englischen

Bei der Pluralbildung werden Wörter aus dem Englischen wie deutsche behandelt; es wird also ein „-s" angehängt. Ein „-y" am Wortende bleibt auch im Plural ein „-y".

Beispiel
Baby – Babys

Schreibung mit Bindestrich bei Fremdwörtern aus dem Englischen

Mehrteilige Fremdwörter aus dem Englischen können sowohl zusammen als auch mit Bindestrich geschrieben werden. Entscheidungskriterium sollte dabei sein, wie **lesbar ein Wort** ist, wenn es zusammengeschrieben wird.
Werden Fremdwörter mit Bindestrich geschrieben und in Zusammensetzungen verwendet, so muss der Bindestrich zwischen allen Teilen der Wortzusammensetzung gesetzt werden.

Beispiele
- Blackout/Black-out
- Desktoppublishing/Desktop-Publishing
- Shopping-Center-Bau

Arbeitsaufgaben „Fremdwörter“

1. Dürfen Sie die folgenden Wörter mit **„f“** schreiben oder müssen Sie **„ph“** einsetzen? Übertragen Sie die Fremdwörter auf ein **Blatt Papier,** schreiben Sie eine **Worterklärung** dazu! Ergänzen Sie bei den **Nomen** auch die **Artikel!**

Saxo____on ▪ Geogra____ie ▪ Atmos____äre ▪ ____änomen ▪

Mikro____on ▪ Gra____iker ▪ Tele____on ▪ ____legmatisch ▪

Biogra____ie ▪ ____otokopieren ▪ ____antom ▪ Paragra____ ▪

Stro____e ▪ Al____abet ▪ Apostro____ ▪ Del____in ▪ Katastro____e ▪

Cello____an ▪ As____alt

2. Setzen Sie **„ph/p“, „th/t“ oder „rh/r“** in die Lücken ein! Schlagen Sie die Bedeutung jener Wörter, die Ihnen unbekannt sind, im **Wörterbuch** nach!

E____oche ▪ Ma____ema____ik ▪ Vi____us ▪ Disko____ek ▪ Philo-

so____ie ▪ A____o____eke ▪ Leichta____le____ik ▪ Pa____allele ▪

____eater ▪ ____etorik ▪ Stro____e ▪ ____ythmus ▪ ____ese ▪

____oetisch ▪ ____esusfaktor ▪ ____ase ▪ Pro____et ▪ Ve____erinär ▪

Favo____it ▪ Sym____athie ▪ Sys____em ▪ ____euma ▪

enthusias____isch ▪ Pa____alyse ▪ ____abarber ▪ Trium____

3. Bilden Sie zu den nachfolgenden Nomen **verwandte Wörter auf „-zial“ oder „-ziell“!** Schlagen Sie im **Fremdwörterbuch** nach, wenn Ihnen ein Begriff nicht bekannt ist!

Substanz	
Differenz	
Potenz	
Essenz	
Tendenz	
Existenz	
Provinz	

4. Überprüfen Sie, ob Sie in folgenden Wörtern **das „t“ durch „z“ ersetzen dürfen,** und **schreiben Sie sie in die folgende Tabelle!** Schlagen Sie alle Wörter, die Ihnen nicht bekannt sind, im **Wörterbuch** nach!

emotional ▪ offiziell ▪ Potential ▪ partiell ▪ tendenziell ▪ rational ▪ sequentiell ▪ international ▪ Fiktion ▪ Konjunktion ▪ finanziell ▪ sozial ▪ Differential ▪ traditionell ▪ Institution ▪ referenziell

nur „t“	„t“ oder „z“	nur „z“

nur „t“	„t“ oder „z“	nur „z“

5. Ordnen Sie die **Wörter aus der Randspalte** den **Worterklärungen** zu und bilden Sie anschließend **verwandte Verben auf „-ieren“!**

Erklärung	Fremdwort	Verwandtes Verb
Ertrag, Ergebnis		
als Grenze festgelegter Wert, Betrag		
Aufbau, Zusammenbau (einer Maschine)		
Ermittlung der Kosten, Kostenvoranschlag		
aufgeschriebene Bemerkung, Mitteilung		
Geldbehältnis; Zahlschalter		
Verbesserung		
Unterstützung aus öffentlichen Mitteln		
Ausbesserung, Instandsetzung		
Erläuterung, Bebilderung		
Ausbildung an einer Hochschule; eingehende Beschäftigung		
Leitung eines Staates		
Übung, Schulung		
Stellungnahme; Erläuterung		
(wissenschaftlicher) Versuch		
Verbrauch		
Geld, Geldwesen		
Auflösung		
Preis, Belohnung		
langfristige Kapitalanlage		

- Experiment
- Finanz
- Illustration
- Investition
- Kalkulation
- Kasse
- Kommentar
- Konsum
- Korrektur
- Limit
- Liquidation
- Montage
- Notiz
- Prämie
- Produkt
- Regierung
- Reparatur
- Studium
- Subvention
- Training

- Materie
- Apathie
- Sympathie
- Orgie
- Genie
- Familie
- Linie
- Phantasie
- Therapie
- Petersilie
- Energie
- Mumie
- Galerie
- Demokratie
- Biologie
- Serie
- Tragödie
- Prämie

Plural

a) ______
b) ______
c) ______
d) ______
e) ______
f) ______
g) ______
h) ______
i) ______
j) ______
k) ______

6. **Verbinden Sie** die unten angeführten Wortteile mit den jeweils passenden **Endungen „-il", „-in", „-ine", „-iv" oder „-iz"** und schreiben Sie die Wörter auf!

Mandar- ■ Vent- ■ Benz- ■ informat- ■ Law- ■ Stat- ■ Ind- ■ mob- ■ Term- ■ Just- ■ stab- ■ aggress- ■ Nikot- ■ Kus- ■ infant- ■ Kab- ■ Mil- ■ Genit- ■ Pral- ■ posit- ■ Prof- ■ Not- ■ Mediz- ■ kreat- ■ lab- ■ Vitam- ■ Magaz- ■ Ros-

7. **Ordnen Sie die Wörter aus der Randspalte nach ihrer Aussprache** in die Tabelle ein! Schlagen Sie die Bedeutung jener Wörter, die Ihnen unbekannt sind, im **Wörterbuch** nach!

Endung „-ie"	
als langes und betontes „-i" gesprochen	**als getrenntes und unbetontes „i-e" gesprochen**

8. Bilden Sie den **Plural** der folgenden **Wörter mit englischer Abstammung!** Achten Sie darauf, ob Sie die Formen mit **„-ie" oder mit „-y"** bilden!

a) Baby	d) Hobby	g) Pony	j) Daddy
b) Teenie	e) Party	h) Lobby	k) Girlie
c) Story	f) Hippie	i) Rowdy	

9. Häufige englischstämmige Wörter: **Ordnen Sie die Wörter den Erklärungen zu** und prägen Sie sich die Schreibung ein! **Teilen Sie die Wörter** – wo möglich – **ab!**

Assessment-Center ■ Briefing ■ Cashflow ■ Catering ■ Consultant ■ Corporate Identity ■ Flyer ■ jobben ■ Joint Venture ■ Know-how ■ Management ■ Monitoring ■ Support ■ Workshop

Erklärung	**Fremdwort**
sorgsames Überwachen einer bestimmten Situation	
Flugblatt	
Wissen, wie man etwas zustande bringt	
Seminar mit Erfahrungsaustausch der Teilnehmer/innen	
Kundendienst	

einheitliches, unverwechselbares Erscheinungsbild eines Unternehmens	
kurze Absprache, Zwischenbesprechung	
(Gelegenheits-)Arbeit verrichten	
gemeinsames Projekt mehrerer Unternehmen	
Überschuss; Reingewinn und Abschreibungen	
Gesamtheit der leitenden Angestellten	
Testverfahren für Stellenbewerber/innen	
(Unternehmens-)Berater/in	
Beschaffung von Lebensmitteln	

10. Lesen Sie den Text und beantworten Sie dazu die nachfolgenden Fragen!

Bastian Sick

ER DESIGNS, SIE HAT RECYCLED, UND ALLE SIND CHATTING

Wie werden eigentlich englische Wörter in deutscher Schriftsprache behandelt; kann man sie deklinieren und konjugieren wie deutsche Wörter? Oder gelten für sie andere Regeln? Diese Fragen beschäftigen alle, die recyceln, chatten und simsen. [...]
Wir haben Wörter wie „design" und „recycle" in unsere Sprache aufgenommen, und nun, da sie unentbehrlich geworden sind, hängen wir ihnen unsere eigenen Endungen an: Ich designe eine Kaffeekanne, du designst ein Auto, der Architekt designt ein Haus; ich recycle Papier, du recycelst Plastik, er recycelt Biomüll. Im Perfekt entsprechend: Er hat ein Haus designt, wir haben Autoreifen recycelt.
Was wäre die Alternative? Sollte man die englischen Formen benutzen? Er hat ein Haus designed, wir haben Papier recycled – das mag im Perfekt noch angehen. Aber wie sieht es im Präsens aus? Er designs ein Haus, wir recycle Papier? Es sieht nicht nur befremdlich aus, es klingt auch äußerst seltsam.
Die Einbürgerung von Fremdwörtern verläuft nicht nach festen Regeln, irgendjemand traut sich irgendwann das erste Mal, „geshoppt" oder „gemailt" zu schreiben, ein anderer macht es nach, und langsam verbreitet sich der deutsche „Look". Nach einer Weile hat man sich dran gewöhnt. Wer wollte ein Wort wie „surfen" (ich habe gesurft, ich will nächsten Sommer wieder surfen, surfst du mit mir?) heute noch anders beugen wollen als nach deutschen Regeln?
Natürlich gibt es Ausnahmen: Ein frisierter Motor ist „getuned" und nicht „getunt" und perfektes Timing wird im Perfekt zu „getimed", nicht „getimt". So steht es jedenfalls im Duden. Andere englische Wörter werden dafür vom Deutschen derart absorbiert, dass sie kaum noch wiederzuerkennen sind: Das englische Wort *tough* ist im Deutschen zu *taff* geworden, und für *pushen* findet man schon die Schreibweise *puschen.*
Boxkämpfe werden *promotet,* Flüge *gecancelt* und Mitarbeiter *gebrieft.* Doch nicht jedes englische Verb, das sich in unseren Sprachraum verirrt hat, braucht ein deutsches Perfektpartizip: Die Antwort auf die Frage, ob es „downgeloadet" oder „gedownloadet" heißen muss, lautet: Weder noch, es heißt „heruntergeladen". Es ist auch nicht nötig, sich den Kopf darüber zu zerbrechen, ob es „forgewardet" oder „geforwardet" heißt, wenn man stattdessen einfach „weitergeleitet" schreibt.

BASTIAN SICK, deutscher Journalist, Lektor und Übersetzer (geb. 1965)

Fremdwörter sind willkommen, wenn sie unsere Sprache bereichern; sie sind unnötig, wenn sie gleichwertige deutsche Wörter ersetzen oder verdrängen. Statt „gevotet“ kann man ebenso gut „abgestimmt“ schreiben, statt „upgedated“ „aktualisiert“, und wer seine Daten „gebackupt“ hat, der hat sie auf gut Deutsch „gesichert“. [...]
Wörter wie „gestylt“, „gepixelt“ und „gescannt“ sind hingegen akzeptabel, da sie kürzer und prägnanter als ihre deutschen Entsprechungen sind.
Auch „chatten“ und „simsen“ sind bereits in die deutsche Sprache übergegangen: Chatter chatten im Chat, und wer täglich dreißig Kurzmitteilungen per SMS verschickt, der *simst,* was das Zeug hält. [...]

Bastian Sick: Der Dativ ist dem Genitiv sein Tod, Kiepenheuer & Witsch

downloaden, Partizip II:

a) Nach welchem Schema werden üblicherweise englische Fremdwörter im Deutschen dekliniert?

b) Herr Sick gibt in seinem Text keine Auskunft darüber, ob das Partizip II „downgeloadet“ oder „gedownloadet“ heißt; das Wörterbuch schon. **Schlagen Sie nach und notieren Sie die Lösung am Rand!**

c) Welche Meinung vertritt Herr Sick zum Gebrauch von Fremdwörtern? Wann haben sie seiner Meinung nach ihre Berechtigung in der deutschen Sprache?

d) Können Sie Herrn Sicks Meinung teilen? Diskutieren Sie!

11. In diesem Text finden Sie viele **Fremdwörter, die absichtlich falsch verwendet** wurden. Man spricht in so einem Fall von **Malapropismen.**

a) Schreiben Sie das **Wort, das eigentlich gemeint war, in die Randspalte!**

b) Übertragen Sie **alle im Text erwähnten Fremdwörter** auf ein Blatt in Ihrer Mappe und erklären Sie deren **Bedeutung!**

Fremdwörter

DAS LETZTE WORT: HOCHSTERILISIERTE VERSPRECHER

„Wir sind eine gut intrigierte Truppe“, sagte Lothar Matthäus gern über seine Vereinskameraden. Peter Pacult („Der FC Tirol hat eine Obduktion auf mich“) verwechselte Option mit Leichenschau, Toni Polster gab das Motto aus: „Hauptsache, wir gewinnen, alles andere ist primär.“ Immer das richtige Fremdwort zu finden, ist Syphilisarbeit für „technisch servierte“ (Andy Brehme) Fußballer; da geht sogar Helmut Schön „ganz chloroform“ mit uns. Bildungsbürger von Thomas Mann bis Heinz Erhardt und Bastian Sick amüsieren sich gern hochmütig über die Dummköpfe, die Konifere mit Koryphäe verwechseln; dabei sagen Kinder und Kicker mit ihren „Malapropismen“ oft die Wahrheit. Pele Wollitz wurde ausgelacht, als er auf die Frage, ob er sein Gehalt brutto oder netto haben wolle, „Was ist denn mehr?“ nachfragte. Wenn Merkel brutto und netto verwechselt und Westerwelle mehr Netto vom Brutto verspricht, lacht niemand mehr. Politiker wollen mit Fremdwörtern oft imprägnieren, und dabei unterläuft ihnen schon mal ein Lapsus Linguae. [...] Die Medien neigen zum „Hochsterilisieren“ (Bruno Labbadia) solcher Versprecher.

Badische Zeitung

Grammatik

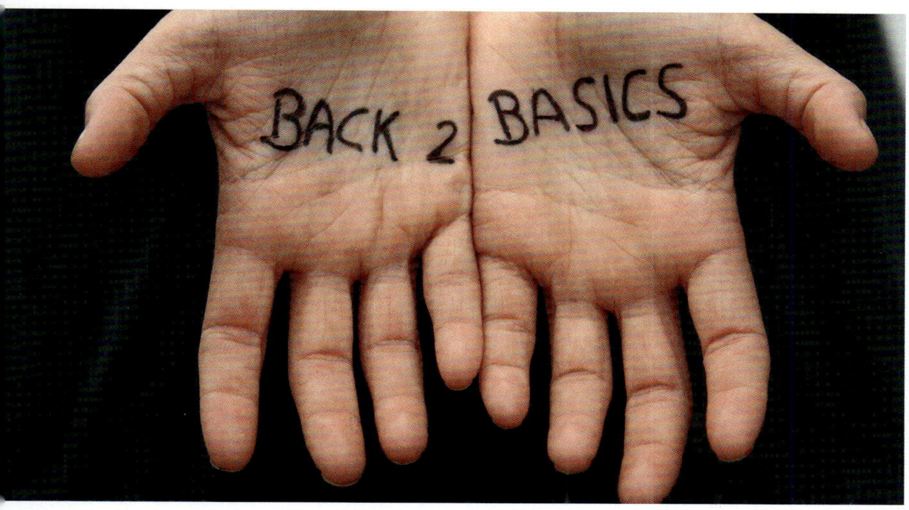

Alfred Polgar
ICH KANN KEINE ROMANE LESEN

Was ich hingegen gerne lese, sind Grammatiken. Jeder Sprache. Grammatiken haben so was wundervoll Kaltes, Hartes, Dauerhaftes. […]
Wie das Leben selbst hat sie [die Grammatik] Gesetze, die man niemals auslernt, ist immer neu, zumindest, wenn man, wie ich, sie nicht studiert, sondern nur liest. Bin ich hinten bei der Veränderlichkeit des Partizipium Passivum der rückbezüglichen Zeitwörter angekommen, habe ich das Kapitel mit dem Konjunktiv in Relativsätzen längst vergessen. Ich kann jedes Kapitel immer wieder lesen, bin immer wieder überrascht von den Neuigkeiten, die es mir mitzuteilen hat.

Alfred Polgar: Ich kann keine Romane lesen, Rowohlt

Lesen Sie folgende Aussage über die Auseinandersetzung mit Grammatiken von Alfred Polgar und diskutieren Sie im Anschluss daran Ihren Zugang zur Beschäftigung mit grammatikalischen Regeln und Strukturen.

Meine Ziele

KOMPETENZ-ERWERB

Nach Bearbeitung dieses Kapitels kann ich

- Wortarten und Satzglieder erkennen;
- Sprach- und Schreibnormen anwenden;
- Zeitstrukturen erkennen;
- grammatikalische Strukturen analysieren;
- komplexe Satzstrukturen verwenden;
- Strategien zur Fehlervermeidung bewusst einsetzen;
- die unterschiedlichen Modi des Verbs textsortenadäquat einsetzen;
- Zeitstrukturen textsortenadäquat einsetzen;
- ein Geschehen in seiner zeitlichen Struktur sprachlich korrekt abbilden;
- Texte hinsichtlich grammatikalischer Mängel überarbeiten;
- die sprachlichen Mittel zur Herstellung von Zusammenhängen in Texten gezielt einsetzen.

1 Richtig lernen

WERKZEUG

Analysebogen
Einen Kompetenz- und Fehleranalysebogen finden Sie im **Anhang.**

Lernstrategien

Unter Lernstrategien werden hier bewusste Techniken und Strategien verstanden, die Sie in Ihrem Lernprozess unterstützen können und sollen. Kurz vor einer Deutschschularbeit mit dem Üben und Trainieren von Rechtschreibung und grammatikalischen Strukturen zu beginnen, macht meist wenig Sinn. Ihr Lernen sollte einen Prozess darstellen, der sich über das ganze Schuljahr erstreckt.

Fehleranalyse

Wir machen Fehler – alle! Um die Anzahl von Fehlern in Texten zu verringern, sollen Sie ein Bewusstsein dafür entwickeln, welche Fehler Sie „oft“ und „gerne“ machen. Arbeiten Sie jene Texte, die korrigiert wurden, aufmerksam durch. Meist sind es nur einzelne Bereiche, in denen gehäuft Fehler auftreten. Diesen Gebieten der Grammatik und Rechtschreibung sollten Sie verstärkt Aufmerksamkeit schenken.

Regeln

Die Rechtschreib- und Grammatikregeln können Sie dabei unterstützen, Ihre Texte in jenen Bereichen zu korrigieren, in denen Sie noch Schwierigkeiten haben. Aufgrund der Fehleranalyse wissen Sie, mit welchen Regelbereichen Sie sich intensiv beschäftigen sollen.
Übertragen Sie die angeführten Regeln in ihr persönliches Lernsystem! Dieses kann aus kleinen Lernheften, Lernkärtchen etc. bestehen. Tragen Sie dieses immer bei sich. So haben Sie die Möglichkeit, jenes Regelwissen in verschiedensten Situationen zu lesen, zu wiederholen und zu memorieren, das Sie beim Schreiben unterstützt.

Artikel

Die Zuordnung von Artikeln zu Nomen ist in der deutschen Sprache willkürlich. Gehen Sie korrigierte Texte durch und kontrollieren Sie, von welchen Wörtern, die Sie aktiv verwenden, Sie den Artikel nicht mit Bestimmtheit wissen. Übertragen Sie diese Wörter auf die Vorderseite eines Lernkärtchens und den dazugehörigen Artikel auf die Rückseite. Üben und trainieren Sie so den Artikel.

Diktate – schwierige Wörter

multisensorisch = mit vielen Sinnen

Diktate sind eine multisensorische Übungsform. Lassen Sie sich von nahestehenden Personen kurze Texte aus Lehrbüchern, Zeitschriften und Zeitungen diktieren. Sammeln Sie jene Wörter, deren Schreibung Sie sich merken wollen, wiederum auf Lernkärtchen. Trainieren Sie die Schreibung der von Ihnen gesammelten Wörter immer wieder.

Internet

Nutzen Sie interaktive Übungen im Internet und drucken Sie die jeweils gelösten Arbeitsblätter aus! Ordnen Sie diese und alle anderen selbstständig erarbeiteten Aufgaben in Ihre Mappe ein, um einerseits immer wieder nachschlagen zu können und andererseits Ihren Lernprozess zu dokumentieren.

Schreiben

Verfassen Sie immer wieder Texte, die Sie nach einem zeitlichen Abstand erneut überarbeiten und beurteilen! Sie werden sehen: Man sieht den eigenen Text dadurch mit andern Augen. Verwenden Sie, immer wenn es sich anbietet, dazu die am Ende jedes Kapitels angeschlossenen Feedbackbögen!

2 Wortarten

Die Wortarten bestimmen zu können, ist für die fehlerfreie Anwendung grammatikalischer und orthografischer Strukturen eine wichtige Voraussetzung. Beherrscht man zudem noch die Bildungsregeln der jeweiligen Struktur, so steht einem fehlerfrei geschriebenen Text nichts mehr im Wege.

Arbeitsaufgaben „Testen Sie sich selbst!"

Die **Lösungen** zu dieser Selbstüberprüfung finden Sie im **Anhang: Wortarten/ LÖSUNGEN.**

Was wissen Sie schon?

1. **Wörter den Wortarten zuordnen:** Gestalten Sie mit den in der Randspalte aufgelisteten Wortarten eine Tabelle und ordnen Sie die markierten Wörter aus dem Text den richtigen Wortarten zu!

Damals wie heute gilt die Regel, dass jene Menschen, die die Rechtschreibung in einem hohen Maß beherrschen, für intelligenter gehalten werden. Um nun eine hohe Rechtschreibkompetenz zu entwickeln, ist es erstens wichtig, die Wortarten zu kennen, und zweitens sollte man die wichtigsten Rechtschreibregeln beherrschen. Oh Gott, das bedeutet Arbeit!

Wortarten

- **Nomen** (Hauptwörter)
- **Verben** (Zeitwörter)
- **Adjektive** (Eigenschaftswörter)
- **Adverbien** (Umstandswörter)
- **Pronomen** (Fürwörter)
- **Artikel** (Geschlechtswörter)
- **Numeralien** (Zahlwörter)
- **Präpositionen** (Vorwörter)
- **Konjunktionen** (Bindewörter)
- **Interjektionen** (Ausrufewörter)

2. **Welche Präpositionen** verlangen **welchen Fall?** Ordnen Sie die nachfolgenden Wörter in die **richtige Spalte** ein!

für ■ bei ■ trotz* ■ an ■ mit ■ gegen ■ während ■ in ■ wegen ■ um ■ hinter ■ nach

Präpositionen mit Genitiv	**Präpositionen** mit Dativ	**Wechselpräpositionen** mit Dativ oder Akkusativ	**Präpositionen** mit Akkusativ
2. Fall	**3. Fall**	**3. und 4. Fall**	**4. Fall**

* Manche Genitiv-Präpositionen können auch mit dem Dativ verwendet werden.

3. **Unterscheiden Sie** bei den folgenden Wörtern zwischen **starken und schwachen Verben! Unterstreichen Sie alle starken!**

ging ■ lachte ■ reiste ■ riss ■ finden ■ gesucht ■ leiden ■ drucken

4. **Ordnen** Sie die **Adverbien in der Randspalte** den einzelnen **Fragen zu!** Geben Sie an, um **welchen Umstand** es sich handelt!

heute ■ innen ■ nebenbei ■ darum ■ sehr ■ anstandshalber ■ links ■ immer

	Umstand
Wann?	
Warum?	
Wo?	
Wie?	

2.1 Verben (Zeitwörter) **WERKZEUG**

Das Verb ist in der deutschen Sprache der zentrale Bestandteil eines Satzes und bezeichnet ein Handeln, ein Tun bzw. einen Zustand.

Man unterscheidet drei Arten von Verben

Hilfsverben	Modalverben	Vollverben
Sie helfen in erster Linie, die Zeiten des Deutschen zu bilden.	Sie modifizieren bzw. verändern jene Handlung, die durch ein Vollverb bezeichnet wird.	Darunter fallen alle anderen Verben. Diese bezeichnen die Handlung selbst, also das, was gemacht wird.
Beispiele haben, sein, werden	**Beispiele** können, mögen (möchten), müssen, dürfen, sollen, wollen	**Beispiele** laufen, springen, essen, schlafen, denken

Starke und schwache Verben – Stammformen

Günstig ist, die Stammformen der Verben zu beherrschen, da diese als Grundlage zur Bildung der Zeiten, des Konjunktivs etc. dienen. Unterschiede im Konjugieren (Abwandeln) der Verben führen zu folgender Einteilung:

Schwache (regelmäßige) Verben
Der Stammvokal ändert sich bei diesen Verben nicht. Das Partizip II des Verbs endet auf „-(e)t“.

Schwache Verben		
Nennform „-en“	**Präteritum „-te“**	**Partizip II „ge-...-t“**
lachen	lachte	gelacht
reisen	reiste	gereist
reden	redete	geredet

Starke (unregelmäßige) Verben
Der Stammvokal verändert sich bei diesen Verben. Das Partizip II des Verbs endet auf „-en“.

Starke Verben		
Nennform „-en“	**Präteritum „–“**	**Partizip II „ge-...-en“**
gehen	ging	gegangen
rufen	rief	gerufen
reißen	riss	gerissen

Wichtige Begriffe

- **Infinitiv**
  Nennform, Grundform des Verbs
  Beispiele
  fahren, lachen
- **Verbstamm**
  Beispiele
  fahr-, geh-
- **Modalverb**
  Hilfszeitwort der Art und Weise
- **Konjugation**
  Abwandlung des Verbs

Lerntipp
Eine Liste der **gebräuchlichsten unregelmäßigen Verben** finden Sie im Abschnitt **Verb/ VERTIEFENDES WISSEN.**

Die Bezeichnungen „starkes“ und „schwaches“ Verbum stammen von Jacob Grimm, dem Schöpfer der deutschen Grammatik.

Mischverben
Wenn sich der Stammvokal des Verbs ändert, die Form des Präteritums aber dennoch auf „-te“ und das Partizip II auf „-t“ endet, so spricht man von der sogenannten Mischkonjugation.

Mischverben		
Nennform „-en“	**Präteritum „-te“**	**Partizip II „ge-...-t“**
brennen	brannte	gebrannt
denken	dachte	gedacht

Partizipien (Mittelwörter)
Partizipien können ebenso wie Adjektive **attributiv (vor dem Nomen)** oder **prädikativ (zum Verb gehörend)** verwendet werden. Das Partizip II kennen Sie bereits von den Stammformen, das Partizip I wird gebildet, indem an den Infinitiv ein „-d“ angehängt wird.

Infinitiv	Partizip I „-d“	Partizip II „ge-...-en“
gehen	gehend	gegangen
rufen	rufend	gerufen
reißen	reißend	gerissen

Verben auf „-ieren“/Verben mit Vorsilben
Endet ein Verb auf „-ieren“ oder beginnt es mit einer der Vorsilben „be-, ge-, ver-, zer-, ent-“ etc., so entfällt im Partizip II die Silbe „ge-“. Verben auf „-ieren“ erhalten im Partizip II immer die Endung „-t“.

Aber:
schmieren – schmierte – geschmiert

Beispiele		
Infinitiv	**Präteritum**	**Partizip II**
begehen	beging	begangen
entführen	entführte	entführt
korrigieren	korrigierte	korrigiert

Personalform

Als **Personalform (finite Form)** bezeichnet man die **konjugierte Form des Verbs,** die auch die Person bezeichnet.

Beispiele	
Infinitiv	**Personalform**
denken	ich **denke**
schlafen	er **schläft**
lernen	sie **hat** gelernt
kochen	wir **kochen**

Verbproben

Um zu erkennen, ob es sich bei einem Wort um ein Verb handelt, gibt es folgende Proben:
- **Versuchen Sie, mit dem fraglichen Wort die Stammformen zu bilden.**
- **Versuchen Sie, eine Personalform mit dem jeweiligen Wort zu bilden.**

Funktioniert eine der beiden Proben, so muss es sich beim untersuchten Wort um ein **Verb** handeln.

2.2 Nomen (Hauptwörter) und Artikel (Geschlechtswörter)

WERKZEUG

Unter Nomen fasst man all jene Wörter zusammen, die **Lebewesen, Dinge und Abstraktes (Gefühle, Gedanken ...)** bezeichnen. Der **Artikel** ist nahezu ein ständiger Begleiter des Nomens und **kennzeichnet sein Geschlecht (das Genus).**

Der Artikel

Das **Genus (das Geschlecht)** eines Nomens folgt keinen einheitlichen Regeln. Somit muss der Artikel – sollte man ihn nicht wissen – mitgelernt werden.

Man unterscheidet zwei Arten von Artikeln

Bestimmter Artikel	Unbestimmter Artikel
Beispiele: der, dem, das, die	**Beispiele:** ein, eine, einem

Plural

Welche Endung ein Nomen im Plural erhält, ist ebenso willkürlich wie die Zuordnung zu einem bestimmten Geschlecht. Es gibt **unterschiedliche Pluraltypen (Endungen),** welche Endung welches Nomen im Plural bekommt, muss mitgelernt werden.

Der Kasus (Fall)

Je nach Position im Satz verändern sich Nomen und Artikel. Hier eine der wichtigsten grammatikalischen Tabellen des Deutschen:

Deklination
Abwandlung des Nomens nach Fall, Zahl und Geschlecht

	Singular (Einzahl)			Plural (Mehrzahl)
	Maskulin (männlich)	Feminin (weiblich)	Neutrum (sächlich)	
Nominativ (1. Fall)	**der** Tisch **ein** Tisch	**die** Blume **ein-e** Blume	**das** Buch **ein** Buch	**die** Bücher
Genitiv (2. Fall)	**des** Tisches **ein-es** Tisches	**der** Blume **ein-er** Blume	**des** Buches **ein-es** Buches	**der** Bücher
Dativ (3. Fall)	**dem** Tisch **ein-em** Tisch	**der** Blume **ein-er** Blume	**dem** Buch **ein-em** Buch	**den** Büchern
Akkusativ (4. Fall)	**den** Tisch **ein-en** Tisch	**die** Blume **ein-e** Blume	**das** Buch **ein** Buch	**die** Bücher

N-Deklination

Manche **männliche Nomen** enden im Genitiv, Dativ und Akkusativ auf **„-en“.**

Nominativ	der Mensch	der Löwe
Genitiv	des Mensch**en**	des Löw**en**
Dativ	dem Mensch**en**	dem Löw**en**
Akkusativ	den Mensch**en**	den Löw**en**

Weitere Beispiele
der Bär, der Hase, der Kunde, der Fremde, der Philosoph, der Fotograf, der Franzose, der Türke, der Erbe, der Experte, der Bauer, der Herr, der Nachbar, der Journalist, der Kandidat

2.3 Adjektive (Eigenschaftswörter) WERKZEUG

Adjektive beschreiben **Eigenschaften und Qualitäten von Personen und Dingen.** Sie drücken eine Zugehörigkeit, den Wahrheitsgehalt oder auch einen zeitlichen Bezug aus. Wie sie in Sätzen verwendet werden, finden Sie auf dieser Seite.

Adjektive werden unterschiedlich verwendet:	
Attributiv	Attributiv wird ein Adjektiv verwendet, wenn es **direkt vor dem Nomen steht** und diesem in **Zahl und Fall angepasst (dekliniert)** wird.
	Beispiel: ein **teures** Geschenk
Prädikativ	Gehört das Adjektiv zu einem Verb, wird es prädikativ verwendet. In diesem Fall behält das Eigenschaftswort immer seine Grundform.
	Beispiel: Das Geschenk ist **teuer.**
Wie ein Nomen	**Beispiel:** Das **Teure** ist nicht immer das **Beste.**

Näheres zur Schreibung von Adjektiven finden Sie auch im Kapitel **„Rechtschreibung“: 5 Groß- und Kleinschreibung/ EXPERTENWISSEN.**

Die Komparation (Steigerung)

- **Die regelmäßige Steigerung**
  Im **Komparativ** haben Adjektive die Endung **„-er“,** im **Superlativ** die Endung **„-(e)st“.** Manche einsilbigen Adjektive bilden in den Steigerungsstufen einen Umlaut.

Positiv	Komparativ	Superlativ
modern	modern**er**	am modern**sten**
laut	laut**er**	am laut**esten**
alt	**ä**lt**er**	am **ä**lt**esten**

- **Die unregelmäßige Steigerung**

Positiv	Komparativ	Superlativ
gern	lieber	am liebsten
gut	besser	am besten
hoch	höher	am höchsten

Zusammengesetzte Adjektive

Bei **zusammengesetzten Adjektiven** wird immer nur ein Teil gesteigert.

Beispiele
- das viel gelesene Buch – das meistgelesene Buch
- der gut bezahlte Ferialjob – der besser bezahlte Ferialjob

Näheres zur Schreibung von Adjektiven finden Sie auch im Kapitel **„Rechtschreibung“: 6 Getrennt- und Zusammenschreibung.**

Steigerung – nicht möglich

Einige Adjektive lassen sich nicht steigern (außer in übertragener Bedeutung).

Beispiele
tot, lebendig, schwanger, dreieckig, schriftlich, kinderlos, absolut, maximal

Steigerung
Das Wort „lebendig“ kann nur dann gesteigert werden, wenn es in einer **übertragenen Bedeutung** verwendet wird.

Beispiel: eine lebendigere Präsentation

Vergleichswörter: „wie“ und „als“

Denken Sie bei der Verwendung des Komparativs an den richtigen Gebrauch von **„wie“** (bei Vergleichen auf der gleichen Stufe: genauso groß wie letztes Jahr) und **„als“** (bei Vergleichen auf unterschiedlicher Stufe: größer als letztes Jahr).

2.4 Pronomen (Fürwörter)

WERKZEUG

Im Folgenden werden Pronomen (Fürwörter) und als Artikelwörter verwendete Pronomen dargestellt. Von einem **Pronomen** spricht man, wenn dieses ein **Nomen (oder eine Nominalphrase) ersetzt.** Von einem **Artikelwort** spricht man, wenn das **Pronomen ebenso wie ein Artikel verwendet wird.** Werden Pronomen wie ein Artikelwort verwendet, so erhalten sie, wenn die Deklination möglich ist, die Endungen des unbestimmten Artikels:

	Singular			Plural
	Maskulin	Feminin	Neutrum	
Nominativ	–	-e	–	-e
Genitiv	-es	-er	-es	-er
Dativ	-em	-er	-em	-en
Akkusativ	-en	-e	–	-e

Personalpronomen (ich, du, mir, ihm …)

Persönliche Fürwörter verweisen meist auf **Personen, Dinge und Sachverhalte,** von denen gesprochen wird. Welche Form verwendet werden muss, ergibt sich durch den Fall, in dem ein Personalpronomen stehen muss (siehe Tabelle).

Beispiele
- Oft lernt **sie** nachts.
- „Erinnere **ihn** bitte an unseren Termin!"

		Nominativ	Genitiv	Dativ	Akkusativ
Singular	**1. Person**	ich	meiner	mir	mich
	2. Person	du	deiner	dir	dich
	3. Person	er/sie/es	seiner/ihrer/seiner	ihm/ihr/ihm	ihn/sie/es
Plural	**1. Person**	wir	unser	uns	uns
	2. Person	ihr	euer	euch	euch
	3. Person	sie/Sie	ihrer/Ihrer	ihnen/Ihnen	sie/Sie

Reflexivpronomen (sich, mir, dir, mich …)

Rückbezügliche Fürwörter beziehen sich auf schon angeführte Dinge oder Personen und verweisen darauf, dass etwas oder jemand an sich selbst eine Handlung durchführt.

Beispiele
- „Ich ziehe mich heute warm an."
- Sie kämmt sich stundenlang die Haare.

Bei der Verwendung der Reflexivpronomen kann inhaltliche Unklarheit entstehen:

Beispiel
„Wir färben uns die Haare."

Hierbei besteht Unklarheit, ob jeder für sich oder ob man sich gegenseitig (einander) die Haare färbt. Abhilfe können folgende Formulierungen schaffen:
- „Wir färben uns gegenseitig die Haare." → Verdeutlichung des Wechselverhältnisses durch „gegenseitig".
- „Wir färben einander die Haare." → Verdeutlichung des Wechselverhältnisses durch „einander".

Das **Reziprokpronomen „einander"** stellt eine besondere Form des Reflexivpronomens dar und wird verwendet, wenn ein gegenseitiges Beteiligtsein (ein Wechselverhältnis) gekennzeichnet werden soll:

Beispiel: „Wir sehen einander morgen Abend!"

Relativpronomen (das, dem, die, der …)

Bezügliche Fürwörter leiten einen Attributsatz (Relativsatz) ein und beziehen sich auf ein Nomen oder Pronomen des vorangehenden Satzes.

Beispiele

- „Das Mädchen, dem ich gestern begegnet bin, möchte ich kennenlernen."
- „Sie hat das Kleid, das ich ihr geschenkt habe, noch nie getragen."
- „Sie hat ihm, den sie noch nie gesehen hatte, sofort vertraut."

Possessivpronomen (meine, deines, seiner, ihrem ...)

Besitzanzeigende Fürwörter zeigen einen Besitz oder eine Zughörigkeit an. Sie beziehen sich immer auf ein Nomen (Dinge, Lebewesen, abstrakte Inhalte). Zudem können sie die Funktion des Artikels übernehmen.

Übernehmen Pronomen die Funktion des Artikels, erhalten Sie die Endungen, die in der Tabelle auf Seite 116 oben angeführt sind.

Beispiel „Pronomen"
Das alles ist **mein.**

Beispiel „Artikelwort"
Meinem Bruder helfe ich gerne.

Singular

1. Person – ich	2. Person – du	3. Person – er, sie, es		
mein	dein	sein	ihr	sein

Plural

1. Person – wir	2. Person – ihr	3. Person – sie, Sie	
unser	euer	ihr	Ihr

Demonstrativpronomen (dieser, diese, diesem, jenes ...)

Hinweisende Fürwörter verweisen oder zeigen im Text nach vorne oder zurück. Sie werden verwendet, um auf Hörer/innen, Sprecher/innen oder die dargestellte Welt zu verweisen.

Beispiel „Pronomen"
Er meinte, er müsse sich **dies** noch überlegen.

Beispiel „Artikelwort"
Diesen Salat aß er mit Genuss.

Interrogativpronomen (wer, was, wem, welche, wie ...)

Beinahe alle **Fragewörter** werden als Fürwörter verwendet. Manche können jedoch auch als Artikelwörter eingesetzt werden.

Beispiel „Pronomen"
Wer hat meinen Löffel geklaut?

Beispiel „Artikelwort"
Welchen Löffel findest du nicht?

Indefinitpronomen (man, welche, niemand, nichts, etwas ...)

Unbestimmte Fürwörter werden verwendet, wenn sich mit einem Begriff nicht exakt sagen lässt, worum es sich handelt und wie viele betroffen sind.

Beispiel „Pronomen"
Du hast **etwas** in deinen Haaren.

Beispiel „Artikelwort"
Ich will **etwas** Süßes!

Häufig verwendete und vorkommende Indefinitpronomen:
manche, beide, einige, nichts, etwas, kein, allerlei, jeder, irgendetwas, genug, ein bisschen, ein wenig, ein paar, sämtliche, solche ...

Welche Präpositionen verlangen welchen Fall?

- **3. Fall**

  Frageproben
  Wo? – auf dem Tisch
  Wann? – in einer Minute

  Ersatzwörter
  dir – vor dir
  mir – hinter mir

- **4. Fall**

  Frageprobe
  Wohin? – auf den Tisch

  Ersatzwörter
  dich – vor dich
  mich – hinter mich

Nähere Informationen zu den **Wechselpräpositionen** finden Sie im Abschnitt **4 Präpositionen, Verben und Fälle, Adjektivdeklination: 4.1 Das Präpositionalobjekt.**

2.5 Präpositionen (Vorwörter)

WERKZEUG

Präpositionen heißen im Deutschen **Vorwörter,** sie stehen also vor einem Wort – **vor einem Nomen oder Pronomen.** Macht man die **Verschiebeprobe** und verändert die Reihenfolge der Satzglieder, so wandert eine Präposition immer mit dem Nomen bzw. Pronomen mit. Zwischen Präposition und Nomen können aber auch noch andere Wörter stehen: Artikel(-wörter), Adjektive etc.

Präpositionen können nach ihrer **inhaltlichen Bedeutung** und nach ihrer **grammatikalischen Funktion** geordnet werden. Für uns ist die grammatikalische Funktion wesentlich: **Präpositionen bestimmen den Fall des ihnen folgenden Nomens.**

Präpositionen mit Dativ	Präpositionen mit Akkusativ	Wechselpräpositionen mit Dativ oder Akkusativ	Präpositionen mit Genitiv
3. Fall	**4. Fall**	**3. und 4. Fall**	**2. Fall**
■ aus	■ durch	■ an	■ während
■ bei	■ für	■ auf	■ wegen
■ mit	■ gegen	■ unter	■ (an)statt
■ nach	■ ohne	■ über	■ trotz
■ seit	■ um	■ in	■ außerhalb
■ von	■ wider	■ neben	■ innerhalb
■ zu	■ ...	■ vor	■ dank
■ ab		■ hinter	■ ...
■ gegenüber		■ zwischen	
■ außer			
■ entgegen			
■ ...			

Beachten Sie, dass bei den Wechselpräpositionen das jeweilige Verb bestimmt, ob ein Nomen im 3. Fall (Dativ) oder im 4. Fall (Akkusativ) stehen muss.

TIPP: Bezeichnet das Verb eine Zustandsveränderung, wird der Akkusativ verwendet.

Beispiele
- Das Buch steht auf dem Tisch = Zustand bleibt gleich –> Dativ
- Ich stelle das Buch auf den Tisch = Zustandsveränderung –> Akkusativ

2.6 Adverbien (Umstandswörter) WERKZEUG

Adverb bedeutet im Deutschen **„zum Verb“.** Vereinfacht lässt sich sagen, dass sich **ein Adverb meist auf ein Verb bezieht,** in dessen Nähe es steht, und dieses näher bestimmt – was aber nicht immer der Fall ist! Adverbien können sich ebenso auf andere Adverbien oder auf einen **ganzen Satz** beziehen; manche können auch wie ein Adjektiv verwendet werden.

Arten von Adverbien		Beispiele
Lokaladverbien	bestimmen den Ort **(Wo?)** eines Geschehens oder geben eine Richtung **(Woher? Wohin?)** an.	oben/unten, heraus, da/dort, herunter, hinüber, fort/weg, oberhalb, vorher, weiter, links/rechts, vorne/hinten, außen, heimwärts, überall, drinnen, geradeaus
Temporaladverbien	geben Auskunft über den Zeitpunkt **(Wann?)**, die Dauer **(Wie lange?)** und die Wiederkehr **(Wie oft?).**	jetzt/nun, heute/gestern, bald/sofort, endlich, schließlich, immer, stets, seither, eben, morgen(s), mittags, gerade, tagsüber, danach, sonntags, manchmal
Modaladverbien	informieren näher über die Art und Weise **(Wie?)** und das Ausmaß einer Handlung.	so/dermaßen, genauso, ebenfalls, anders, vergebens, schnellstens, bestens, sehr/gern, hinterrücks, nebenbei, allein, größtenteils, beispielsweise, teilweise
Kausaladverbien	geben den Grund **(Warum?)** für einen Sachverhalt oder eine Handlung an.	deshalb, deswegen, anstandshalber, krankheitshalber, folglich, darum, meinetwegen, deinetwegen

Adverbien-Proben

Wie kann man überprüfen, ob es sich bei einem Wort um ein Adverb handelt?

1. Fragen Sie nach dem Wort mit den Fragen, die in den Kästen stehen und fett gedruckt sind.
2. Überprüfen Sie, ob sich das Wort auf das Verb bzw. Prädikat im Satz bezieht.
3. Überprüfen Sie, ob sich das Wort steigern lässt. Ist dies der Fall, handelt es sich zu 99 % um **kein** Adverb.

Vier Umstände

- **Lokaladverb** (Umstandswort des Ortes)
- **Temporaladverb** (Umstandswort der Zeit)
- **Modaladverb** (Umstandswort der Art und Weise)
- **Kausaladverb** (Umstandswort des Grundes)

Mit den **drei Adverbien-Proben** können Sie feststellen, ob es sich bei einem Wort um ein Adverb handelt oder nicht.

2.7 Konjunktionen (Bindewörter) WERKZEUG

Konjunktionen sind Bindewörter und haben die Aufgabe, Satzteile oder ganze Sätze miteinander zu verknüpfen. Das Erkennen von Bindewörtern ist vor allem für das richtige Anwenden der Kommaregeln notwendig.
Inhaltlich kann man Sätze auf unterschiedliche Art und Weise verknüpfen. Will man Aussagen zeitlich verknüpfen, kann man dies zum Beispiel mit den Konjunktionen „bevor, nachdem, sobald ..." tun, soll eine Aussage eingeschränkt werden, so kann man dies mit „jedoch, doch ..." erreichen.

In der folgenden Tabelle finden Sie die gängigsten Konjunktionen.

Konjunktion	Binden einen Hauptsatz an	Binden einen Nebensatz/eine satzwertige Infinitivgruppe an
Grund (kausal)	denn, deshalb, darum, daher	weil, da, zumal
Zeit (temporal)	zuerst, zuletzt, schließlich	als, wie, bis, seit(dem), bevor, nachdem, ehe, während, sobald
Bedingung (konditional)	–	wenn, falls, sofern, sobald, bevor ... nicht
Gegen die Erwartung (konzessiv)	trotzdem, dennoch	obwohl, obgleich
Folge (konsekutiv)	also	dass, sodass, ohne dass, ohne zu
Ziel, Absicht (final)	–	um zu + Infinitiv, damit
Einschränkung/ Gegensatz (adversativ)	aber, nur, sondern, doch, nicht nur ... sondern auch, jedoch, bloß	(an)statt dass, (an)statt zu, während
Frage (indirekt)	–	ob

2.8 Interjektionen (Ausrufewörter) WERKZEUG

Ausrufewörter kommen vor allem in der gesprochenen Sprache vor. Mit ihnen werden **spontane Gefühle oder Bewertungen** ausgedrückt. Sie können sich auf Vorkommnisse beziehen oder jemanden zu etwas auffordern. Wichtig ist hierbei, dass Sie auf die Schreibung achtgeben und eventuell im Wörterbuch nachschlagen.

Beispiele
Au!, Igitt!, Pfui!, Pst!, Uh!, Huch!, Hoppla!, Oh!, Uff!, Puh!, Oho!, Ah!, Hurra!, Hihi!, Ätsch!, Oh Gott!, Mein Gott!, Donnerwetter!, Verdammt!, Mist!, Mannomann!

2.9 Numeralien (Zahlwörter) WERKZEUG

Zahlwörter drücken eine bestimmte oder unbestimmte Zahl bzw. Anzahl aus. Die einzelnen Zahlwörter entstammen also einzelnen Wortarten. Es gibt **Zahladjektive, Zahlpronomen, Zahlsubstantive und Zahladverbien.**

Wichtig ist, dass man die Zahlen von eins bis 999 999, sofern man sie in Worten ausdrückt, kleinschreibt. Für die meisten anderen Fälle – bis auf ein paar Ausnahmen – gelten die Regeln der Groß- und Kleinschreibung.

Die Zahlen **eins bis zwölf** werden **als Wort ausgeschrieben** und nicht mittels Ziffern dargestellt.

Numeralien	Beispiele
Kardinalzahlen	eins, zwei, zehn, hundert ... neunhundertneunundneunzigtausendneunhundertneunundneunzig
Zahlsubstantive	eine **Million,** die **Hälfte,** das **Zehntel,** der **Nächste,** der **Hundertste,** das **Doppelte**
Zahladjektive	der **erste** Versuch, der **dritte** Knödel, ein **zehntel** Millimeter
Zahladverbien	erstens, zweitens ..., zunächst, zuletzt
Zahlpronomen	etwas, nichts, einiges, alle, viele ... (Diese finden Sie auch unter den unbestimmten Pronomen.)

Besonderheiten/ Rechtschreibung

- die Achtzigerjahre
- die achtziger Jahre
- die 80er-Jahre
- die 80er
- die Achtziger
- über achtzig Jahre alt

Aber:

- achtzigjährig
- 80-jährig
- der Achtzigjährige
- der 80-Jährige
- der 80-jährige Mann

Arbeitsaufgaben „Wortarten"

1. Bestimmen Sie in der folgenden Übung **alle Verben (V), Nomen (N) und Adjektive (A),** indem Sie Wörter dieser Wortart **unterstreichen** und den **passenden Buchstaben darüber notieren!** Konjugieren Sie im Anschluss daran je fünf der gefundenen Verben, deklinieren Sie fünf Nomen und steigern Sie fünf Adjektive!

90-JÄHRIGE SCHLÄGT TRIO IN DIE FLUCHT

BERLIN – MIT SO VIEL GEGENWEHR EINER 90-JÄHRIGEN HATTEN DREI TRICKDIEBE NICHT GERECHNET: IHR RÜSTIGES OPFER SCHLUG SIE ALLESAMT IN DIE FLUCHT. NACH ANGABEN DER POLIZEI KLINGELTE DAS TRIO AM FREITAG BEI DER RENTNERIN IN BERLIN. DIE ALTE DAME, DIE AN DEM TAG GEBURTSTAG HATTE, ZEIGTE STARKE NERVEN: ALS DIE UNGEBETENEN GÄSTE UM WASSER BATEN UND SIE BEDRÄNGTEN, SCHLUG DIE RENTNERIN EINER TRICKDIEBIN INS GESICHT UND SCHUBSTE EINEN DER BEIDEN MÄNNER ENTSCHLOSSEN AUS IHRER WOHNUNG. DARAUFHIN ERGRIFF DAS TRIO OHNE BEUTE DIE FLUCHT. DIE SENIORIN BLIEB UNVERLETZT.

DER SPIEGEL

Zu diesem Kapitel finden Sie **interaktive Übungen** inkl. Lösungen und Feedback in der TRAUNER-DigiBox (Kategorie: TrainingsBox).

- Wortarten 01
- Wortarten 02
- Wortarten 03

TrainingsBox:
- Wortarten 04
- Wortarten 05

2. Unterstreichen Sie im Text **alle Präpositionen** und entscheiden Sie, **welchen Fall** sie verlangen! **Ordnen Sie** sie anschließend laut Tabelle richtig zu!

Immerzu musste er an sie denken, unablässig. Seit zwei Stunden saß er nun regungslos vor seinem Handy und wartete auf eine Nachricht von ihr. Er würde noch genau eine weitere Stunde für sie da sein, dann wäre er weg, unerreichbar für sie. Während des Wartens malte er sich aus, wie ein Leben ohne sie aussehen würde. Stunden trübseliger Einsamkeit stünden neben geselligen Abenden, die er mit seinen alten Freunden verbringen würde. Fertiggerichte aus dem Tiefkühlfach wechselten sich mit Mittagsmenüs in der Mensa ab. Die Eingangstür würde beim Öffnen nicht gegen eine Mineralwasser-, sondern gegen eine Bierkiste knallen; ebenso laut wie die Coca-Cola-Flasche, die der Kellner eben mit Schwung neben ihm auf den Tresen gestellt hatte. Trotz überbordender Müdigkeit war er plötzlich hellwach.

Präpositionen mit Dativ	**Präpositionen** mit Akkusativ	**Wechselpräpositionen** mit Dativ oder Akkusativ	**Präpositionen** mit Genitiv
3. Fall	**4. Fall**	**3. und 4. Fall**	**2. Fall**

TrainingsBox:
- Wortarten 06
- Wortarten 07

3. Bestimmen Sie die Wortart der unterstrichenen Wörter! Übertragen Sie die Wörter in die nachfolgende Tabelle!

Mark Twain

DIE SCHRECKLICHE DEUTSCHE SPRACHE

Es gibt zehn wortarten, und alle zehn machen ärger. Ein durchschnittlicher satz in einer deutschen zeitung ist eine erhabene, eindrucksvolle kuriosität; er nimmt ein viertel einer spalte ein; er enthält sämtliche zehn wortarten – nicht in ordentlicher reihenfolge, sondern durcheinander; er besteht hauptsächlich aus zusammengesetzten wörtern, die der verfasser an ort und stelle gebildet hat, sodass sie in keinem wörterbuch zu finden sind – sechs oder sieben wörter zu einem zusammengepackt, und zwar ohne gelenk und naht, das heißt: ohne bindestriche; er behandelt vierzehn oder fünfzehn verschiedene themen, von denen jedes in seine eigene parenthese eingeschlossen ist, und jeweils drei oder vier dieser parenthesen werden hier und dort durch eine zusätzliche parenthese abermals eingeschlossen, sodass pferche innerhalb von pferchen entstehen; schließlich werden alle diese parenthesen und überparenthesen in einer hauptparenthese zusammengefasst, die in

die Parenthese = die Bezeichnung für einen eigenständigen Satz, der in einen anderen Satz eingeschoben wird

der ersten zeile des majestätischen satzes anfängt und in der mitte seiner letzten zeile aufhört – *und danach kommt das verb,* und man erfährt zum ersten mal, wovon die ganze zeit die rede war; und nach dem verb hängt der verfasser noch „haben sind gewesen gehabt haben geworden sein“ oder etwas dergleichen an – rein zur verzierung, soweit ich das ergründen konnte –, und das monument ist fertig. Ich nehme an, dieses abschließende hurra ist so etwas wie der schnörkel an einer unterschrift – nicht notwendig, aber hübsch. Deutsche bücher sind recht einfach zu lesen, wenn man sie vor einen spiegel hält oder sich auf den kopf stellt, um die konstruktion herumzudrehen, aber eine deutsche zeitung zu lesen und zu verstehen wird für den ausländer wohl immer eine unmöglichkeit bleiben. […]

In: Kohl, Norbert (Hg.): Gesammelte Werke in zehn Bänden, Insel – leicht verändert

Mark Twain, amerikanischer Schriftsteller (1835–1910)

Nomen (Hauptwörter)	
Verben (Zeitwörter)	
Adjektive (Eigenschaftswörter)	
Pronomen (Fürwörter)	
Präpositionen (Vorwörter)	
Konjunktionen (Bindewörter)	
Artikel (Geschlechtswörter)	
Adverbien (Umstandswörter)	
Numeralien (Zahlwörter)	

TrainingsBox:
- Wortarten 08

Ziele erreicht? – „Wortarten“

Lösung im Anhang

Überprüfen Sie Ihr Wissen! Beantworten Sie die Fragen mit den nachfolgenden Wörtern! Bilden Sie am Ende die Summe Ihrer erreichten Punkte und benoten Sie sich selbst! **Antwortmöglichkeiten** (können mehrmals oder auch nie vorkommen):

richtig ■ falsch ■ Nominativ (1. Fall) ■ Genitiv (2. Fall) ■ Dativ (3. Fall) ■ Akkusativ (4. Fall) ■ Hilfsverben ■ Modalverben ■ Vollverben ■ konjugiert ■ dekliniert

Frage/Aussage	Antwort	Punkte
1. Zur Bildung von vier der sechs Zeiten benötigt man die drei ______.		___/1
2. Bei welchem Verb handelt es sich um kein Modalverb: mögen ■ dürfen ■ können ■ rollen ■ müssen ■ sollen		___/1
3. Nomen werden dekliniert, Verben werden ______.		___/1
4. Starke Verben bilden das Partizip II auf „ge-...-en“.		___/1
5. Bilden Sie von folgenden Verben die Stammformen: bieten – ______ – ______ rufen – ______ – ______ reißen – ______ – ______ brennen – ______ – ______		___/4
6. Der deklinierte Artikel im Neutrum lautet in den vier Fällen: „das, des, dem, den“.		___/1
7. Adjektive erkenne ich dadurch, dass ich sie steigern und nach ihnen mit „Wie?“ fragen kann.		___/1
8. Die drei Steigerungsstufen lauten: der Positiv – der Komparativ – der Hyperlativ.		___/1
9. Werden Pronomen wie ein Artikel verwendet, nennt man sie Artikelwort.		___/1
10. Ordnen Sie die folgenden Pronomen richtig zu! ■ Personalpronomen ■ sich, mir, mich, uns ■ Possessivpronomen ■ er, wir, du, ihr ■ Relativpronomen ■ die, das, der ■ Interrogativpronomen ■ diesem, diese ■ Reflexivpronomen ■ dein, seine, ihre ■ Demonstrativpronomen ■ wer, was, wann, wo		___/5
11. Die Präpositionen „für, gegen, durch ...“ verlangen den ______.		___/1
12. Um welche Arten von Adverbien handelt es sich? a) hier, oben, hinten, rechts b) morgen, jetzt, später c) deshalb, deswegen d) so, bestens, gern	a) ______ b) ______ c) ______ d) ______	___/4
13. Leiten folgende Konjunktionen Nebensätze ein? denn ■ weil ■ wenn ■ aber ■ trotzdem ■ während ■ wie ■ da ■ dennoch – Streichen Sie jene Wörter, die keinen Nebensatz einleiten!		___/2
Punkte gesamt (24)		

24–22 21–19 18–15 14–11 10 ...

Einen interaktiven **Safety-Check** finden Sie in der TRAUNER-DigiBox.

■ Wortarten

3 Zeiten

Arbeitsaufgaben „Testen Sie sich selbst!“

Was wissen Sie schon?

1. Konjugieren Sie die folgenden Verben! (Setzen Sie sie in alle Zeiten!)

Zeiten	**kriechen** (3. Person/Singular)	**schrauben** (2. Person/Plural)
Präsens		
Präteritum		
Perfekt		
Plusquamperfekt		
Futur I		
Futur II		

2. Welche **Zeiten** zählt man zur **Vergangenheitsstufe?**

3. Was versteht man unter **starken und schwachen Verben?**

4. **Zeitenfolge:** Setzen Sie die **in Klammern stehenden Verben** in der richtigen **Zeitform (Vergangenheitsstufe)** ein! **Achtung:** Nicht in jeder Lücke muss ein Verb stehen.

Armina _____ sich genüsslich zurück _____ (lehnen) und _____ das Gaspedal _____ (durchtreten). Sie _____ es in letzter Zeit nicht _____ (können, leiden), wenn Georg _____ (fahren). Er _____ seit geraumer Zeit alle Geschwindigkeitsbeschränkungen _____ (einhalten), nur weil er ein Mal ein Strafmandat für überhöhte Geschwindigkeit _____ _____ (bekommen). Manchmal _____ er eben ein kleines Weichei _____ (sein). Dennoch _____ sie ihn _____ (lieben). Während der Wagen schön langsam wieder auf Touren _____ (kommen), _____ sie darüber _____ (nachdenken), wann sie das letzte Mal so richtig stolz auf ihn _____ _____ (sein).

Die **Lösungen** zu dieser Selbstüberprüfung finden Sie im **Anhang: Zeiten/ LÖSUNGEN.**

Zeiten der Vergangenheitsstufe

Starke Verben

Schwache Verben

3.1 Die Zeitformen des Deutschen

BEISPIELE

Präsens
- Gegenwärtiges
- Direkte Rede
- Regeln und Gesetze
- Wissenschaftliche Erkenntnisse
- Historische Darstellungen
- Zukünftiges

Das Präsens – Die Gegenwart

- Frank **liest** seine Tageszeitung.
- Der Gast sagte zum Kellner: **„Bringen** Sie mir bitte die Karte!"
- An Jugendliche unter 18 Jahren **darf** kein Alkohol **verkauft werden.** Zuwiderhandeln wird bestraft. (Passiv Präsens)
- Die Erde **dreht** sich um die Sonne.
- Johann Wolfgang von Goethe **schreibt** jahrzehntelang an seinem „Faust". Er **erschafft** damit eines der größten Werke der Weltliteratur.
- Morgen **gehe** ich schwimmen.

Präteritum
- Romane, Erzählungen, Geschichten
- Nachrichten in Zeitungen und im Fernsehen

Das Präteritum – Die Mitvergangenheit

Schon am Morgen **wollte** er sich in die Stadt begeben, doch ein früher Anruf eines Freundes **hinderte** ihn daran. Dieser Mensch **steckte** schon wieder in der Klemme und **erwartete** sich, dass er ihm aus der Patsche **half.** Doch an diesem Morgen **war** es ihm ganz und gar unmöglich, sich um ihn zu kümmern.

Perfekt
- Direkte Rede
- Aussagen, die vor dem Präsens liegen

Das Perfekt – Die Vergangenheit

- Gestern Abend **habe** ich mir im Linzer Landestheater „Die Räuber" von Friedrich Schiller **angesehen** und für heute Abend **habe** ich zwei Karten für „Gut gegen Nordwind" im Eisenhand **besorgt.**
- Vor zwei Monaten **ist** er nach London **gereist** und dort **hat** er ihn **kennengelernt.**

Plusquamperfekt
Vorgänge, die vor dem Perfekt bzw. vor dem Präteritum liegen

Das Plusquamperfekt – Die Vorvergangenheit

19 Jahre alt **war** er damals **gewesen** und er **hatte** soeben die Schule **abgeschlossen.** Nachdem er das Maturazeugnis **erhalten hatte,** ...

Futur I
- Zukünftiges
- Vermutungen
- Befürchtungen

Das Futur I – Die Zukunft

- In einem Monat **werden** die Weihnachtsferien **beginnen.** (Zukunft)
- Der Weihnachtsmann **wird** mir ein neues Smart-Phone **bringen!** (Vermutung)
- Hoffentlich **wird** er diesen Einsatz **überleben!** (Befürchtung, Wunsch)

Futur II
- Vorhersagen
- Vermutungen über schon Vergangenes

Das Futur II – Die Vorzukunft

- Morgen um diese Zeit **wird** er schon in Buenos Aires **gelandet sein.**
- Er **wird** sich mit Bestimmtheit den Fuß **gebrochen haben,** der verrückte Kerl!
- Keine Sorge, bald **wirst** du es **überstanden haben!**

Die Zeitformen des Deutschen

WERKZEUG

Das Präsens – Die Gegenwart

Das Präsens kann verwendet werden, um Gegenwärtiges (sich gerade Ereignendes), Zukünftiges oder Vergangenes auszudrücken. Mit dem Präsens kann aber auch immer Gültiges (was war, was ist und in Zukunft so sein wird) ausgedrückt werden.

Bildung

Konjugierte (= abgewandelte) Form des Infinitivs

Das Präteritum – Die Mitvergangenheit

Das Präteritum wird im Deutschen als Erzählzeit verwendet. Das Präteritum vermittelt Sachverhalte und Vorgänge, die in der Vergangenheit abgeschlossen sind, und wird vor allem für erzählende und berichtende Texte verwendet.

Bildung

Konjugierte Präteritumformen des Verbs

Das Perfekt – Die Vergangenheit

Das Perfekt wird als mündliche Erzählform verwendet. Es drückt Geschehnisse der Vergangenheit aus, die in der Gegenwart nachwirken.

Bildung (zusammengesetzte Zeit)

Hilfsverben „sein"/„haben" + Partizip II (= Mittelwort der Vergangenheit)

Das Plusquamperfekt – Die Vorvergangenheit

Plusquamperfekt und Präteritum werden parallel verwendet. Liegen Ereignisse noch weiter zurück als jene, die im Präteritum dargestellt werden, so verwendet man das Plusquamperfekt.

Bildung (zusammengesetzte Zeit)

Präteritum der Hilfsverben „sein"/„haben" + Partizip II

Das Futur I – Die Zukunft

Das Futur drückt Zukünftiges aus. Es kann eine Vermutung darstellen, einen Befehl oder eine Drohung oder eine feste Absicht zum Ausdruck bringen.

Bildung (zusammengesetzte Zeit)

Konjugierte Form von „werden" + Infinitiv

Das Futur II – Die Vorzukunft

Das Futur II wird verwendet, wenn der Abschluss eines Geschehens in der Zukunft als gesichert gilt oder wenn man vermutet, dass etwas bereits geschehen ist.

Bildung (zusammengesetzte Zeit)

Konjugierte Form von „werden" + Partizip II + Infinitiv von „haben"/„sein"

3.2 Die Zeitstufen

BEISPIELE

Zeitformen

Präsens
...
Perfekt
...
Präsens/Futur I
...
Präsens
Futur I

Gegenwartsstufe

Helena ist eine toughe junge Frau. Gegenwärtig absolviert sie eine Ausbildung zur Sozialpädagogin, da sie mit Menschen arbeiten will. Vor drei Jahren hat sie eines Tages alle ihre Sachen gepackt und ist nach Italien aufgebrochen. Gelandet ist sie in Bologna. Dort hat sie mit ihrem Schulenglisch bei einem Pizza-Zustelldienst am Telefon zu arbeiten begonnen. Seit einem Jahr lebt sie wieder in Graz. Oft denkt sie darüber nach, was die Zukunft bringen wird. Manchmal überkommt sie unbeschreibliche Sehnsucht nach dem Meer, dem Essen und den dort lebenden Menschen und ein Gefühl sagt ihr, dass sie das Salz des Meeres bald wieder auf ihrer Haut spüren wird. Am heutigen Morgen hat sie kurzerhand wieder einmal ihre Sachen gepackt und ist für einen Kurztrip nach Bologna aufgebrochen. Angekommen in ihrer geliebten Stadt stattet sie umgehend ihrem Lieblingslokal einen Besuch ab. Nach anfänglicher Euphorie lehnt sie nun etwas gelangweilt an einer Bar im Tricolori, ihrem ehemaligen Wohnzimmer nahe ihrer damaligen Arbeitsstätte. Am Rande der Tanzfläche entdeckt sie nach kurzer Zeit einen interessanten, jungen Mann. Er scheint alleine zu sein, leert sein Glas immer wieder in raschen Zügen und schnorrt ein ums andere Mal vorübergehende Menschen um Feuer an. Er gefällt ihr. Was ihr an ihm gefällt, will ihr nicht ganz klar werden, aber vielleicht ist es die Erinnerung an einen alten Freund von früher.

Präteritum
...
Plusquamperfekt
...
Präteritum/
Konjunktiv II
Präteritum
Konjunktiv II

Vergangenheitsstufe

Helena war eine toughe junge Frau. Damals absolvierte sie eine Ausbildung zur Sozialpädagogin, da sie mit Menschen arbeiten wollte. Drei Jahre zuvor hatte sie eines Tages alle ihre Sachen gepackt und war nach Italien aufgebrochen. Gelandet war sie in Bologna. Dort hatte sie mit ihrem Schulenglisch bei einem Pizza-Zustelldienst am Telefon zu arbeiten begonnen. Ein Jahr später lebte sie wieder in Graz. Oft dachte sie darüber nach, was die Zukunft bringen würde. Manchmal überkam sie unbeschreibliche Sehnsucht nach dem Meer, dem Essen und den dort lebenden Menschen und ein Gefühl sagte ihr, dass sie das Salz des Meeres bald wieder auf ihrer Haut spüren würde. An jenem Morgen hatte sie kurzerhand wieder einmal ihre Sachen gepackt und war für einen Kurztrip nach Bologna aufgebrochen. Angekommen in ihrer geliebten Stadt stattete sie umgehend ihrem Lieblingslokal einen Besuch ab. Nach anfänglicher Euphorie lehnte sie nun etwas gelangweilt an einer Bar im Tricolori, ihrem ehemaligen Wohnzimmer nahe ihrer damaligen Arbeitsstätte. Am Rande der Tanzfläche entdeckte sie nach kurzer Zeit einen interessanten, jungen Mann. Er schien alleine zu sein, leerte sein Glas immer wieder in raschen Zügen und schnorrte ein ums andere Mal vorübergehende Menschen um Feuer an. Er gefiel ihr. Was ihr an ihm gefiel, wollte ihr nicht ganz klar werden, aber vielleicht war es die Erinnerung an einen alten Freund von früher.

Arbeitsaufgabe „Die komplexe Zeitstruktur"

- Setzen Sie die Analyse der **Zeitstruktur** fort! **Unterstreichen Sie die einzelnen Verbformen** und schreiben Sie die jeweilige Zeit (wie oben durchgeführt) in die Randspalte! Diskutieren Sie auch den zeitlichen Aufbau des Textes!

Die Zeitstufen

WERKZEUG

Die Verwendung der jeweiligen Zeiten ergibt sich einerseits daraus, welche **Textsorte** Sie verfassen, und andererseits aus den **zeitlichen Bezügen,** die Sie in einem Text herstellen müssen.

Zeitbezüge

Gegenwartsstufe

Perfekt	Präsens	Futur I + II
Da ich gestern über 60 Seiten gelesen habe,	bin ich heute noch sehr müde.	
	Da das Buch sehr spannend ist,	werde ich im Unterricht heimlich weiterlesen. (Futur I)
	Da das Buch nur aus 350 Seiten besteht,	werde ich es bald ausgelesen haben. (Futur II)

Vorher → Jetzt → Später

Vergangenheitsstufe

Plusquamperfekt	Präteritum	Konjunktiv II
Da er gestern über 60 Seiten gelesen hatte,	war er am nächsten Tag noch sehr müde.	
	Da das Buch aber unglaublich spannend war,	würde er im Unterricht heimlich weiterlesen. (K-II der Gegenwart)
		würde er es bald ausgelesen haben. (K-II der Zukunft)

Dennoch halten sich viele Schreibende nicht immer an diese klaren Richtlinien. Auch in **Zeitungsberichten** finden Sie zum Teil beide Zeitstufen ineinander verwoben, auch wenn hier die Vorgabe lautet: Präteritum, Plusquamperfekt und Konjunktiv II für zukünftige Ereignisse. Erst wenn man die Verwendung der beiden Zeitstufen gut beherrscht, ist man in der Lage, von dieser Struktur gezielt auch wieder abzuweichen.

Textsorten

Die Gegenwartsstufe

In der **gesprochenen Sprache** wird in Österreich in erster Linie die **Gegenwartsstufe** verwendet, um ein Geschehen zu erzählen. In **geschriebenen Texten** kommt diese Zeitstruktur in verschiedensten Texten zur Anwendung.

Beispiele
E-Mail, Brief, Inhaltsangabe, Leserbrief, Stellungnahme, Kommentar, Reportage, Glosse

Info
Wird in einer dieser Textsorten eine kleine Erzählung beispielsweise zur Veranschaulichung eingebunden, so kann und soll hierfür auch die Vergangenheitsstufe verwendet werden.

Die Vergangenheitsstufe

Romanautorinnen/Romanautoren und Verfasser/innen von Erzählungen wählen meist einen (mehr oder weniger) **bestimmten Zeitpunkt in der Vergangenheit** und erzählen von diesem ausgehend ein Geschehen im **Präteritum.**

Beispiele
Erzählung, Kurzgeschichte, Roman, Novelle

Info
Da es aber in der künstlerischen Freiheit der Schriftsteller/innen liegt, den Text individuell zu gestalten, können alle diese Texte auch eine andere Zeitstruktur aufweisen.

Mit „Amerika“ ist ein kleines Dorf in Brandenburg/Deutschland gemeint. Als **„Amerikaner“** werden die dortigen Einwohner bezeichnet.

Zeitformen

Arbeitsaufgaben „Zeiten“

1. **Analysieren Sie die Zeitstruktur** des folgenden Textes! **Unterstreichen Sie** die einzelnen **Verbformen** und schreiben Sie die jeweilige Zeit (wie auf der BEISPIEL-Seite) in die Randspalte! Diskutieren Sie auch den zeitlichen Aufbau des Textes!

Dieter Mohr

SCHWESTER ALMA

Es gibt keinen **Amerikaner** unter dreißig, dessen nackten Hintern Schwester Alma nicht getätschelt hätte. Mit der flachen Hand, bis zum Schreien. [...]

Schwester Alma ist früher Dorfhebamme gewesen. Und bei einer Geburt können sich die Menschen nicht verstellen. [...] Und darum braucht Schwester Alma auch nur zu gucken, wenn ihr einer krummkommt. Und schon erinnert sich der Betreffende, was diese Augen gesehen haben, welche Intimität man mit dieser Frau teilt. Nein, da hilft kein Prahlen und kein Trompeten, Schwester Almas Blick stutzt jeden auf das zurück, was er ist: ein Menschlein, das kommt, eine Weile lang schnauft und dann vergeht. [...]

Der Respekt [Alma gegenüber] wird aber auch zu einem guten Teil genährt durch die Geschichten, die man sich über Schwester Alma erzählt. Zum Beispiel, dass sie ihre Tochter selbst entbunden hat. Ohne Hebamme, oder besser gesagt, mit sich selbst als Hebamme.

Die Nachbarin hatte Schwester Alma schreien und stöhnen gehört, war rübergelaufen und fand sie in ihrem Schlafzimmer auf dem Bett in Wehenkrämpfen. Alles für die Geburt Notwendige war um das Bett herum drapiert. [...]

Das kleine Mädchen, von der erschöpften Mutter selbst fachgerecht abgenabelt und mit ihrer eigenen Hand-Po-Behandlung zum Atmen gebracht, war ein glatter Volltreffer. Von Alma wurde sie Helena getauft und wuchs zu einem selbstbewussten Wildfang heran. Sie hatte die grünen Augen, die Sommersprossen und die feuerrote Haarmähne von ihrer Mutter geerbt. [...]

Daher wunderte es niemanden wirklich, dass Helena zur Chefin der Freiwilligen Feuerwehr Amerikas aufstieg. Am Anfang machte das die Mannen an den Schläuchen zwar etwas muffig, aber sie hat auf der ganzen Linie gewonnen. [...]

Sie hat die Männer bei ihrem Stolz gepackt, hat sie mit Fachwissen, Zuverlässigkeit und blendendem Organisationstalent überzeugt. In puncto Respektsperson ist sie zu 100 Prozent in die Fußstapfen ihrer Mutter getreten. Die Jungs lassen auf ihre Helena inzwischen nichts mehr kommen und würden für sie durchs Feuer gehen [...]

Und vielleicht träumt der eine oder andere nachts, wenn er allein zwischen den Laken liegt, ganz heimlich und ohne dass er es jemals zugeben würde, von Helenas wallendem Rotschopf, ihren langen Beinen und ihren von den Göttern gestalteten Formen.

Dieter Mohr: Was wir nicht haben, brauchen Sie nicht, Rowohlt

2. Setzen Sie die **Verben** des folgenden **Tagebucheintrags (Gegenwartsstufe)** in die **richtigen Zeitformen** und schreiben Sie den Text auf ein Blatt in Ihrer Mappe! Nicht immer ist angegeben, welche Zeitform zu verwenden ist, da die Struktur des Textes vorgibt, welche Zeitform verwendet werden muss.

LIEBES TAGEBUCH!

Eben ich (aufstehen/Perfekt), es halb fünf Uhr früh (sein). Wir heute die Mathe-Schularbeit (schreiben). Ich keine Ahnung von Gleichungen und Funktionen (haben).
Wer diesen Schrott (brauchen)? Der Mathe-Lehrer hübsch (ist) und 90 Prozent der Mädchen in ihn verliebt (sind). Alle Mädchen sich wie blöd (vorbereiten, Futur II).
Vielleicht es gut (sein/Konjunktiv II), wenn ich einen Schummelzettel (schreiben)? Das doch für Mathe gar nichts (bringen). Ich einfach zu wenig (aufpassen/Perfekt). Auch ich nicht (mitlernen/Perfekt), das sich jetzt (rächen). In diesem Fach man die Materie (müssen, verstehen). Vielleicht ich mich heute krank (sollen/Konjunktiv II, melden)? Was du dazu (sagen), liebes Tagebuch? Das mir aber auch nichts (bringen/Futur I). Die Nachschularbeit eher schwieriger als einfacher (sein/Futur I). Na gut, ich jetzt die Funktionsgleichungen (lernen). Bei der letzten Schularbeit es doch auch (klappen/Perfekt). Dann ich Peter, meinen Kumpel, (anrufen), der sicher auch schon wach (sein).

Bis später!

3. Schreiben Sie den folgenden Text ab und setzen Sie die in den Klammern angegebenen **Infinitive** in die **richtige Zeitform (Vergangenheitsstufe)!** Achten Sie vor allem auf die **Formen des Plusquamperfekts,** die immer wieder erforderlich sind!

TrainingsBox:
- Zeiten 01
- Zeiten 02

Äsop
DER AFFE ALS SCHIEDSRICHTER

Ein Hund und ein Fuchs (erblicken) gleichzeitig eine schöne große Wurst, die jemand (verlieren), und nachdem sie eine Weile unentschieden darum (kämpfen), (kommen) sie überein, mit der Beute zum klugen Affen zu gehen. Dessen Schiedsspruch (sollen) gültig sein. Der Affe (hören) die beiden Streitenden aufmerksam an. Dann (fällen) er mit gerunzelter Stirn das Urteil: „Die Sachlage (sein) klar. Jedem von euch (gehören) genau die halbe Wurst." Damit (zerbrechen) der Affe die Wurst und (legen) die beiden Teile auf eine Waage. Das eine Stück (sein) schwerer. Also (beißen) er hier einen guten Happen ab. Nun (wiegen) er die Stücke von Neuem. Da er ein zu großes Stück (abbeißen), (senken) sich die andere Schale. Schnell (kürzen) er auch diesen Teil. Wiederum (prüfen) er sie auf Gleichgewicht, und nun (müssen) wieder die erste Hälfte ihr Opfer bringen. So (mühen) der Affe sich weiterhin, jedem sein Recht zu schaffen. Die Enden (werden) immer kleiner, die Augen von Hund und Fuchs immer größer und schließlich (verschlingen) der Affe die gesamte Wurst.
Mit eingeklemmten Ruten (davonschleichen) Hund und Fuchs in verbissener Wut. In gehöriger Entfernung (herfallen) sie übereinander und (zerzausen) sich.

WWW.GUTENBERG.SPIEGEL.DE

4. Setzen Sie den zweiten Teil („Nachdem Arthur …") des folgenden Textes in die **Vergangenheitsstufe** und verwenden Sie die dazu erforderlichen zeitlichen Strukturen!

Douglas Adams
ARTHUR DENT LERNT FLIEGEN

Der Reiseführer „Per Anhalter durch die Galaxis" sagt Folgendes zum Thema Fliegen: Es ist eine Kunst, sagt er, oder vielmehr ein Trick zu fliegen. Der Trick besteht darin, dass man lernt, wie man sich auf den Boden schmeißt, aber daneben. […] Das heißt, es wird wehtun, wenn es einem nicht gelingt, den Boden zu verfehlen. […] Das eine Problem ist, dass man den Boden zufällig verfehlen muss. Es hat keinen Zweck, sich bewusst vorzunehmen den Boden zu verfehlen, denn das schafft man nicht. Man muss sich plötzlich von irgendetwas ablenken lassen, wenn man auf halbem Wege ist, sodass man nicht mehr über das Fallen nachdenkt. […] (511, 573)

Nachdem Arthur eilends, behände und keuchend den Berg hinuntergelaufen ist, spürt er plötzlich, wie sich die Erde unter ihm ganz, ganz leicht bewegt. […] Er rennt, Todesangst in sich, unter sich und über sich, und sogar an seinen Haaren versucht sie ihn zu packen.
Und plötzlich stolpert er wieder und wird von seiner eigenen ganz beträchtlichen Schwungkraft vorwärtsgeschleudert.
Aber genau in dem Moment, in dem er drauf und dran gewesen ist, schrecklich hart auf den Boden zu knallen, sieht er direkt vor sich einen kleinen marineblauen Reisebeutel liegen, von dem er genau weiß, dass er ihn vor ungefähr zehn Jahren seiner früheren persönlichen Zeitrechnung im Gepäckausgabesystem des Athener Flughafens verloren hat, und in seiner Verwunderung verfehlt er den Boden total und schnellt in die Lüfte empor. Und sein Gehirn singt. Was er tut, ist dieses: Er fliegt. […]
Er fliegt. Was er damit wohl anfangen wird? Er sieht hinunter zum Boden. Er sieht nicht genau hin, aber er gibt sich alle Mühe. Da liegt sein Reisebeutel, und zwar genau der, den er auf dem Athener Flughafen verloren hat. Er liegt keck auf einem offenen Gelände, umgeben von müde gewordenen Felsbrocken, aber offensichtlich von keinem getroffen. […]
Er sieht sich vor die Tatsache gestellt, dass er dieses Ding aufheben muss. Hier fliegt er also, zweihundert Meter über der Oberfläche eines fremden Planeten, an dessen Namen er sich nicht einmal erinnern kann, und da unten liegt sein alter Turnbeutel. Wie hat dieser blaue Sack es nur geschafft, hier auf diesen Planeten zu kommen?
Auf dem halben Weg nach unten entsteht jäh ein gefährlicher Augenblick, […] aber er hat sich rechtzeitig wieder im Griff und beginnt, wieder in die Höhe zu steigen, schafft es nicht und stürzt, schlägt auf dem Boden auf und schrammt und poltert über den steinigen Grund.
Seine Füße kleben so schwer am Boden, wie sie es immer getan haben.

Douglas Adams: Per Anhalter durch die Galaxis, Heyne – leicht verändert

5. Bei dem nachfolgenden Text handelt es sich um ein E-Mail einer Frau an einen Mann.

Daniel Glattauer
ALLE SIEBEN WELLEN

Betreff: Drei Whiskey und ich
Lieber Leo, wir sind noch eine Weile wach geblieben und haben über dich, den Physischen, geplaudert. (Wir: drei kleine Whiskey und ich.) Dem ersten Whiskey und mir ist aufgefallen, dass du dich in meiner Gegenwart ziemlich abmühst, kontrolliert zu sein, was Worte, Gesten und Blicke betrifft. Das wäre gar nicht notwendig, meinte der erste Whiskey, der mich gut kannte. (Mittlerweile ist er leider ausgetrunken.) Der zweite, inzwischen ebenfalls verblichene Whiskey äußerte den Verdacht, dass du dich längst entschieden hast, mir niemals näher zu kommen als bis in die Mailbox und bis zur Mitte eines hell beleuchteten, von Dutzenden Augenzeugen abgesicherten Kaffeehaustisches. In diesem Rahmen sei unsere Unterhaltung diesmal erfreulich warm, herzlich, echt, persönlich, nahezu innig und sogar eine halbe Stunde länger als geplant gewesen, meinte der zweite Whiskey. Es bestünden gute Chancen, dass wir diese Art von Sonntagsbegegnungen im Café bis ins Pensionsalter durchhalten, um dann gemeinsam Patiencen zu legen oder gar eine Tarockrunde aufzustellen, sofern unsere Partner da mitspielen.

Daniel Glattauer: Alle sieben Wellen, Deuticke

a) Untersuchen Sie die **zeitliche Struktur** des E-Mails! Grundsätzlich sollte es der Zeitstruktur der **Gegenwartsstufe** folgen. Erfüllt es diesen Anspruch? **Unterstreichen Sie** alle Formen!

b) Übertragen Sie den Textauszug „Drei Whiskey und ich“ in die **Vergangenheitsstufe** und lassen Sie **Präteritum und Plusquamperfekt** zum Einsatz kommen! Wandeln Sie den Text auch in die **dritte Person** um und erzählen Sie! Beginnen Sie so:

Sie war noch eine Weile wach geblieben und hatte in Gedanken mit ihren drei Whiskeys geplaudert. Dem ersten Whiskey und ihr fiel auf, dass er sich in ihrer Gegenwart ziemlich abmühte, kontrolliert zu sein, was Worte, Gesten und Blicke betraf. Das wäre nicht notwendig, hatte der erste Whiskey gemeint, ...

6. Setzen Sie die Verben des folgenden **Zeitungsberichtes (Vergangenheitsstufe)** in die **richtigen Zeitformen** und tragen Sie diese in die Lücken ein!

TrainingsBox:
- Zeiten 03
- Zeiten 04

MANN VON RÄUBERN ZUM NACKTBAD GEZWUNGEN

Kelheim *– Erzwungene FKK: Bei einem Raubüberfall im bayerischen Kelheim ______________________ ein Mann nach eigenen Angaben zu einem Bad in der Donau ______________________ (zwingen/Passiv).*

Der 67-Jährige __________ in der Nacht zum Donnerstag nackt in einer Tankstelle __________ (auftauchen), wie die Polizei __________ (mitteilen). Seinem Bericht zufolge __________ er zuvor bei einem Spaziergang von zwei Männern __________ (auffordern/Passiv), sich auszuziehen. Die Kleidungsstücke __________ von den Unbekannten __________ und in die Donau __________ (durchsuchen, werfen/Passiv). Danach __________ ihm die Armbanduhr __________ und __________ (abnehmen, befehlen/Konjunktiv I, Passiv), in den Fluss zu steigen. Allerdings __________ die Räuber zumindest ein wenig Mitgefühl (zeigen): Sie __________ zunächst ihr Opfer (fragen), ob es __________ (schwimmen, können). Die Strömung __________ den 67-Jährigen etwa 300 Meter flussabwärts (treiben), bevor er wieder ans Ufer __________ (gelangen können). Der Mann __________ bei dem Überfall nicht __________ (verletzen/Passiv).

DER SPIEGEL

TrainingsBox:
- Zeiten 05

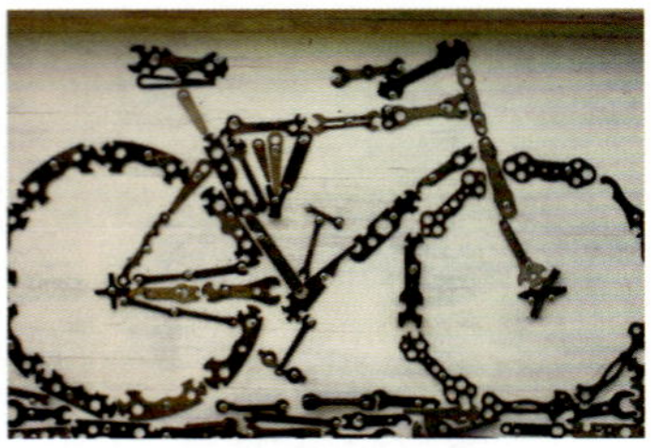

7. Schreiben Sie die folgende **Inhaltsangabe** ab und korrigieren Sie die **25 Zeitfehler,** die sich eingeschlichen haben! Im **ersten Teil** des Textes sind die **Zeitfehler markiert,** im **letzten Teil** müssen Sie sich selbst auf die **Fehlersuche** begeben. Eine **Inhaltsangabe** muss in der **Zeitstufe der Gegenwart** verfasst werden und nur folgende Zeitformen dürfen vorkommen: **Präsens, Perfekt, Futur I und Futur II.**

Alex Capus

GLAUBST DU, DASS ES LIEBE WAR? (Inhaltsangabe)

Der Roman „Glaubst du, dass es Liebe war?" von Alex Capus handelt von einem Schlitzohr namens Harry, das in einer Kleinstadt lebte, seine Mitmenschen betrog, seine Familie im Stich ließ und auswanderte, um woanders ein neues Leben zu beginnen. Über die Jahre hinweg verändert er sich, kehrt wieder zurück, um Verantwortung für sich und andere zu übernehmen.

Harry Widmer wächst in einer kleinen Schweizer Stadt bei seinem Vater, dem Besitzer einer Fahrradwerkstatt, auf. Harry hat eine Lehre als Mechaniker absolviert, ohne sich jemals wirklich schmutzig zu machen. Da der Vater seines Sohnes und auch der Werkstatt bald überdrüssig war, überschrieb er seinem Sohn das Geschäft und zog sich in eine Seniorenresidenz zurück.

Harry hat den Laden übernommen und machte daraus „Harry's Cracy Bike-Corner". Er lebte auf großem Fuß, borgte sich überall Geld aus, hat seine Rechnungen nicht bezahlt und dennoch mag man ihn in der kleinen Stadt.
Eines Tages lernt er die hübsche Nancy, eine Thailänderin, kennen und die beiden werden ein Paar. Als sich die finanzielle Lage immer mehr zuspitzte und Nancy auch noch schwanger von ihm war, fälschte er den Schwangerschaftstest, hob alles Bargeld ab, das seine Kreditkarten hergaben, und hat sich nach Mexiko abgesetzt.
In dem kleinen mexikanischen Dorf am Pazifik, in dem er strandet, kennt man ihn sehr schnell. Angelito, der Besitzer einer Billardhalle, hat ihm eine Unterkunft vermietet und als die Gringos (die Amerikaner) wie jeden Sommer wieder in Massen das Dorf und den Strand gestürmt haben, verdreifachte sich der Mietpreis. Angelito wird dennoch ein guter Freund von Harry und er hat dem jungen „Haroldo" auch Geld geliehen, damit dieser seinen „Haroldo's Cracy Surf-Corner" am Strand eröffnen kann. Harry macht mit diesem viel Geld und entkommt damit seinen finanziellen Sorgen.
Mehrere Erlebnisse ließen Harry nachdenklich werden und immer wieder an die Heimat, an Nancy und seinen Sohn denken. Die Frau von Angelito, die sich nie blicken ließ, ist Thailänderin und brachte ihm in der Folge Thai bei. Eines Tages macht sich Harry auf in seine alte Heimat, nachdem er mit Angelito alles Finanzielle – auch hinsichtlich seines Surf-Corners – regelt. ...

8. **Korrigieren Sie die Zeitfehler,** die sich in den folgenden Auszug des Romans „Glaubst du, dass es Liebe war?" hineingeschummelt haben! Achten Sie auf die **Zeitstufe,** die Sie anwenden müssen, und auf die **Konjugation** der einzelnen Verben!

Alex Capus

GLAUBST DU, DASS ES LIEBE WAR?

Sechs Monate später endet pünktlich zu Pfingsten auch diese Saison. Die anschließende Flaute wurde abgelöst von der nächsten Saison und diese wiederum von einer Flaute, worauf erneut eine Saison folgt und noch eine Flaute, und ehe Harry Widmer junior es sich versieht, sind fünf Jahre vergangen. Er war tief gebräunt wie ein Einheimischer, obwohl er wie sie die Sonne gemieden hat; er bewegt sich mit tropisch kraftsparender Ökonomie, hat um die Hüften einigen Speck angesetzt und spricht so akzentfrei Mexikanisch, wie nur ein Geck es lernen kann. Schon in der zweiten Saison haben ihn die Gringos für einen Mexikaner gehalten, und Harry unternimmt nichts, diesen Irrtum zu beheben. Übrigens ist er jetzt einer der reichsten Männer im Dorf. Nicht, dass er seine Schulden bei Angelito beglichen hätte. Aber das Geld hat er bereitgelegt, fein säuberlich abgezählt, in eine Plastiktüte verpackt und im Spülkasten versteckt. Angelito würde sein Geld schon bekommen, bar auf die Hand und in Sekundenschnelle. Er braucht nur zu fragen.

Alex Capus: Glaubst du, dass es Liebe war?,
Residenz

Alex Capus,
Schweizer Schriftsteller
(geb. 1961)

Ziele erreicht? – „Zeiten“

Lösung im Anhang

Überprüfen Sie Ihr Wissen! Beantworten Sie die Fragen mit den nachfolgenden Wörtern! Bilden Sie am Ende die Summe Ihrer erreichten Punkte und benoten Sie sich selbst! **Antwortmöglichkeiten** (können mehrmals oder auch nie vorkommen):

richtig ■ falsch ■ Präsens ■ Präteritum ■ Perfekt ■ Plusquamperfekt ■ Futur I ■ Futur II ■ Konjunktiv II

Frage/Aussage	Antwort	Punkte
1. Um welche Zeit handelt es sich? – *Sie trat aufs Gaspedal.*		___/1
2. Das **Plusquamperfekt** wird immer gemeinsam mit dem Perfekt verwendet.		___/1
3. Um welche Zeit handelt es sich? – *Jetzt setze ich mich gemütlich vor die Glotze!*		___/1
4. Um welche Zeit handelt es sich? – *Was hat er sich nur dabei gedacht?*		___/1
5. Um welche Zeit handelt es sich? – *Morgen um diese Zeit wird er schon gelandet sein.*		___/1
6. Um welche Zeit handelt es sich? – *Sie hatte den Auftrag endlich bekommen.*		___/1
7. **Konjugation** ist die Abwandlung des Infinitivs nach Zeitform und Person.		___/1
8. Um welche Zeit handelt es sich? – *Er wird mir aus der Hand fressen.*		___/1
9. *Liebes Tagebuch!* *Endlich ______________ (finden) ich wieder einmal Zeit, dir zu schreiben. ______________ (stellen) dir vor, was mir gestern Abend ______________ (passieren).*		___/3
10. **Gegenwartsstufe:** *Zuerst ______________ (backen) er einen Kuchen, dann ______________ (brühen) er eine Suppe und kurz vor dem Essen ______________ (braten) er das Steak.*		___/3
11. Welche **Textsorten** werden grundsätzlich der **Gegenwartsstufe** zugeordnet? Führen Sie drei davon an!		___/3
12. **Vergangenheitsstufe:** *Nachdem er den Sportteil der Zeitung ______________ ______________ (lesen), ______________ (holen) er sich eine Limo.*		___/2
13. Welche **Textsorten** werden grundsätzlich der **Vergangenheitsstufe** zugeordnet? Führen Sie zwei davon an!		___/2
14. **Roman:** *Jeremias ______________ (fallen) in den Schacht, da er nicht auf den Rat des Alten ______________ (hören). ______________ er jemals wieder das Tageslicht ______________ (erblicken)?*		___/3
Punkte gesamt (24)		

24–23 22–20 19–16 15–12 11 …

Interaktive **Safety-Checks** finden Sie in der TRAUNER-DigiBox.

- Die Zeitformen des Deutschen
- Die Zeitstufen

Verb VERTIEFENDES WISSEN

Arbeitsaufgaben „Verb“

Zu diesem Kapitel finden Sie **interaktive Übungen** inkl. Lösungen und Feedback in der TRAUNER-DigiBox (Kategorie: TrainingsBox).

1. Markieren Sie im folgenden Text **alle Verben!** Führen Sie die **Verbprobe** (Stammformen und eine Personalform bilden) durch! Taucht ein Verb öfters auf, müssen Sie die Verbprobe nur einmal machen.

TAIWAN: POLIZEI SCHENKT FAHRRADDIEB EIN FAHRRAD

Ein taiwanesischer Vater klaute für seine Tochter ein Fahrrad, weil er zu arm ist, um eines zu kaufen. Als er aufflog, erweckte er das Mitleid der Polizisten: Sie sammelten Geld und schenkten ihm ein Fahrrad.

In Taiwan hat ein Fahrraddieb das Mitleid der Polizei geweckt. Als die Beamten erfuhren, dass der Mann zu arm war, um seiner Tochter ein Fahrrad zu kaufen, sammelten sie kurz entschlossen das nötige Geld.

Wie die „China Times“ am Freitag berichtete, wollte er seinem Kind den täglichen Fußmarsch von fünf Kilometern zur nächsten Schulbushaltestelle ersparen. Dem Mädchen erzählte er, er hätte ein Fahrrad gebraucht gekauft. Allerdings erkannte der rechtmäßige Eigentümer es als Diebesgut und alarmierte die Polizei. Die Beamten stellten fest, dass die Familie sogar zu arm war, um sich Wasser und Strom zu leisten.

DIE PRESSE

Infinitiv	Präteritum	Partizip II	3. P. Sg. Präsens
schenken	*schenkte*	*geschenkt*	*er schenkt*

Vertiefendes Wissen

TrainingsBox:
- Verb 01
- Verb 02

Stammformen

2. Ergänzen Sie in der Tabelle die **fehlenden Stammformen** und stellen Sie fest, ob es sich um **starke, schwache** oder um **Mischverben** handelt!

Infinitiv	Präteritum	Partizip II	Konjugationsklasse
	mochte		
ziehen			
	nannte		
		gerufen	
sein			
	erkannte		
fühlen			
		gehabt	
	ging		
öffnen			
		gehalten	
	dachte		
fliehen			
		geworden	
wollen			
	versuchte		
		gelesen	
		gemacht	
stoßen			
	schlug		
	weinte		
bringen			
	ließ		
		genommen	
waschen			
	genoss		

Unterschiedliche Konjugationsklassen – unterschiedliche Bedeutung

3. Einige Verben verändern den Sinn, je nachdem ob sie stark oder schwach konjugiert werden. **Ergänzen Sie** in folgender Übersicht jeweils das **Partizip II** und die jeweilige **Bedeutung!**

Infinitiv	Präteritum	Partizip II	Bedeutung
bewegen	bewog		
	bewegte		
schaffen	schuf		
	schaffte		
schleifen	schliff		
	schleifte		
weichen	wich		
	weichte		
wiegen	wog		
	wiegte		
(aus-/er-) löschen	erlosch		
	löschte aus		
wenden	wandte		
	wendete		
senden	sandte		
	sendete		
erschrecken	erschrak		
	erschreckte		
hängen	hing		
	hängte		

Vertiefendes Wissen

TrainingsBox:
- Verb 03
- Verb 04

4. Setzen Sie die angegebenen Verben in der **richtigen Präteritumform** ein! Achten Sie dabei besonders auf die **Bedeutung der Verben!**

a) Anna ________________ (erschrecken), als eine Spinne ihren Arm entlangkletterte.

b) Sie ________________ (senden) den Film in Englisch mit Untertiteln.

c) Ihre Lebensgeschichte ________________ (bewegen) mich sehr.

d) In Ermangelung einer Wäschespinne ________________ (hängen) sie die nasse Wäsche über den Sessel.

e) Das Blatt ________________ (wenden) sich, als ein neuer Spieler auf das Feld lief.

f) Marija ________________ (erschrecken) ihre Freundin, als sie leise ihr Zimmer betrat.

g) Das Licht ________________ (erlöschen), als der Blitz einschlug.

h) Sie wussten genau, dass ihr Leben am seidenen Faden ________________ (hängen).

i) Die Verirrten ________________ (wenden) sich hilfesuchend an einen Polizisten.

j) Ich ________________ (senden) das Paket zurück, weil mir die Ware nicht gefiel.

k) Das kleine Mädchen ________________ (schleifen) sein Stoffpferdchen hinterher.

l) Goethe ________________ (schaffen) mit seinem „Faust" ein unsterbliches Werk.

m) Er ________________ das Licht ________________ (auslöschen), als er das Zimmer verließ.

n) Bevor der Koch das Brot weiterverarbeitete, ________________ er es in Milch ________________ (einweichen).

o) In Gedanken versunken ________________ (wiegen) sich der Bub hin und her.

p) Weißt du, was ihn zu diesem Schritt ________________ (bewegen)?

q) Mit langsamen Bewegungen ________________ (schleifen) der Senner die Sense.

r) So schnell sie konnten, ________________ (schaffen) sie ihre Habseligkeiten aus dem überschwemmten Haus.

s) Mein Bruder ________________ (weichen) den ganzen Abend nicht von meiner Seite.

t) Das Baby ________________ (wiegen) bei der Geburt fast vier Kilogramm.

Personalformen/Zeiten

5. Bestimmen Sie die folgenden Verben nach **Person, Numerus und Tempus!**

	Person	Numerus	Tempus
er wird gelaufen sein			
du hast gesungen			
ich lief			
sie hatten viel gelernt			
du wirst dich noch wundern			
wir werden getanzt haben			
ihr verlort			
sie reitet			
wir haben die Blumen gegossen			
ich hatte Hunger gehabt			
ihr werdet arbeiten müssen			
sie haben den Fall aufgeklärt			
ich schlafe viel			
du mochtest Pferde			

TrainingsBox:
- Verb 05
- Verb 06

6. Bilden Sie die **Verbformen** nach den folgenden Angaben!

telefonieren	3. P. Sg., Präteritum	
sein	1. P. Pl., Plusquamperfekt	
Koffer packen	2. P. Sg., Futur I	
verreisen	1. P. Sg., Präteritum	
arbeiten	2. P. Pl., Futur II	
verstehen	3. P. Pl., Perfekt	
schlagen	2. P. Sg., Präsens	
nennen	3. P. Pl., Plusquamperfekt	
schwimmen	2. P. Pl., Perfekt	
müde sein	1. P. Pl., Futur I	
hungrig werden	3. P. Sg., Futur II	
aufpassen	2. P. Sg., Präteritum	
fernsehen	3. P. Pl., Perfekt	
geben	2. P. Sg., Präsens	

TrainingsBox:
- Verb 07
- Verb 08

Vertiefendes Wissen

TrainingsBox:
- Zeiten 06
- Zeiten 07

Zeitenfolge in der Gegenwartsstufe

7. Laufen in folgenden Sätzen die **Vorgänge in den Teilsätzen gleichzeitig** ab oder ist einer **vorzeitig? Unterstreichen Sie** (sofern vorhanden) jene Wörter, die eine **Vorzeitigkeit** signalisieren, und setzen Sie das **Verb** in Klammern in der **richtigen Zeit** ein!

a) Ich suche noch immer den Ring, den ich gestern (verlieren).
b) Karin genießt das Dessert sehr, das ihr Freund (zubereiten).
c) Warum gibst du das Geld gleich aus, das du in den Ferien (verdienen)?
d) Die Schüler begrüßen den Vorschlag sehr, den ihnen ihr Schulsprecher (unterbreiten).
e) Es tut mir sehr leid, wenn ich dich (beleidigen).
f) Er isst tatsächlich den Apfel, der ihm vorhin (hinunterfallen).
g) Wir stehen auf, sobald die Sonne (scheinen).
h) Ich bin manchmal nervös, wenn ich vor vielen Menschen (sprechen).

TrainingsBox:
- Zeiten 08
- Zeiten 09

Zeitenfolge in der Vergangenheitsstufe

8. Laufen in folgenden Sätzen die **Vorgänge in den Teilsätzen gleichzeitig** ab oder ist einer **vorzeitig? Unterstreichen Sie** (sofern vorhanden) jene Wörter, die eine **Vorzeitigkeit** signalisieren, und setzen Sie das **Verb** in Klammern in der **richtigen Zeit** ein!

a) Als ich die Prüfung ablegte, zeigte sich, dass ich mich gut (vorbereiten).
b) Er las die Zeitung, während er seine Jause (essen).
c) Er ging zu Fuß nach Hause, weil er die letzte U-Bahn (verpassen).
d) Ihm kamen die Tränen, als er diese Worte (sprechen).
e) Die Fans jubelten, als der Star die Bühne (betreten).
f) Ich war sehr müde, weil ich den ganzen Nachmittag mein Zimmer (aufräumen).
g) Kurz nachdem er in den Bus (einsteigen), kam es zum Unfall.
h) Mein Bruder hinterfragte die Sachlage noch einmal, obwohl ich sie ihm bereits drei Mal (erklären).

TrainingsBox:
- Zeiten 10
- Zeiten 11

Zeitenfolge

9. Stellen Sie zuerst die **Zeitstufe** der folgenden Sätze fest, anschließend ob die **Vorgänge in den Teilsätzen gleichzeitig** ablaufen oder ob einer **vorzeitig** ist! Setzen Sie das **Verb** in Klammern in der **richtigen Zeit** ein!

a) Ich musste Mahngebühr zahlen, weil ich (vergessen), den Betrag zu überweisen.
b) Während die anderen für die Schularbeit lernen, (schreiben) Enes einen Schummelzettel.
c) Immer wenn ich aus der Flasche (trinken), machte ich mich schmutzig.
d) Ich hatte starke Verspannungen, weil ich den ganzen Tag vor dem Computer (sitzen).
e) Nähst du mir bitte den Knopf an, den ich gestern (abreißen).
f) Es ist mir nicht möglich, das Dokument zu kopieren, weil jemand das Gerät (beschädigen).
g) Ich zog nach Österreich, als ich drei Jahre alt (sein).
h) Sobald sie einander (sehen), fangen sie zu kichern an.

1 Imperativ (Befehlsform) WERKZEUG

Den Imperativ verwendet man für **Bitten, Anweisungen, Ratschläge, Befehle oder Anleitungen.** Er wird nur eingesetzt, wenn man eine oder mehrere Personen direkt anspricht.

Bildung des Imperativs

Informeller Imperativ (für Personen, die man duzt)

Singular	Plural
Wird gebildet wie die 2. Person Singular, aber ohne Endung und ohne Personalpronomen („du“).	Wird gebildet wie die 2. Person Plural, aber ohne Pronomen.
Beispiel du geh~~st~~ → Geh!	**Beispiel** ihr geht → Geht!

Unregelmäßige Verben haben im Imperativ keinen Umlaut.

Beispiel
du verläs~~st~~ → Verlass dich auf mich!

Verben, deren Stamm auf „-d/-t“ oder Konsonant + „m/n“ endet, behalten das „e“ der Endung.

Beispiele
du antworte~~st~~ → Antworte mir!
du warn~~st~~ → Warne mich!

Der Imperativ von „sein“ ist „sei!“.

Formeller Imperativ (für Personen, die man siezt)
Er wird gebildet wie die Höflichkeitsform im Aussagesatz, nur folgt das Pronomen auf das Verb.

Beispiel: Sie gehen geradeaus. → Gehen **Sie** geradeaus!

Eine Ausnahme bildet wieder **„sein“.** Hier lautet der Imperativ **„Seien Sie ...!“.**

Satzzeichen

Ein Imperativ kann sowohl mit einem **Punkt** als auch mit einem **Rufzeichen** enden, je nachdem wie viel Nachdruck man ihm verleihen möchte.

Ersatzformen zum Ausdruck einer Aufforderung

Ersatzformen	Beispiele
Passiv ohne Subjekt	Jetzt wird nicht mehr genascht!
Mit „müssen“ oder „sollen“	Du sollst jetzt nicht naschen!
Futur I	Du wirst jetzt sofort aufhören zu naschen!
Präsens	Du hörst jetzt sofort auf zu naschen! *
Konjunktiv II in Frageform	Würdest du jetzt bitte aufhören zu naschen!
Infinitivsatz	Nicht naschen!

* Bei dieser Form müssen Sie besonders auf die Betonung achten!

Arbeitsaufgaben „Imperativ“

1. Bilden Sie **informelle Imperativsätze im Singular und im Plural** und schreiben Sie diese auf ein Blatt in Ihrer Mappe!

Beispiel
TV-Gerät abschalten
*Singular: **Schalte** das TV-Gerät ab!*
*Plural: **Schaltet** das TV-Gerät ab!*

a) Hausübungen schreiben
b) leise sein
c) das Eis essen
d) den Gurt anlegen
e) das Licht abdrehen
f) die Füße von der Bank nehmen
g) den Fischen Futter geben
h) das Radio leiser drehen
i) eine Haube aufsetzen
j) zur Wahl gehen

2. Formen Sie folgende Sätze in **Imperativsätze** um und schreiben Sie diese auf ein Blatt in Ihrer Mappe!

Beispiel
Du musst noch die Wäsche waschen!
Wasch noch die Wäsche!

a) Ihr sollt bei der Straßenbahnstation auf mich warten.
b) Würden Sie bitte gegen halb acht Uhr anrufen.
c) Ihr füttert jetzt die Katze!
d) Du wirst bitte zahlen, bevor du gehst!
e) Du sollst noch heute zum Arzt gehen!
f) Sie müssen das Zeitungsabonnement kündigen.
g) Du musst das Buch zu Ende lesen.
h) Würdet ihr heute bitte pünktlich zum Unterricht erscheinen.
i) Ihr hört jetzt auf zu stören!
j) Du wirst diese Aufgabe eigenständig lösen!

3. Formen Sie folgende **Imperativsätze** um, indem Sie **möglichst viele Ersatzformen** verwenden! Schreiben Sie die Sätze auf ein Blatt in Ihrer Mappe! **Diskutieren Sie,** wie sich die **Wirkung** durch das Umformen verändert!

a) Wirf nichts aus dem Fenster!
b) Seid ruhig!
c) Fahren Sie rechts ran!

4. Geben Sie Ihren **Mitschülerinnen und Mitschülern Anweisungen!** Formulieren Sie **mindestens fünf** schriftlich! Schreiben Sie sie folgendermaßen auf:

Beispiel
Susi arbeitet nicht mit.
Arbeite mit, Susi!

2 Modalverb „können“ WERKZEUG

Mit **„können“** drücken Sie
- eine **Fähigkeit,**
- eine **Möglichkeit/Gelegenheit** oder
- eine **Schlussfolgerung mit Verneinung** aus.

Beispiel „Fähigkeit“
Ich kann lesen.

Beispiel „Möglichkeit/Gelegenheit“
Ich kann in den Ferien arbeiten.

Beispiel „Schlussfolgerung mit Verneinung“
Das kann doch nicht wahr sein!

Arbeitsaufgaben „Modalverben“

1. Formen Sie die folgenden Sätze um, indem Sie Modalverben verwenden, und schreiben Sie die Sätze auf!

Beispiel
Sie beherrscht es, auch die undeutlichste Schrift zu entziffern.
*Sie **kann** auch die undeutlichste Schrift entziffern.*

a) Sie ist in der Lage, alle auf ihre Seite zu ziehen.
b) Ich habe die Möglichkeit, einen Förderkurs zu besuchen.
c) Ich bin nicht imstande, diese Aufgabe alleine zu bewältigen.
d) Schon ein Kleinkind ist in der Lage, diese Übung zu schaffen.

2. Das kann nicht so gewesen sein! – Bilden Sie **Schlussfolgerungen mit Verneinung!**

Beispiel
Er hat gar nicht so viel Geld. Bestimmt hat er das neue Handy nicht selbst gekauft.
*Er **kann** das neue Handy **nicht** selbst gekauft haben.*

a) Es war so laut. Ich bin mir sicher, dass er das Telefon nicht gehört hat.
b) Der Aufsatz ist großartig. Sie hat ihn bestimmt nicht selbst geschrieben.
c) Ich war nur fünf Minuten zu spät. Er hat ohne Zweifel nicht lange gewartet.
d) Der Dieb musste die Türe nicht aufbrechen. Sie war sicher nicht abgeschlossen.

Vertiefendes Wissen

3 Modalverb „mögen"

WERKZEUG

Mit **„mögen"** drücken Sie
- eine **Vorliebe,**
- eine **Vermutung** oder
- einen **Wunsch** aus.

Beispiel „Vorliebe"
Ich mag jetzt nicht schlafen.

Beispiel „Vermutung"
Das mag richtig sein.

Beispiel „Wunsch"
Konjunktiv II: Wir möchten länger aufbleiben.

Arbeitsaufgabe „Modalverben"

3. Formen Sie die folgenden Sätze um, indem Sie „mögen" verwenden, und schreiben Sie die Sätze auf!

a) Ich habe Lust, einen Spaziergang zu machen.
b) Die Vorstellung ist vermutlich bereits zu Ende.
c) Sie wünscht sich, zu Ostern nach Italien zu reisen.
d) Er hatte keine Lust, darüber zu diskutieren.

4 Modalverb „dürfen"

WERKZEUG

Mit **„dürfen"** drücken Sie eine **Erlaubnis** aus.

Arbeitsaufgabe „Modalverben"

4. Formen Sie die folgenden Sätze um, indem Sie „dürfen" verwenden, und schreiben Sie die Sätze auf!

Beispiel
Es ist erlaubt, dass wir das Wörterbuch benützen. – Wir ...
Wir dürfen das Wörterbuch benützen.

a) Es ist uns gestattet, heute früher nach Hause zu gehen. – Wir ...
b) Man erlaubte uns, ihn kurz zu sprechen. – Wir ...
c) Er gestattete, dass sie sich zu ihm setzte. – Sie ...
d) Er hatte keine Erlaubnis, das Bild zu veröffentlichen. – Er ...

5 Modalverb „müssen“ WERKZEUG

Mit **„müssen“** drücken Sie
- einen **Befehl,**
- eine **Notwendigkeit,** eine **Pflicht** oder
- eine **Annahme** aus.

Beispiel „Befehl“
Du musst sofort nach Hause kommen!

Beispiel „Notwendigkeit, Pflicht“
Ich muss jeden Tag sehr früh aufstehen.

Beispiel „Annahme“
Das musst du doch gewusst haben.

Arbeitsaufgaben „Modalverben“

5. Formen Sie die folgenden Sätze um, indem Sie „müssen“ verwenden, und schreiben Sie die Sätze auf!

a) Wir sind verpflichtet, pünktlich zum Unterricht zu erscheinen.
b) Sie sind verpflichtet, sich zwei Monate vor der Abreise impfen zu lassen.
c) Mir wurde angeordnet, die Hausübung morgen abzugeben.
d) Es ist wichtig, dass ich den Beipacktext genau lese.
e) Es ist Vorschrift, dass wir brennbare Gegenstände vom Dachboden entfernen.

6. Daraus ziehe ich den Schluss ... – Verwenden Sie das Modalverb „müssen“!

Beispiel
Sie weiß so viel. Sie hat bestimmt sehr viel gelernt.
Sie weiß so viel. Sie muss sehr viel gelernt haben.

a) Sie ist doch sonst nicht so misstrauisch. Sicher hat sie dich nur falsch verstanden.
b) Ich habe ihn am Nachmittag in einem Kaffeehaus gesehen. Zweifellos hat er den Unterricht geschwänzt.
c) Ich kann mir nicht vorstellen, dass der Künstler noch lebt. Gewiss ist er schon sehr alt.
d) Hans und Karin sprechen so vertraut miteinander. Sicher haben sich die beiden bereits vorher gesehen.
e) Der Detektiv lächelt wissend. Zweifellos hat er das Geheimnis gelüftet.

6 Modalverb „sollen“

WERKZEUG

Mit **„sollen“** drücken Sie

- einen **Auftrag,** einen **fremden Wunsch** oder
- eine **Vermutung** aus.

Beispiel „Auftrag, fremder Wunsch“
Er soll das Geschirr wegräumen.

Beispiel „Vermutung“
Er soll die Prüfung bestanden haben.

Arbeitsaufgaben „Modalverben“

7. Formen Sie die folgenden Sätze um, indem Sie „sollen“ verwenden, und schreiben Sie die Sätze auf!

a) Ich wurde aufgefordert, meinen Text vorzulesen.
b) Er bekommt den Auftrag, sein Zimmer aufzuräumen.
c) Ihm wird angeraten, sein Konto auszugleichen.
d) Er fordert ihn auf, das Buch zu schließen.
e) Ich habe den Auftrag, Herrn Müller diesen Brief persönlich zu übergeben.

8. Alles nur ein Gerücht? – Drücken Sie Ihre kritische Distanz zu einer Sache aus! – Verwenden Sie dafür das Modalverb „sollen“!

Beispiel
Ich habe gehört, dass er bald nach London ziehen wird.
Er soll bald nach London ziehen.

a) Man erzählt sich, dass der Schriftsteller an einem neuen Buch arbeitet.
b) Einem Bericht des „Standard“ zufolge gewinnt auch heuer wieder ein Österreicher den Oscar.
c) Es heißt, dass die erste Stunde morgen entfällt.
d) Angeblich sperrt nächste Woche eine neue Diskothek auf.
e) Angeblich hat Susi einen neuen Freund.

7 Modalverb „wollen“

WERKZEUG

Mit **„wollen“** drücken Sie

- einen **Wunsch,**
- eine **Absicht** oder
- einen **Zweifel** aus.

Beispiel „Wunsch“
Ich will unbedingt gewinnen.

Beispiel „Absicht“
Ich wollte eigentlich zu Hause bleiben.

Beispiel „Zweifel“
Er will die Geschichte nicht erfunden haben.

Arbeitsaufgaben „Modalverben“

9. Formen Sie die folgenden Sätze um, indem Sie „wollen“ verwenden, und schreiben Sie die Sätze auf!

a) Er hat den Wunsch, an dem Ausflug teilzunehmen.
b) Ich habe die Absicht, mir die Haare färben zu lassen.
c) Er hatte vor, sein Auto zu verkaufen.
d) Ich lehne es ab, Fleisch zu essen.

10. Da habe ich meine Zweifel! – Verwenden Sie das Modalverb „wollen“!

Beispiel
Der Zeuge behauptet, dass er den Unfall beobachtet habe.
Der Zeuge will den Unfall beobachtet haben.

a) Hanna erklärt, dass sie nicht geschwindelt habe.
b) Die Sportlerin gibt an, nicht gedopt zu haben.
c) Der Bub erzählt zu Hause, dass er den Hund gefunden habe.
d) Karl entgegnet seiner Mutter, dass er keine Spiele auf seinem PC habe.

Gemischte Übung

11. Setzen Sie ein **passendes Modalverb** in die Lücken ein!

a) Weil ich gestern zu spät nach Hause gekommen bin, ______________ ich heute nicht fortgehen.

b) Weil ich gestern so spät nach Hause gekommen bin, ______________ ich heute zu Hause bleiben.

c) Er ______________ heute nicht zum Unterricht erscheinen, weil er krank ist.

d) Du ______________ doch nicht so neugierig sein!

e) Das kleine Kind ______________ abends nie ins Bett gehen.

f) Ich ______________ zur Entspannung stundenlang Musik hören.

g) Du ______________ mich jederzeit anrufen.

h) Ich ______________ so schnell wie möglich meinen Schulabschluss schaffen.

i) Ihr Mann ______________ sehr viel Geld verspekuliert haben.

j) Das ______________ doch nicht wahr sein!

k) Ein Sprichwort lautet: Schönheit ______________ leiden.

l) Der Schauspieler ______________ auch schon an die achtzig sein.

m) Meine kleine Schwester ______________ schon erstaunlich gut lesen.

n) ______________ du wirklich nicht mitkommen?

Vertiefendes Wissen

8 Die Stammformen

WERKZEUG

Arbeitsaufgabe „Die Stammformen“

- Decken Sie beim Durchgehen der Liste die **2. und 3. Stammform** mit einem Blatt Papier ab und bilden Sie diese! **Markieren Sie** jedes Verb, dessen Stammformen Sie **nicht beherrschen**, und **lernen Sie diese auswendig!**

Infinitiv	Präteritum	Partizip II	Kann ich noch nicht
befehlen	befahl	befohlen	
beginnen	begann	begonnen	
beißen	biss	gebissen	
bergen	barg	geborgen	
bersten	barst	geborsten	
biegen	bog	gebogen	
bieten	bot	geboten	
binden	band	gebunden	
bitten	bat	gebeten	
blasen	blies	geblasen	
bleiben	blieb	geblieben	
braten	briet	gebraten	
brechen	brach	gebrochen	
brennen	brannte	gebrannt	
bringen	brachte	gebracht	
denken	dachte	gedacht	
dreschen	drosch	gedroschen	
dringen	drang	gedrungen	
dürfen	durfte	gedurft	
empfangen	empfing	empfangen	
empfehlen	empfahl	empfohlen	
empfinden	empfand	empfunden	
essen	aß	gegessen	
fahren	fuhr	gefahren	
fallen	fiel	gefallen	
fangen	fing	gefangen	
fechten	focht	gefochten	
fliegen	flog	geflogen	
fliehen	floh	geflohen	
fließen	floss	geflossen	
fressen	fraß	gefressen	
frieren	fror	gefroren	
gären	gor	gegoren	
gebären	gebar	geboren	
geben	gab	gegeben	
gehen	ging	gegangen	
gelingen	gelang	gelungen	
gelten	galt	gegolten	
genießen	genoss	genossen	

Infinitiv	Präteritum	Partizip II	Kann ich noch nicht
gleichen	glich	geglichen	
gleiten	glitt	geglitten	
graben	grub	gegraben	
greifen	griff	gegriffen	
haben	hatte	gehabt	
halten	hielt	gehalten	
hängen	hing	gehangen	
heben	hob	gehoben	
heißen	hieß	geheißen	
helfen	half	geholfen	
kennen	kannte	gekannt	
klingen	klang	geklungen	
kommen	kam	gekommen	
kriechen	kroch	gekrochen	
lassen	ließ	gelassen	
laufen	lief	gelaufen	
leiden	litt	gelitten	
leihen	lieh	geliehen	
lesen	las	gelesen	
liegen	lag	gelegen	
lügen	log	gelogen	
meiden	mied	gemieden	
melken	molk	gemolken	
messen	maß	gemessen	
mögen	mochte	gemocht	
nehmen	nahm	genommen	
nennen	nannte	genannt	
pfeifen	pfiff	gepfiffen	
preisen	pries	gepriesen	
quellen	quoll	gequollen	
raten	riet	geraten	
reiben	rieb	gerieben	
reißen	riss	gerissen	
reiten	ritt	geritten	
rennen	rannte	gerannt	
riechen	roch	gerochen	
ringen	rang	gerungen	
rufen	rief	gerufen	
scheiden	schied	geschieden	
scheinen	schien	geschienen	
schießen	schoss	geschossen	
schlafen	schlief	geschlafen	
schlagen	schlug	geschlagen	
schleifen	schliff	geschliffen	
schließen	schloss	geschlossen	
schmelzen	schmolz	geschmolzen	
schneiden	schnitt	geschnitten	

Wird das Verb „hängen" schwach konjugiert (hängen – hängte – gehängt), erhält es eine andere Bedeutung.

Wird das Verb „schleifen" schwach konjugiert (schleifen – schleifte – geschleift), erhält es eine andere Bedeutung.

Infinitiv	Präteritum	Partizip II	Kann ich noch nicht
schreiben	schrieb	geschrieben	
schreien	schrie	geschrien	
schweigen	schwieg	geschwiegen	
schwellen	schwoll	geschwollen	
schwimmen	schwamm	geschwommen	
schwinden	schwand	geschwunden	
schwingen	schwang	geschwungen	
schwören	schwor	geschworen	
sehen	sah	gesehen	
sein	war	gewesen	
singen	sang	gesungen	
sitzen	saß	gesessen	
spinnen	spann	gesponnen	
sprechen	sprach	gesprochen	
springen	sprang	gesprungen	
stechen	stach	gestochen	
stehen	stand	gestanden	
stehlen	stahl	gestohlen	
steigen	stieg	gestiegen	
sterben	starb	gestorben	
stinken	stank	gestunken	
stoßen	stieß	gestoßen	
streichen	strich	gestrichen	
streiten	stritt	gestritten	
tragen	trug	getragen	
treffen	traf	getroffen	
treiben	trieb	getrieben	
treten	trat	getreten	
trinken	trank	getrunken	
tun	tat	getan	
verderben	verdarb	verdorben	
vergessen	vergaß	vergessen	
verlieren	verlor	verloren	
wachsen	wuchs	gewachsen	
waschen	wusch	gewaschen	
weben	wob	gewoben	
weichen	wich	gewichen	
weisen	wies	gewiesen	
werben	warb	geworben	
werden	wurde	geworden	
werfen	warf	geworfen	
wiegen	wog	gewogen	
winden	wand	gewunden	
wissen	wusste	gewusst	
ziehen	zog	gezogen	
zwingen	zwang	gezwungen	

⚠ Wird das Verb „weichen" schwach konjugiert (weichen – weichte – geweicht), erhält es eine andere Bedeutung.

⚠ Wird das Verb „wiegen" schwach konjugiert (wiegen – wiegte – gewiegt), erhält es eine andere Bedeutung.

4 Präpositionen, Verben und Fälle, Adjektivdeklination

Arbeitsaufgaben „Testen Sie sich selbst!“

Was wissen Sie schon?

1. Ordnen Sie zu: Welche Präpositionen verlangen welchen Fall?

an ■ auf ■ aus ■ bei ■ durch ■ für ■ gegen ■ hinter ■ innerhalb ■ mit ■ ohne ■ trotz ■ von ■ vor ■ während ■ wegen

Präpositionen mit Genitiv	**Präpositionen** mit Dativ	**Wechselpräpositionen** mit Dativ oder Akkusativ	**Präpositionen** mit Akkusativ
2. Fall	**3. Fall**	**3. + 4. Fall**	**4. Fall**

Die **Lösungen** zu dieser Selbstüberprüfung finden Sie im **Anhang: Präpositionen, Verben und Fälle, Adjektivdeklination/LÖSUNGEN.**

2. Fallbestimmung: Bestimmen Sie das **Geschlecht** (Genus: der/die/das) und den **Fall** (Kasus: Nominativ, Genitiv, Dativ, Akkusativ) der unterstrichenen Nomen im Text, indem Sie die Tabelle unter dem Text ausfüllen!

ERBOSTE WITWE BRINGT URNE IHRES GATTEN ZUM ARZT

***Amsterdam** – Eine erboste Witwe hat in den Niederlanden die Urne mit der Asche ihres Mannes in der Praxis seines früheren Hausarztes abgestellt. Die Frau aus der Gemeinde Hoogezand bei Groningen protestierte dagegen, dass der Mediziner weiterhin Briefe an ihren Gatten schickte – auch noch sieben Monate nach dem Tod des Mannes, über den der Arzt informiert war.*

WWW.SPIEGEL.DE – LEICHT VERÄNDERT

Nomen	Genus	Kasus	Nomen	Genus	Kasus
Witwe	*f.*	*Nom.*	Mediziner		
Urne			Briefe		
Asche			Gatten		
Mannes			Tod		
Hausarztes			Arzt		

Abkürzungen
Nom. = Nominativ
Gen. = Genitiv
Dat. = Dativ
Akk. = Akkusativ

3. a) Welche Elemente eines Satzes können den Fall bestimmen, in dem Nomen stehen?
b) Wie kann man nach den einzelnen Fällen fragen?
c) Welche Ersatzwörter gibt es, die bei der Fallbestimmung helfen können?
d) Welchen Fall verlangen Ergänzungen, nach denen mit „Wo?“ gefragt werden kann?

4.1 Das Präpositionalobjekt

BEISPIELE

Unabhängig vom Verb bestimmen die meisten Präpositionen jenen Fall, in dem ein Nomen, das ihnen folgt, stehen muss.

Präpositionen, die immer den 3. Fall verlangen

- **aus** dem Wald/den Wäldern
- **ab** diesem Tag/diesen Tagen
- **von** diesem Herrn/diesen Herren
- **mit** dieser Tasche/diesen Taschen
- **zu** dieser Frau/diesen Frauen
- **bei** deinem Freund/deinen Freunden
- **nach** deiner Aussage/deinen Aussagen

Präpositionen, die immer den 4. Fall verlangen

- **durch** den Wald/die Wälder
- **ohne** diesen Vorfall/diese Vorfälle
- **gegen** diesen Herrn/diese Herren
- **wider** diese Frau/diese Frauen

Präpositionen, die den 3. und 4. Fall verlangen

Bei den **Wechselpräpositionen** muss der Blick wiederum auf das Verb gerichtet werden. Dieses bestimmt, ob ein Nomen im 3. Fall (Dativ) oder im 4. Fall (Akkusativ) stehen muss.

Wechselpräpositionen

3. Fall/Dativ	4. Fall/Akkusativ
Beispiele	**Beispiele**
▪ Er steht **zwischen den Stühlen.** ▪ Havva lehnt **an der Bar.** ▪ Der Bus hält **vor dem Bahnhof.** ▪ Lisa liegt **in der Badewanne.** ▪ Die Maus lebt **hinter der Wand.** ▪ Die Uhr hängt **über dem Kasten.**	▪ Er stellt den Tisch **zwischen die Stühle.** ▪ Havva lehnt sich **an die Bar.** ▪ Der Bus fährt bis **vor den Bahnhof.** ▪ Lisa legt sich **in die Badewanne.** ▪ Die Maus läuft **hinter die Wand.** ▪ Helmut hängt die Uhr **über den Kasten.**
Erklärung	**Erklärung**
Verben, die **keine Änderungen eines Zustandes** bezeichnen, verlangen meist den 3. Fall/Dativ. **Ersatzproben: mir/dir** Die Uhr hängt über **dir.** **Fragemöglichkeiten:** **Wo? Wann?/Wem?** **Wo** hängt die Uhr?	Verben, die **eine Zustandsveränderung** bezeichnen, verlangen meist den 4. Fall/Akkusativ. **Ersatzproben: mich/dich** Helmut hängt die Uhr über **dich.** **Fragemöglichkeiten:** **Wohin?/Wen oder was?** **Wohin** hängt Helmut die Uhr?

Weitere Fragemöglichkeiten	Fall
Wer oder was?	1. Fall (Nominativ)
Wessen?	2. Fall (Genitiv)
Wem?	3. Fall (Dativ)
Wen oder was?	4. Fall (Akkusativ)

Ersatzproben

Setzen Sie nur das Verb des Satzes ein!

4. Fall
Ich ______ dich/mich/etwas.
3. Fall
Ich ______ dir/mir.

4.2 Verben und Fälle

WERKZEUG

Welche Wörter bestimmen nun den Fall, in dem ein Nomen innerhalb eines Satzes steht? Vorweg: Das Subjekt eines Satzes steht immer im Nominativ (1. Fall). Weiters gibt es **zwei Fallbestimmer:** Entweder bestimmt das **Verb** den Fall, dann liegt ein reines Objekt vor, oder es geht dem Nomen eine **Präposition** voraus und diese bestimmt den Fall des Nomens.

Verben mit dem 4. Fall (Akkusativ)

Peter findet **seinen Bruder** nicht.

Wer oder was findet seinen Bruder nicht? ⟶ **Peter** (1. Fall)
Wen oder was findet Peter nicht? ⟶ **seinen Bruder** (4. Fall)

Beispiele: finden, lösen, machen, erhalten, wundern, halten, besitzen

Verben mit dem 3. Fall (Dativ)

Peter hilft **seinem Bruder.**

Wem hilft er? ⟶ **seinem Bruder** (3. Fall)

Beispiele: antworten, gelingen, misstrauen, verzeihen, auffallen, missfallen, begegnen, bevorstehen, gefallen, genügen, zustehen, danken, gehören, nützen

Verben mit dem 3. und 4. Fall (Dativ und Akkusativ)

Peter gibt **ihm einen Tipp.**

Wem gibt Peter einen Tipp? ⟶ **ihm** (3. Fall)
Wen oder was gibt Peter ihm? ⟶ **einen Tipp** (4. Fall)

Beispiele: borgen, geben, leihen, schenken

Verben mit Präpositionen

Peter telefoniert **mit einer Kundin.**

Mit wem telefoniert Peter? ⟶ **mit einer Kundin** (3. Fall)

Beispiele: antworten + auf, fragen + nach, leiden + an, telefonieren + mit, zweifeln + an, berichten + über, hoffen + auf, riechen + nach

4.3 Präpositionen und Fälle

WERKZEUG

Neben den Verben sind die Präpositionen jene Wörter eines Satzes, die den **Fall eines ihnen folgenden Nomens bestimmen.** Wie im Abschnitt **„Wortarten"** schon angeführt, verlangen unterschiedliche Präpositionen unterschiedliche Fälle.

Präpositionen	Beispiele
Präpositionen mit Dativ	aus, bei, von, zu, seit, nach, ab, mit, gegenüber, außer, entgegen
Präpositionen mit Akkusativ	durch, für, gegen, ohne, um, wider
Wechselpräpositionen mit Dativ oder Akkusativ	an, auf, unter, über, in, neben, vor, hinter, zwischen
Präpositionen mit Genitiv	während, wegen, (an)statt, trotz, außerhalb, dank

Eselsbrücke

- **mich/dich** – 4. Fall – **vier** Buchstaben
- **mir/dir** – 3. Fall – **drei** Buchstaben

Die Deklination

Maskulin (männlich)		
Nominativ	der	Tisch
(1. Fall)	ein	Tisch
Genitiv	des	Tisches
(2. Fall)	ein-es	Tisches
Dativ	dem	Tisch
(3. Fall)	ein-em	Tisch
Akkusativ	den	Tisch
(4. Fall)	ein-en	Tisch

Feminin (weiblich)		
Nominativ	die	Blume
(1. Fall)	ein-e	Blume
Genitiv	der	Blume
(2. Fall)	ein-er	Blume
Dativ	der	Blume
(3. Fall)	ein-er	Blume
Akkusativ	die	Blume
(4. Fall)	ein-e	Blume

Neutrum (sächlich)		
Nominativ	das	Buch
(1. Fall)	ein	Buch
Genitiv	des	Buches
(2. Fall)	ein-es	Buches
Dativ	dem	Buch
(3. Fall)	ein-em	Buch
Akkusativ	das	Buch
(4. Fall)	ein	Buch

Plural (Mehrzahl)		
Nominativ	die	Bücher
(1. Fall)	–	–
Genitiv	der	Bücher
(2. Fall)	–	–
Dativ	den	Büchern
(3. Fall)	–	–
Akkusativ	die	Bücher
(4. Fall)	–	–

Zu diesem Kapitel finden Sie **interaktive Übungen** inkl. Lösungen und Feedback in der TRAUNER-DigiBox (Kategorie: TrainingsBox).

TrainingsBox:
- Fälle 01

Arbeitsaufgaben „Verben und Fälle“

1. Analysieren Sie folgenden Text und finden Sie heraus, **welchen Fall** welche Verben verlangen und ob es sich um Verben handelt, die eine **Präposition** verlangen!

Eine Britin hat in ihrer Waschmaschine eine Schlange ***entdeckt.*** *Die eineinhalb Meter lange nordamerikanische Kornnatter* ***schaute*** *ihr* ***entgegen,*** *als sie die Wäschetrommel* ***öffnete.*** *Die 51-Jährige* ***rief*** *die Polizei zu Hilfe und erzählte den Beamten den Vorfall – allerdings* ***musste*** *sie bis zum nächsten Tag* ***warten,*** *ehe Mitarbeiter einer Tierschutzorganisation die Schlange* ***entfernten.*** *Die Polizei* ***glaubte*** *an einen Scherz, wie britische Zeitungen* ***berichteten,*** *und sie* ***riet*** *der Frau, vorerst die Trommeltüre zu schließen. Nun ist die Frage, wie die nordamerikanische Kornnatter in die englische Waschmaschine* ***kam*** *und vor allem: wie sie einen kompletten Waschgang* ***überlebte.***

Kurier

Verben/3. Fall	**Verben/4. Fall**

Verben/3. + 4. Fall	**Verben + Präpositionen**

2. Bestimmen Sie das **Geschlecht** (Genus) und den **Fall** (Kasus) der hervorgehobenen Nomen im Text, indem Sie die nachfolgende Tabelle ausfüllen!

SOSSE VERRÄT DÖNER-DIEBE

Halle *– Mit einer ungewöhnlichen* ***Beute*** *wurden zwei* ***Diebe*** *in Dessau-Roßlau in Sachsen-Anhalt gestellt. Bei einem* ***Einbruch*** *in ein* ***Bistro*** *am Hauptbahnhof klauten sie unter anderem einen* ***Döner-Spieß,*** *wie die* ***Polizei*** *mitteilte. Was sie damit vorhatten, wurde nicht bekannt.*

Ein ***Taxifahrer*** *hatte die Polizei verständigt, als er die beiden* ***Diebe*** *mit anderem* ***Diebesgut*** *– einem Fernseher – am* ***Bahnhof*** *sah.* ***Beamte*** *ertappten die 21 und 23 Jahre alten Männer samt Beute in einem* ***Bus.***

Zunächst bestritten diese die ***Tat,*** *doch eine* ***Soße*** *überführte sie. Am* ***Schuh*** *eines* ***Mannes*** *klebte dieselbe* ***Soße,*** *die es auch in dem* ***Bistro*** *gab.*

Der Spiegel – leicht verändert

Nomen	Genus	Numerus	Kasus
mit einer ungewöhnlichen Beute	*f.*	*Singular*	*Dativ*
zwei Diebe			
bei einem Einbruch			
in ein Bistro			
einen Döner-Spieß			
die Polizei			
ein Taxifahrer			
die beiden Diebe			
mit anderem Diebesgut			
am Bahnhof			
Beamte			
in einem Bus			
die Tat			
eine Soße			
am Schuh			
eines Mannes			
dieselbe Soße			
in dem Bistro			

3. Bilden Sie mit den nachfolgenden Wörtern **Sätze im Futur I!**

Beispiele

- **man** – anbieten – Zimmer – Gast
  Man wird dem Gast ein Zimmer anbieten.
- **Firma** – liefern – Kunden – Ware
  Die Firma wird dem Kunden die Ware liefern.

a) **Helmut** – leihen – Kollegen (Plural) – Wörterbuch
b) **Onkel** – schenken – MP3-Player – ih(m/n)
c) **Touristeninformation** – empfehlen – ih(m/n) – Hotel
d) **Maler** – verkaufen – Bild – ih(m/n)
e) **Autor** – vorlesen – Erzählung – Zuhörer (Plural)
f) **Lisa** – erklärt – ih(m/n) – Stadtplan
g) **Lehrer** – beantworten – Schüler – Frage
h) **Sevcan** – schreiben – Freundin – Brief
i) **Fremdenführer** – zeigen – Touristen (Plural) – Stadt

4. Ergänzen Sie die Verben um die **Präpositionen,** mit denen sie verwendet werden können! Bilden Sie im Anschluss daran **ganze Sätze** und schreiben Sie diese auf ein Blatt in Ihrer Mappe!

Beispiel
streiten *mit, über*

sich fürchten ______
etwas verlangen ______
sich verlieben ______
kämpfen ______
sich beklagen ______
denken ______
sprechen ______
nachdenken ______
hoffen ______
antworten ______
achten ______
sich beschweren ______
sich ekeln ______
stimmen ______
sich vorbereiten ______
telefonieren ______
teilnehmen ______
sich erkundigen ______
jemandem gratulieren ______
sich freuen ______
abhängen ______
sich informieren ______
arbeiten ______
sich entschuldigen ______
aufhören ______
sich wehren ______
warten ______
sich sehnen ______

5. Bilden Sie mit den nachfolgenden Wörtern **Sätze im Präsens!**

Beispiele
- **Redner** – sich vorbereiten – Vortrag
  Der Redner bereitet sich auf den Vortrag vor.
- **Onkel** – aufpassen – ih(m/n) – morgen
  Der Onkel passt morgen auf ihn auf.

a) **Helmut** – sich erinnern – Wörterbuch
b) **Onkel** – bitten – Neffen – Ruhe
c) **Maler** – denken – Bild
d) **Professor** – sich unterhalten – ih(m/n) – Text
e) **Autor** – sich ärgern – Zuhörer
f) **Direktor** – sich wundern – Schüler (Plural)
g) **Lisa** – sich verlieben – Mitschüler
h) **Sevcan** – aufpassen – (ihr) Freundin
i) **Firma** – sich fürchten – Konkurrenz
j) **Fremdenführer** – telefonieren – Touristen (Plural)

6. Unterstreichen Sie im folgenden Text **alle Präpositionen** (die als Präposition und nicht als Verbzusatz verwendet werden) und ordnen Sie diese in der Tabelle jenem Fall zu, den sie verlangen!

TrainingsBox:
- Fälle 02

VERKEHRSSÜNDER ZWINGT POLIZISTEN ZUM TRIATHLON

Paris *– Ein Polizist trat gegen einen französischen Verkehrssünder in einem wahren Triathlon an: Der Mann sei vor einer Kontrolle wegen erhöhter Geschwindigkeit auf der Pariser Stadtautobahn geflohen, teilte die Polizei mit. Zunächst raste der Fahrer mit dem Auto davon, dann ließ er es stehen und rannte ohne Fahruntersatz zu Fuß weiter. Später entriss er einem Passanten dessen Fahrrad und fuhr damit eine Strecke. Am Ende sprang er sogar noch in einen See am Stadtrand von Paris und schwamm zu einer Insel. Der sportliche Polizist verfolgte den Mann während seiner Flucht ebenfalls im Sprint, dann auf einem Rad und schließlich im See schwimmend. In welcher Zeit er diese Übungen absolvierte, war zunächst nicht bekannt. Durch seine Sporteinlage konnte er aber letztlich den Raser aus dem Verkehr ziehen.*

Der Spiegel – leicht verändert

Präpositionen mit Genitiv **2. Fall**

Präpositionen mit Dativ **3. Fall**

Präpositionen mit Akkusativ **4. Fall**

Wechselpräpositionen mit Dativ oder Akkusativ **3. + 4. Fall**

7. Schreiben Sie die begonnenen **Sätze zu Ende** und achten Sie exakt auf den **Fall,** den das jeweilige Verb in Ihrem Satz verlangt! Notieren Sie entweder ein **passendes Fragewort oder Ersatzwort** über den Ergänzungen, die vom Verb verlangt werden!

Beispiel

dir/Wem? **Was?**

Der Bäcker verspricht dem Kunden weicheres Brot.

a) Meine Freundin schenkte ______________________.

b) In Mathematik rechnen wir ______________________.

c) In privaten Angelegenheiten vertraue ich ______________________.

d) Ich beantworte ______________________.

e) Die Mitarbeiter schmeicheln ______________________.

f) Im Gasthaus riecht es ______________________.

g) Am Wochenende löst ______________________.

h) „Wir wünschen ______________________."

i) Die Bauern hoffen ______________________.

j) Ich leihe ______________________.

k) Im Urlaub erholt er ______________________.

l) Im Winter lese ich jede Woche ______________________.

8. Füllen Sie die Lücken im Zeitungsartikel! Verwenden Sie dazu jene **Präpositionen,** die Sie im Kasten finden!

außerhalb ■ an ■ aus ■ beim ■ in ■ in ■ in ■ in ■ in ■ vom ■ von ■ vor ■ vor

BÄR IN DER FALLE

Das war knapp. US-Biologen haben einen kleinen Bären ______ einer extrem misslichen Lage befreit: Der Kopf des Tieres steckte ______ einem Plastikpott fest.

__Ocala__ – Mindestens zehn Tage steckte das Bärenjunge ______ der Falle, jetzt haben Biologen in Florida das Tier befreit – und damit ______ dem sicheren Tod gerettet. Sie entfernten den durchsichtigen Plastikbehälter ______ Kopf des kleinen Tieres.

Das etwa sechs Monate alte Bärenjunge hatte seinen Kopf ______ Durchstöbern ______ Müll ______ den Behälter gesteckt und war ihn dann nicht mehr losgeworden. Dadurch konnte das Tier keine Nahrung oder Flüssigkeit mehr zu sich nehmen und stand kurz ______ dem Verhungern.

Biologen mussten zunächst die Bärenmutter betäuben, um ______ deren Junges heranzukommen. Die betäubte Mutter wurde dann ______ eine Falle gelegt, wohin ihr ihre Jungen folgten. Inzwischen wurde die Bärenfamilie ______ ein weniger dicht besiedeltes Gebiet ______________ der Stadt gebracht.

DER SPIEGEL – LEICHT VERÄNDERT

9. Viele Personen haben im Deutschen das Problem, **den Akkusativ nicht vom Dativ unterscheiden zu können.** Sie wissen dann nicht, ob sie ein **„m"** oder ein **„n"** schreiben sollen. Setzen Sie die richtige Endung ein, aber Achtung: Nicht in jeder Lücke fehlt eine Endung!

TrainingsBox:
- Fälle 03

Um d______ Problem „-em" oder „-en" auf d______ Grund zu gehen, muss man sich über d______ Fall eines Objektes i______ Klaren sein. Eines kann man sich vorab schon einprägen: I______ Plural kann ein______ „Artikelwort" niemals auf „-em" enden. I______ Singular muss man wissen, dass i______ Dativ immer ein „-em" zu verwenden ist und i______ Akkusativ das „-en" nur i______ Männlichen vorkommt. Das wichtigste Geschlecht, das weibliche, lassen wir hier unberücksichtigt, da das Artikelwort i______ Dativ auf „-er" und i______ Akkusativ auf „-e" endet. Nicht die Frauen machen hier Probleme, sondern ganz eindeutig die Männer und die Kinder – wenn man ihnen das sächliche Geschlecht zuordnen will!

Natürlich ist es auch von Bedeutung, dass man d______ Fall identifizieren kann, den eine Präposition verlangt – ohne ein______ Fehler, mit ein______ Fehler, aus ein______ Fehler, gegen ein______ Fehler, usw. Verlangt eine Präposition d______ Dativ und folgt ein männliches oder sächliches Nomen, hat man ein „-em" zu verwenden, sofern dieses Nomen nicht im Plural steht. Nun sollte d______ Männern, d______ Frauen und d______ Kindern unter Ihnen alles klar sein!

Endungen des Artikelwortes

Singular		
männlich	+ Dativ	= -em
sächlich	+ Dativ	= -em
männlich	+ Akk.	= -en
sächlich	+ Akk.	= -es

Plural		
männlich weiblich sächlich	+ Dativ	= -en

4.4 Adjektivdeklination

BEISPIELE

Starke Beugung	Schwache Beugung
Er kaufte **irgendein** kleines Geschenk.	Er kaufte **irgendeine** kleine Flasche.
Er fand **ein** kleines Päckchen.	Er fand **das** kleine Päckchen.
Das Spiel bereitete **(kein)** großes Vergnügen.	Das Spiel bereitete **das** größte Vergnügen.
Sie genoss hohes Ansehen.	Sie genoss **das** höchste Ansehen.
Hier ist lautes Schreien verboten.	Hier ist **das** laute Schreien verboten.
Gute Freunde soll niemand trennen.	**Einem** guten Freund kann man vertrauen.
Die Uhr war von hohem Wert.	Die Uhr hatte **einen** hohen Wert.
Sie aß mit großem Genuss.	Sie aß mit **einem** großen Genuss.
Er schaffte es in kürzester Zeit.	Er schaffte es in **der** kürzesten Zeit.

Zu diesem Kapitel finden Sie **interaktive Übungen** inkl. Lösungen und Feedback in der TRAUNER-DigiBox (Kategorie: TrainingsBox).

- Adjektiv 01

Arbeitsaufgabe „Adjektivdeklination“

1. **Unterstreichen Sie** im unten angeführten Text **alle attributiv gebrauchten Adjektive, Partizipien bzw. Zahlwörter!** Notieren Sie über dem unterstrichenen Wort, ob es **stark (st.)** oder **schwach (schw.)** gebeugt ist!

Georg betrachtete sie, wie sie verheult in ihrem Stuhl saß und sich immer wieder die laufende Nase putzte. Ein kleines Häufchen Elend, umgeben von einigen feuchten Taschentüchern, aber sonst ganz alleine, denn echte Freunde hatte sie keine, die konnte sie sich in ihrer Position nicht leisten. Mit dem Herrn Direktor hatte sie sich angefreundet. Des Nachmittags, sollte er mal keine wichtige Besprechung im Stadtschulrat oder anderswo haben, servierte sie heißen Kaffee und selbst gebackenen Kuchen und dann hatte sie ihn ganz für sich allein. Anfangs hatte sie sich einen anderen Direktor gewünscht, einen, der das Zepter der Schulleitung fest in die Hand genommen hätte, aber nach und nach fand sie immer größeren Gefallen an diesem gebildeten Menschen. So schwärmte sie vor Georg während seines ersten Lehrerausfluges von seiner herausragenden Intelligenz und seiner großen Belesenheit. Zu jeder Gelegenheit habe er ein passendes Zitat eines bekannten Geistesgenies aus seinem Gedächtnis hervorzaubern können, dafür hatte sie ihn gemocht.

Adjektivdeklination

WERKZEUG

Wenn das Adjektiv (bzw. Partizip oder Zahlwort) vor einem Nomen steht, dann bekommt es immer eine Endung. Zu beachten ist dabei, ob sich **vor dem Adjektiv** ein **Artikelwort** befindet oder nicht.

Schwache Beugung des Adjektivs

Befindet sich vor dem attributiv gebrauchten Wort ein Artikel oder Artikelwort und trägt dieses die Endung des bestimmten Artikels, so bekommt das Adjektiv (bzw. zu beugende Wort) die Endung auf **„-en“** oder **„-e“** (siehe Tabelle).

Fälle	Singular			Plural
	Maskulin	Feminin	Neutrum	
Nominativ	-e	-e	-e	-en
Genitiv	-en	-en	-en	-en
Dativ	-en	-en	-en	-en
Akkusativ	-en	-e	-e	-en

Beispiele

- Er genießt **die** schön**e** (herrlich**e***) Aussicht.
- Er kocht in ihr**er** groß**en** (modern**en***) Küche.

Starke Beugung des Adjektivs

Befindet sich vor dem attributiv gebrauchten Adjektiv kein Artikel oder Artikelwort, so erhält das Adjektiv die Endung des bestimmten Artikels aus der Tabelle.

Fälle	Singular			Plural
	Maskulin	Feminin	Neutrum	
Nominativ	– (-er)	-e	– (-es)	-e
Genitiv	-en	-er	-en	-er
Dativ	-em	-er	-em	-en
Akkusativ	-en	-e	– (-es)	-e

Beispiel: Klein**e** (nett**e***) Geschenke bereiten oft groß**e** Freude.

AUSNAHME: Genitiv maskulin Singular sowie **Genitiv neutrum Singular** erhalten nicht die Endung des Artikelworts, sondern die Endung **„-en“**.

Beispiele

- Er trank ein Glas guten Weines.
- Er trank ein Glas kühlen Wassers.

Mehrere aufeinanderfolgende Adjektive*

Folgen zwei oder mehr deklinierte Adjektive aufeinander, dann bekommen alle Adjektive dieselbe Endung. Es gilt die oben angeführte Regel. Zu Problemen kommt es dann, wenn das Artikelwort mit einem Adjektiv verwechselt wird.

Beispiele

- Nur einen leer**en** rot**en** Koffer ließen sie zurück.
- Sie diskutieren viel**e** interessant**e** und aktuell**e** Aspekte der Thematik.
- Der Montag war ein regnerisch**er**, kalt**er** Tag.

Die wichtigsten Artikelwörter

der, die, das, dem, den ...; dies**er**, dies**e**, dies**es**; jen**er**, jen**e** ...; jed**er**, jed**e** ...; welch**er**, welch**es** ...; manch**er** ...; **ein (!)**, **eine**, **ein (!)**; kein (!) ...

Nur im Plural: all**e**, beid**e**, sämtlich**e**, irgendwelch**e**

Arbeitsaufgaben „Adjektivdeklination“

2. Setzen Sie die **fehlenden Endungen** in die Lücken ein!

a) Die gespendet_____ Süßigkeiten wurden unter den anwesend_____ Kindern verteilt.

b) Zum diesjährig_____ Valentinstag bekam sie von ihm ein klein_____ Geschenk.

c) Die interessiert_____ Schüler vertieften sich in die spannend_____ Lektüre.

d) Mit frisch_____ Elan ging sie an ihr neu_____ Tätigkeitsfeld heran.

e) Der geschult_____ Techniker entfernte das gestaut_____ Papier.

f) Sie freuten sich am dritt_____ Urlaubstag über schön_____ Wetter.

g) Die hartnäckig_____ Demonstranten harrten auf dem umkämpft_____ Hauptplatz aus.

h) Stark_____ Gegenwind machte ein schnell_____ Fahren unmöglich.

i) Das grell_____ Licht blendete den erfahren_____ Piloten bei der gefährlich_____ Notlandung.

j) Der berühmt_____ Schauspieler starb nach lang_____ Leiden.

TrainingsBox:
- Adjektiv 02

3. Markieren Sie im folgenden Text **alle Artikelwörter,** die Sie vor attributiv gebrauchten Adjektiven und Partizipien finden! Setzen Sie dann entsprechend den Regeln der Adjektivdeklination die **Endungen** ein!

E. T. A. Hoffmann, bedeutender deutscher Schriftsteller der Romantik (1776–1822)

E. T. A. Hoffmann
DER SANDMANN

Aber die grässlichst_____ Gestalt hätte mir nicht tiefer_____ Entsetzen erregen können als eben dieser Coppelius. – Denke Dir einen groß_____, breitschultrig_____ Mann mit einem dick_____ Kopf, erdgelb_____ Gesicht, buschig_____ grau_____ Augenbrauen, unter denen grünlich_____ Katzenaugen stechend hervorfunkeln, mit groß_____, stark_____, über die Oberlippe gezogen_____ Nase. Das schief_____ Maul verzieht sich oft zum hämisch_____ Lachen; dann werden auf den Backen dunkelrot_____ Flecke sichtbar und ein zischend_____ Ton fährt durch die zusammengekniffenen Zähne. Coppelius erschien immer in einem altmodisch_____ aschgrau_____ Rocke, ebensolcher Weste und gleich_____ Beinkleidern, aber dazu schwarz_____ Strümpfe und Schuhe mit kleinen Steinschnallen. Die klein_____ Perücke reichte kaum bis über den

Kopfwirbel heraus, die Kleblocken standen hoch über den groß________, rot________ Ohren und ein breit________, verschlossen________ Haarbeutel starrte von dem Nacken weg, sodass man die silbern________ Schnalle sah, die die gefältelt________ Halsbinde schloss. Die ganze Figur war überhaupt widrig und abscheulich; aber vor allem waren uns Kindern seine knotig________, haarig________ Fäuste zuwider, sodass wir, was er damit berührte, nicht mehr mochten.

Das hatte er bemerkt und nun war es seine Freude, irgendein Stückchen Kuchen oder eine süß________ Frucht, die uns die gute Mutter heimlich auf den Teller gelegt, unter diesem oder jenem Vorwande zu berühren, dass wir, hell________ Tränen in den Augen, die Näscherei, der wir uns erfreuen sollten, nicht mehr genießen mochten vor Ekel und Abscheu. Ebenso machte er es, wenn uns an Feiertagen der Vater ein klein________ Gläschen süß________ Weins eingeschenkt hatte.

E. T. A. HOFFMANN: DER SANDMANN, RECLAM – LEICHT VERÄNDERT

Literaturtipp
E. T. A. Hoffmann: Der Sandmann. Berlin: Suhrkamp [7]2003

4. Ergänzen Sie die fehlenden Endungen! Achtung: Nicht immer fehlt eine Endung! Nutzen Sie auch die **Ersatzproben,** um den Fall, den die jeweilige Präposition verlangt, herauszufinden!

a) über d________ Straße laufen ■ vor d________ Fernseher sitzen ■ ohne ein________ Glas ■ außerhalb d________ Hauses ■ mit d________ Fahrrad ■ aus d________ Koffer ■ auf d________ Linie achten ■ seit dies________ Tag ■ unter ein________ Baum stellen ■ durch ein________ Fenster ■ neben d________ Abwasch stellen ■ ab dies________ Zeitpunkt ■ durch sein________ Betteln ■ wegen d________ Tests ■ um d________ Baum ■ unter d________ Umständen leben ■ trotz d________ Verlustes ■ hinter d________ Maske verbergen ■ außer mein________ Freunden ■ für dies________ Sache ■ bei mein________ Vater ■ nach ein________ Stunde ■ vor ein________ Gebäude begeben ■ gegen d________ Mannschaft ■ innerhalb ein________ Stunde ■ neben ein________ Unbekannten sitzen

b) von unser________ Kindern ■ während unser________ Gesprächs ■ sich in d________ Tasche befinden ■ ohne ein________ Cent ■ mit d________ Tasche ■ in ein________ Vase geben ■ ohne sein________ Auto ■ über d________ Regal aufhängen ■ aus d________ Gedächtnis ■

seit dies______ Zeit ■ durch d______ Magen ■ zwischen d______ Bücher stellen ■ gegenüber d______ Parlament ■ ab d______ Grenze ■ für ein______ Glas Saft ■ zu dies______ Ziel ■ um d______ Chance ■ trotz d______ Strafen ■ für d______ Prüfungen ■ auf d______ Tafel stehen ■ bei manch______ Fragen ■ an ein______ Freund schreiben ■ nach d______ Konflikten ■ während d______ Ferien ■ hinter d______ Abdeckung gucken ■ ohne dein______ Münzen ■ an dies______ Tag feiern

5. Schreiben Sie **Teil a)** der vorangegangenen Übung auf ein **Blatt in Ihrer Mappe** und fügen Sie zwischen jedem Artikel(wort) und Nomen ein **Adjektiv oder ein Partizip** ein! Achten Sie vor allem darauf, ob ein Artikelwort vor dem einzusetzenden Adjektiv existiert, und auf die jeweilige Endung des Adjektivs!

Beispiele
- *über die breite Straße laufen*
- *vor dem alten Fernseher sitzen*

Im **Teil b)** fügen Sie nun zwischen Artikel(wort) und Nomen **zwei Adjektive, zwei Partizipien oder je ein Adjektiv und ein Partizip** ein! Achten Sie wiederum auf die Regeln der Deklination und kontrollieren Sie die von Ihnen eingesetzten Endungen!

Beispiele
- *von unseren kleinen, aufgeweckten Kindern*
- *während unseres langen, interessanten Gesprächs*

6. Bilden Sie mit den nachfolgenden Wörtern **Sätze im Perfekt!**

Beispiele
- **Martin** – fragt – (neu) Kollegen
  Martin hat den neuen Kollegen gefragt.
- **Sie** – schreibt – (kurz) Aufsatz
  Sie hat einen kurzen Aufsatz geschrieben.

a) **Helmut** – kaufen – (spanisch) Wörterbuch
b) **Onkel** – bedienen – (neuen) MP3-Player
c) **Maler** – machen – (erst) Entwurf
d) **Autor** – verfassen – (spannend) Erzählung
e) **Direktor** – loben – (sein/klug) Schüler
f) **Lisa** – verlieren – (ihr/detailliert) Stadtplan
g) **Lehrer** – stellen – (schwierig) Frage
h) **Sevcan** – schreiben – (lang, traurig) Brief

7. Bilden Sie mit den nachfolgenden Wörtern **Sätze im Präteritum!**

Beispiel
Martin – hilft – (neu) Kollegen
Martin half dem neuen Kollegen.

a) **niemand** – zusehen – (entscheidend) Fußballspiel
b) **Schiff** – sich nähern – (einsam) Insel
c) **Mann (alt)** – drohen – (frech) Buben
d) **Detektiv (erfahren)** – folgen – ih(m/n) – heimlich
e) **alle, Aktionäre** – zustimmen – (schnell) Verkauf
f) **Selma** – ähneln – (klein) Schwester
g) **Schüler (kritisch)** – widersprechen – Lehrer
h) **Redner (brillant)** – gratulieren – Jubilar
i) **Minister (gut bezahlt)** – dienen – König

8. Ergänzen Sie die **Endungen der Artikelwörter** und **überprüfen Sie** mit den kennengelernten Fragewörtern den jeweiligen **Fall!** Schreiben Sie im Anschluss daran den **Text zu Ende!**

IN EINEM LAND

	Fragewort	Fall
In ein___ Land	*Wo?*	*3. Fall*
existierte ein___ Ort.	___	___
In dies___ Ort	___	___
gab es ein___ Weg.	___	___
An dies___ Weg	___	___
fand sich ein___ Schloss.	___	___
In dies___ Schloss	___	___
gab es ein___ Kammer.	___	___
In dies___ Kammer	___	___
stand ein___ Stuhl.	___	___
Auf dies___ Stuhl	___	___
saß ein___ Prinzessin.	___	___
Sie hielt ein___ Ring	___	___
in ihrer Hand und ...		

9. Überarbeiten Sie Ihren Text, indem Sie in einem weiteren Schritt vor jedem Nomen ein oder mehrere Adjektive einfügen!

Beispiel
In einem kleinen verschlafenen Ort war ...

10. Verfassen Sie nun Ihre eigenen **Kurztexte!** Wählen Sie dazu einen großen **Gegenstand** aus, dem man kleinere Dinge zuordnen kann oder in den kleinere Dinge hineinpassen!

Beispiele

AUF EINEM PARKPLATZ

Auf einem Parkplatz
stand ein Auto.
In diesem Auto
gab ...

IN EINEM HAUS

In einem Haus
befand sich ...

11. Im folgenden Text wurden von allen wichtigen **Artikelwörtern** die **Endungen gestrichen.** Überprüfen Sie jeweils den **Fall,** in dem das jeweilige Nomen steht, und schreiben Sie im Anschluss daran die **fehlenden Buchstaben** in die Lücken!

Deniz Caliskan
ABSCHIED

Ich sitze hier im Gras und beobachte d_______ Sonnenuntergang a_______ Marmarameer. Leise schlagen d_______ Wellen gegen d_______ Ufer. Von weit her höre ich Kinderstimmen und e_______ Radio, das Musik spielt. Eigentlich liebe ich dies_______ Atmosphäre und sollte überaus glücklich sein. Die Menschen, die Häuser, die Einkaufsläden, die Sprache, das Meer und die Sonne. All dies_______ Dinge sind ein_______ Teil meiner selbst. Aber morgen werde ich d_______ Dinge, die ich außer mein_______ Familie am meisten liebe, für ein_______ Jahr aufgeben müssen. Ich werde mein_______ Welt d_______ Lichts gegen ein_______ Welt d_______ Dämmerung eintauschen müssen. Ich spüre jetzt schon, wie von Minute zu Minute mein_______ Heimat in Gedanken Stückchen für Stückchen von mir fortrückt. Immer häufiger muss ich an d_______ Abschied denken, bis d_______ Gedanke an ihn in mir so fest verankert ist, dass ich ihn für ein_______ Zeit nicht mehr loswerde. Wie eine Krankheit befallen Melancholie und Trauer mein_______ Geist.

Vor mein_______ Auge spielen sich wie ein Albtraum d_______ Morgenstunden ab: Koffer stehen gepackt vor d_______ Haus, Verwandte und Freunde kommen, um sich zu verabschieden. D_______ Atmosphäre scheint noch gelöst. D_______ Menschen lachen noch. Aber in Wirklichkeit hat es in ihr_______ Herzen schon begonnen zu weinen. D_______ Lachen ist nur noch ein_______ Schutz, ein_______ Festklammern an d_______ Welt und ein_______ Hinausschieben d_______ Unangenehmen. Ein_______ Taxi fährt vor. D_______ Tränen fangen an zu rollen. Man ist irgendwie gefühllos und hängt in d______ Schwebe. Man wird zu______ Schatten sein______ selbst. D______ Koffer werden i______ Taxi verstaut. Ein______ letztes Mal wirft man sich an d______ Hals d______ Großmutter, hält sie ganz fest, als hoffe man, sie könnte einen noch festhalten und vor d______ Welle schützen, die in d______ Ferne trägt. D______ Welle aber ist stärker. Mechanisch setzt man sich zu d______ anderen in______ Taxi und fährt zu______ Busbahnhof. Mit kalten Augen, die in______ Nichts blicken, sieht man d______ Bilder sein______ Traums an sich vorbeifliegen. Man steigt aus, man steigt ein. Ohne es richtig wahrzu nehmen, setzt man sich auf sein______ Platz i______ Bus, zieht sich in d______ Isolation und Stille zurück, um d______ Trauer ertragen zu können. I______ Laufe d______ drei Tage während d______ Fahrt nimmt d______ Leuchten d______ Sonne ab.

Es wird immer dunkler. Man hört kein______ Grillen d______ Heuschrecken und kein______ Wellenschlagen mehr, sondern nur noch Regen, der unterbrochen wird von Gewitter- und Sturmgeräuschen. D______ Musik in d______ Ferne ist eine andere, d______ Lächeln d______ Menschen ist ein anderes, d______ Häuser und Läden sind anders. Kein______ Meer, kein______ Sonne. Lange, lange Zeit braucht man, damit d______ Atmosphäre zu______ Gewohnheit und d______ Schmerz, fort zu sein, langsam schwächer wird. Aber er verschwindet nie.

Ich sehe nun, wie d______ Stückchen Sonne hinter d______ Horizont untergeht. Schleichend nähert sich d______ Dunkelheit. D______ Musik wird immer leiser, bis sie nicht mehr zu hören ist. Kinderstimmen verlieren sich in d______ Ferne. D______ Zeit d______ Trauer, d______ Einsamkeit und Melancholie beginnt.

In: Ingrid Ackermann (Hg.): Türken deutscher Sprache. Berichte, Erzählungen, Gedichte, dtv

12. Übertragen Sie den **ersten Absatz** des vorangegangenen Textes auf ein Blatt in Ihrer Mappe und setzen Sie so viele der angeführten **Adjektive und Partizipien** wie möglich an jeweils passenden Stellen ein.

abendlich ■ alltäglich ■ bevorstehend ■ blau ■ dürr ■ einfach ■ friedlich ■ furchterregend ■ ganz ■ geliebt ■ hell ■ klein ■ schimmernd ■ türkisch ■ unbestimmt ■ weitläufig ■ dunkel

Ziele erreicht? – „Präpositionen, Verben und Fälle, Adjektivdeklination“

Überprüfen Sie Ihr Wissen! Beantworten Sie die Fragen mit den nachfolgenden Wörtern! Bilden Sie am Ende die Summe Ihrer erreichten Punkte und benoten Sie sich selbst! **Antwortmöglichkeiten** (können mehrmals oder auch nie vorkommen):

Lösung im Anhang

richtig ■ falsch ■ Nominativ ■ Genitiv ■ Dativ ■ Akkusativ ■ -ir ■ -ich ■ Adjektiv ■ Nomen ■ Verb ■ Präposition ■ -er ■ -en ■ -es ■ -e ■ -em ■ vor ■ in ■ auf ■ unter ■ bei ■ über

Frage/Aussage	Antwort	Punkte
1. „Wann?“ fragt (fast) immer nach dem ______________.		___/1
2. „Wohin?“ fragt immer nach dem ______________.		___/1
3. „Wo?“ fragt immer nach dem ______________.		___/1
4. Welche Elemente des Satzes (Wörter) können den Fall eines Nomens bestimmen?		___/2
5. Mit „Wen oder was?“ fragt man nach dem ______________.		___/1
6. Richtig oder falsch? – „Wessen?“ fragt immer nach dem Dativ.		___/1
7. Die lateinische Bezeichnung für den 2. Fall lautet ______________.		___/1
8. „Dich“ und „mich“ sind Ersatzwörter für den ______________.		___/1
9. „Dir“ und „mir“ sind Ersatzwörter für den ______________.		___/1
10. Ergänzen Sie eine Präposition: a) sich fürchten ____________ c) antworten ____________ b) sich erkundigen ____________ d) sich ekeln ____________		___/2
11. Das Verb „helfen“ verlangt eine Ergänzung im ______________.		___/1
12. Setzen Sie ein: *Nur mit d____ will ich auf ein____ kleinen Insel mit ein____ hohen Palme leben, nicht ohne d____.*		___/2
13. Die Präposition „ohne“ verlangt immer den ______________.		___/1
14. Richtig oder falsch? – Die Präposition „in“ verlangt den zweiten Fall.		___/1
15. Die Präposition „außer“ verlangt immer den ______________.		___/1
16. Die Präposition „trotz“ verlangt den ______________.		___/1
17. Richtig oder falsch? – Attributiv gebrauchte Adjektive bekommen die Endungen „-e“ oder „-en“, wenn kein Artikelwort davorsteht.		___/1
18. Ergänzen Sie: *Manche klein____ Kinder wollen zu spät____ Stunde noch immer nicht ins Bett gehen.*		___/1
19. Welche Wörter gehören nicht zu den Artikelwörtern? eine ■ andere ■ das ■ deine ■ ihre ■ dir ■ dem ■ unsere		___/2
20. Ergänzen Sie die Fallendung: a) ein Glas gut____ Saftes c) ein Glas mit gut____ Saft b) ein Glas ohne gut____ Saft d) ein gut____ Glas Saft		___/2
Punkte gesamt (25)		

25–23	22–20	19–16	15–12	11 …

Einen interaktiven **Safety-Check** finden Sie in der TRAUNER-DigiBox.

- Präpositionen, Verben und Fälle, Adjektivdeklination

5 Sätze und Satzglieder I

Wozu ist die Satzgliedbestimmung nützlich?

Die Satzgliedbestimmung unterstützt bei Problemen in der Kommasetzung, da man nicht mehr Gefahr läuft, nach einzelnen Satzgliedern ein Komma setzen zu wollen. Sie ist aber auch wichtig, um den Fall, in dem ein Satzglied stehen muss, richtig zu bilden.

Die wichtigsten Satzglieder im Deutschen sind: das Subjekt, das Prädikat, das Objekt und eine ganze Menge an unterschiedlichen Ergänzungen (Präpositionalobjekte, Orts- und Zeitangaben, adverbielle Bestimmungen ...).

Arbeitsaufgaben „Testen Sie sich selbst!“

Was wissen Sie schon?

1. **Verschiebeprobe:** Erstellen Sie mithilfe der Verschiebeprobe vier Varianten des unten angeführten Satzes.

   Letztes Jahr bereiste sie mit einem Freund für zwei Monate Mexiko.

2. **Personalformen und Prädikate: Unterstreichen Sie** im folgenden Text die **Prädikate** und kreisen Sie die **Personalformen** ein!

   Er würde auf dieses E-Mail mit Bestimmtheit nicht antworten. Frechheiten dieser Art und Weise musste man einfach ignorieren. Zudem überlegte er, ob er sich nicht eine neue E-Mail-Adresse zulegen sollte, verwarf diese Idee aber dann doch wieder. Zur Zeit des Briefverkehrs kommunizierten die Menschen weniger miteinander, dafür dachten sie meist intensiver über die Art ihrer Äußerungen nach, wobei dies natürlich auch nur bedingt stimmte.

3. **Ergänzungen einfügen:** Erweitern Sie die angegebenen Sätze jeweils um jene **Ergänzung,** die in **Klammern** angegeben ist!
   - Karl fuhr mit seinem Wagen in die Werkstatt. (Vortag)
   - Kevser vereinbarte einen Termin mit dem Arzt. (Zahnschmerzen)
   - Havva kam in dieser Woche zum fünften Mal zu spät. (Stunde)

4. Bestimmen Sie die **einzelnen Satzglieder!**

   a) Am Montagabend gab er ihr einen Gutenachtkuss.

   b) Der Vater las ihr aus einem Buch vor.

   c) Heute Nachmittag werden sie in Schönbrunn eine Runde spazieren gehen.

Die **Lösungen** zu dieser Selbstüberprüfung finden Sie im **Anhang: Sätze und Satzglieder I/LÖSUNGEN.**

Abkürzungen

S = Subjekt
P = Prädikat
O_3 = Dativobjekt
O_4 = Akkusativobjekt
PO = Präpositionalobjekt
A = Angabe (Zeit, Ort, Art und Weise, Grund)

5.1 Subjekt, Prädikat und Personalform

BEISPIELE

S PF = Prädikat
Die Schauspielerin gab ein Interview.

S PF
Die Schauspielerin hatte ein Interview gegeben.
Prädikat

S PF
Selma und Lisa werden morgen spielen dürfen.
Prädikat

PF PF
Nachdem die Vorstellung beendet war, gab die Schauspielerin ein Interview.
Prädikat

Bei dem Subjekt **„Selma und Lisa“** handelt es sich um ein **mehrteiliges Subjekt.**

5.2 Weitere frei verschiebbare Elemente des Satzes

BEISPIELE

Objekt	
Genitivobjekt (O_2)	■ Der Kunde wurde **des Diebstahls** bezichtigt. ■ Die Vorfälle bedürfen **einer Untersuchung.**
Dativobjekt (O_3)	■ Sie antwortete **mir.** ■ Helmut verzieh **seinem besten Freund.**
Akkusativobjekt (O_4)	■ Ayse erhielt **einen langen Brief.** ■ **Die Aufgabe** löste nur die Klassenbeste.
Präpositional-objekt (PO)	■ Lisa ist **mit Helmut** verlobt. (PO_3) ■ Er hat nur Augen **für sie.** (PO_4)
Adverbiale Angaben	■ Havva ging **gestern** spazieren. (TA) ■ Selma blieb **zu Hause.** (LA) ■ Antonia erschien **ohne Geschenk.** (MA) ■ **Wegen der tiefen Temperaturen** entfiel der Unterricht. (KA)

Die Verschiebeprobe

Mittels der Verschiebeprobe kann man erkennen, wo ein Satzglied beginnt bzw. endet. Die Personalform belässt man an der zweiten Stelle und die anderen Satzglieder würfelt man durcheinander. Das Subjekt steht zumeist entweder in Position 1 oder 3.

- Eine bekannte Schauspielerin | gab | gestern | im Theater | ein Interview.
- Gestern | gab | eine bekannte Schauspielerin | im Theater | ein Interview.
- Im Theater | gab | eine bekannte Schauspielerin | gestern | ein Interview.
- Ein Interview | gab | eine bekannte Schauspielerin | gestern | im Theater.
- Ein Interview | gab | gestern | eine bekannte Schauspielerin | im Theater.

Satzglieder

WERKZEUG

Als Satzglieder bezeichnet man die einzelnen zusammengehörigen Elemente eines Satzes. Im Folgenden finden Sie Informationen zu unterschiedlichen Arten von Satzgliedern.

Subjekt, Prädikat und Personalform

WERKZEUG

Das Subjekt (S): Satzgegenstand – Merkmale

- Das Subjekt gibt die Antwort auf die Frage: Wer oder was macht etwas?
- Das Subjekt steht immer im ersten Fall (Nominativ).
- Das Subjekt befindet sich meist an der 1. und 3. Position im Satz.
- Das Subjekt kann ein- oder mehrteilig sein.

Das Prädikat (P): Satzaussage – Merkmale

- Das Prädikat bezeichnet das, was getan wird.
- Das Prädikat kann einteilig oder auch mehrteilig sein.
- Die Personalform (siehe unten) befindet sich im Hauptsatz zumeist an der zweiten Stelle, im Nebensatz an der letzten.

Die Personalform (PF): Merkmale

- Als Personalform (finite Form des Verbs) bezeichnet man jenen Teil des Prädikates, der mit dem Subjekt des Satzes in Person und Numerus übereingestimmt wird. In der Mehrheit der Fälle findet sich die Personalform im Hauptsatz an der zweiten Satzgliedposition und im eingeleiteten Nebensatz an der letzten Position.
- Bei manchen Satzarten kann die Personalform aber auch andere Positionen im Satz einnehmen.

Näheres dazu erfahren Sie im Abschnitt **„6 Sätze und Satzglieder II“: Hauptsätze/ WERKZEUG.**

Weitere frei verschiebbare Elemente des Satzes

WERKZEUG

Das Objekt (O): Satzergänzung – Merkmale

- Das Verb verlangt meist mindestens eine Ergänzung in einem bestimmten Fall.
- Genitivobjekt/Objekt im 2. Fall (O_2) – Frage: Wessen?
- Dativobjekt/Objekt im 3. Fall (O_3) – Frage: Wem?
- Akkusativobjekt/Objekt im 4. Fall (O_4) – Frage: Wen oder was?

Das Präpositionalobjekt (PO_3, PO_4): Merkmale

- Präpositionalobjekte werden mit einer Präposition eingeleitet.
- Die Präposition bestimmt den Fall des Nomens.

Welchen Fall einzelne Prästionen verlangen, erfahren Sie in den Abschnitten **2 Wortarten: 2.5 Präpositionen (Vorwörter)/WERKZEUG und 4 Präpositionen, Verben und Fälle, Adjektivdeklination: 4.3 Präpositionen und Fälle/ WERKZEUG.**

Adverbiale Angaben – Zeit, Ort, Art und Weise, Grund

Angaben	Fragen	Beispiele
Temporalangaben (TA)	Zeit: Wann?, Seit wann?, Wie lange?	gestern, am Abend
Lokalangaben (LA)	Ort: Wo?, Wohin?, Woher?	hinten, links, in der Truhe
Modalangaben (MA)	Modus: Wie?	schnell, gern
Kausalangaben (KA)	Kausal: Warum?	wegen einer Grippe

Zu diesem Kapitel finden Sie **interaktive Übungen** inkl. Lösungen und Feedback in der TRAUNER-DigiBox (Kategorie: TrainingsBox).

- Sätze I 01
- Sätze I 02
- Sätze I 03

TrainingsBox:

- Sätze I 04
- Sätze I 05

Arbeitsaufgaben „Satzglieder"

1. **Unterstreichen Sie** im folgenden Text sämtliche **Prädikate** und **markieren Sie** die **Personalform!**

WEISSRUSSLAND: FUCHS SCHOSS JÄGER INS BEIN

Als der Jäger dem angeschossenen Fuchs mit dem Gewehrkolben den Todesstoß versetzen wollte, löste der mit seiner Pfote einen Schuss. Der 40-Jährige musste in eine Klinik eingeliefert werden.

Ein angeschossener Fuchs hat in Weißrussland mit einem überraschenden Pfotenhieb die Flinte eines Jägers ausgelöst und den 40-Jährigen schwer am Bein verletzt.
Der Jäger hatte das Tier in einem Wald bei Grodno verletzt und wollte ihm mit dem Gewehrkolben den „Todesstoß" versetzen, berichteten Medien in der Hauptstadt Minsk am Donnerstag. Als sich der Jäger über den Fuchs beugte, schlug dieser reflexartig auf den Abzug der Waffe. Die Kugel durchschlug den Schenkel des Mannes. Während der Jäger in eine Klinik gebracht wurde, lief der nur leicht verletzte Fuchs davon.

DIE PRESSE

2. Führen Sie in Gedanken mit unten angeführten Sätzen die **Verschiebeprobe** durch, **trennen Sie** die einzelnen **Satzglieder** voneinander und **bestimmen Sie** diese!

Beispiel

O_4 P S PO_3

Das Fotografieren / lernte / sie / von ihrem Großvater.

a) Das Kind brabbelte.

b) Sie feierten die ganze Nacht.

c) Er gab ihr zum Abschied einen Kuss.

d) Der Spiegel zeigte ihr am Morgen ein verschlafenes Gesicht.

e) Die kleine Schwester blockierte wie jeden Tag am Morgen das Bad.

f) Viele Menschen verstecken unter ihrer Fußmatte den Haustürschlüssel.

g) Zur Versöhnung kaufte sie ihm zwei Karten für das Fußballspiel am Samstag.

h) Ihr Freund holte sie mit seinem neuen Mofa von der Schule ab.

i) Beim Begräbnis gedachten die Trauergäste des Verstorbenen.

j) Viele gehen morgens im Park gleich neben dem Altenheim joggen.

k) Am Morgen räumt er zuerst die Kisten mit den Büchern aus.

l) Wegen der Kälte verzichtete er an diesem Nachmittag nicht auf den Schal.

3. **Erweitern Sie** die unten angeführten Sätze mit jenen Ergänzungen, die als **Abkürzung in der Randspalte** angeführt sind!

a) Den Kalender habe ich entsorgt.

TA, LA

b) Havva geht spazieren.

TA, PO, LA

c) Der Programmierer besucht den Kunden schon das dritte Mal.

KA

d) Was hast du gemacht?

TA, PO

e) Er hat seine Geldbörse gefunden.

PO, LA

f) Sie fuhr durch die Stadt.

TA, KA, PO, MA

g) Die Blumen werden gegossen.

TA, PO, MA

4. Schreiben Sie die unter den Beispielsätzen angegebenen Sätze auf ein Blatt in Ihrer Mappe und erweitern Sie sie um so viele Ergänzungen wie möglich! **Bestimmen Sie** zuvor ab Satz b) die jeweils hinzukommenden Ergänzungen!

Beispiel
a) Sie lernte für die Prüfung.
b) Sie lernte den ganzen Tag für die Prüfung.
c) Sie lernte den ganzen Tag mit einer Schulkollegin für die Prüfung.
d) Sie lernte gestern den ganzen Tag mit einer Schulkollegin für die Prüfung.
e) Sie lernte gestern den ganzen Tag in der Bibliothek mit einer Schulkollegin für die Prüfung.
f) Sie lernte gestern den ganzen Tag in der Bibliothek mit einer Schulkollegin intensiv für die Prüfung.

- Helmut diskutierte mit Selma.
- Die Gitarristin spielte genial.
- Wir backen einen Kuchen.
- Gehst du auf die Party?
- Karl sprach mit den Eltern.
- Sanel arbeitet schnell.
- Der Coach informierte die Spieler.
- Tatjana kaufte ein.

Ergänzungen

a) S, P, PO_4
b)
c)
d)
e)
f)

5.3 Satzglieder und Attribute

BEISPIELE

Satzgliedkern

- **Die Veranstaltung in der Aula** musste abgesagt werden.
- Sie hatten **den Direktor der Schule** nicht informiert.
- **Der neu gewählte Schulsprecher** blamierte sich vor den Anwesenden.

Attribute

1	Sehnlichst wartete sie auf **wärmere** Tage.
1	Abends hört er immer **entspannende** Musik.
1	Das **gelesene** Buch wurde über Bookcrossing auf die Reise geschickt.
1	Die Räuber vergruben die **gesamte** Beute.
2	Man kann sich das Ausmaß **der Katastrophe** nicht vorstellen.
2	Die Wirkung **des Koffeins** ließ auf sich warten.
3	Die Schuhe **vor der Türe** sind wegzuräumen.
3	Das Kleid **im Schaufenster** muss ich unbedingt haben.
4	Der Slalom **heute Vormittag** war ein voller Erfolg.
4	Die Schachtel **ganz oben** kannst du entsorgen.

Appositionen (5)

Nominativ

- Der Herr ganz hinten ist Herr Müller, **mein Deutschlehrer.**
  Nominativ **Nominativ**

Genitiv

- Wir malten unter der Leitung Herrn Müllers, **meines Deutschlehrers.**
  Genitiv **Genitiv**

Dativ

- Das Buch gehört Herrn Müller, **meinem Deutschlehrer.**
  Dativ **Dativ**

Akkusativ

- Gestern habe ich Herrn Müller, **meinen Deutschlehrer,** getroffen.
  Akkusativ **Akkusativ**

Attributsätze (6)

- Die Köchin kostet **die Suppe,** der (**RP**) sie Salz hinzugefügt hat (**PF**).
  (Sie hat **der Suppe** Salz hinzugefügt.)

- Die Köchin kostet **die Suppe,** die (**RP**) auf dem Herd vor sich hinköchelt (**PF**).
  (Die Suppe köchelt auf dem Herd vor sich hin.)

Nominativ

- Der Koch, der für das Küchenteam verantwortlich ist, kostet die Suppe.
  Der Koch kostet die Suppe. Er ist für das Küchenteam verantwortlich.

Genitiv

- Der Koch, dessen Schürze etwas schmutzig ist, kostet die Suppe.
  Der Koch kostet die Suppe. Die Schürze des Koches ist etwas schmutzig.

Dativ

- Der Koch, dem das Salzfass in den Kochtopf gefallen ist, kostet die Suppe.
  Der Koch kostet die Suppe. Das Salzfass ist ihm in den Kochtopf gefallen.

Akkusativ

- Der Koch, den man erst gestern eingestellt hat, kostet die Suppe.
  Der Koch kostet die Suppe. Man hat ihn erst gestern eingestellt.

Satzglieder und Attribute

WERKZEUG

Satzglieder besitzen einen Kern, der durch Attribute (Beifügungen) erweitert werden kann. Diese Attribute bestimmen das im Satzgliedkern Dargestellte genauer. Sie können einerseits vor dem Satzgliedkern (z. B. Adjektivattribut), andererseits nach dem Satzgliedkern (z. B. Präpositionalattribut) auftreten. Die Attribute können vom Satzgliedkern (z. B. im Zuge einer Verschiebeprobe) nicht abgetrennt werden.

Satzgliedkern und Attribute

Der Satzgliedkern stellt den zentralen Teil eines Satzgliedes dar. Meist handelt es sich dabei um ein Nomen. Dieser Kern kann durch unterschiedliche Elemente (Attribute und Attributsätze) erweitert werden.

Attribute		
1	**Adjektivattribute (Adjektive, Partizipien, Zahlwörter)**	können den Satzgliedkern erweitern und befinden sich vor dem Kern des Satzgliedes. **Beispiele:** das **dünne** Buch, der **kochende** Mann, das **erste** Fahrrad
2	**Genitivattribute**	können sich **vor** und **nach** dem Satzgliedkern befinden. **Beispiele:** das Leder **der Tasche, Helmuts** Handy
3	**Präpositional-attribute**	**Beispiele:** das Spielzeug **in der Schachtel,** der Akku **im Handy**
4	**Adverbial-attribute**	**Beispiele** ■ Die Party **damals** war eine totale Katastrophe. ■ Der Kasten **hinten** muss weg.
5	**Appositionen**	siehe unten
6	**Attributsätze**	siehe unten

Unter dem Begriff **„Adjektivattribut"** werden hier alle Wortarten zusammengefasst, die wie ein Adjektiv verwendet und dekliniert werden können.

Appositionen

Appositionen sind **Satzteile,** die eine **vorher genannte Person oder einen vorher genannten Gegenstand näher bestimmen.** Sie stehen immer im gleichen Kasus (Fall) und Numerus (Zahl) wie das Wort, auf das sie sich beziehen, und befinden sich unmittelbar nach diesem. Im Unterschied zu Attributsätzen haben Appositionen **kein Prädikat.** Sie werden durch ein **Komma** abgetrennt.

Beispiele
- Martin, **ein guter Freund,** hat mich gestern besucht.
- Fred spielt gerne mit seinem Handy, **einem Smartphone.**
- Die Präsentationen finden am Freitag, **dem 13. Mai,** statt.
- Sie rief Sibel, **ihre Cousine,** immer nachmittags an.

Attributsätze (AS)

Attributsätze (= Relativsätze/RS) beziehen sich auf ein vorangehendes Nomen oder Pronomen des übergeordneten Satzes und bestimmen dieses näher.

- Im Attributsatz befindet sich die **Personalform an der letzen Stelle.**
- Er besitzt als **Einleitewort** ein **Relativpronomen** (RP: der, die, das, dem, den ... welcher, welche, welchem ...). Dieses (bzw. der ganze Attributsatz) bezieht sich auf ein vorangehendes Nomen oder Pronomen und wird in Numerus und Genus mit diesem übereingestimmt.
- Der Fall des Relativpronomens wird durch seine Funktion im Attributsatz bestimmt.

Arbeitsaufgaben „Attribute und Attributsätze"

Attributart

a) ____________________

b) ____________________

c) ____________________

d) ____________________

e) ____________________

f) ____________________

g) ____________________

h) ____________________

i) ____________________

j) ____________________

k) ____________________

l) ____________________

m) ____________________

TrainingsBox:
- Sätze I 06
- Sätze I 07

1. Die folgenden Sätze enthalten Attribute. Führen Sie die **Verschiebeprobe** durch und zeichnen Sie **zwischen den einzelnen Satzgliedern Trennstriche** ein! Geben Sie in der Randspalte an, um welche **Art von Attribut** es sich bei dem unterstrichenen Satzteil handelt!

   a) Walter, ein Freund meines Vaters, brachte mich nach Hause.
   b) Das Mädchen aus dem Nebenhaus weint täglich.
   c) Die Feier gestern dauerte bis in die Morgenstunden.
   d) Das Mädchen, dem er gestern begegnet war, lächelte ihn heute an.
   e) Der Vater des Jungen musste vor Gericht aussagen.
   f) Mit ihrer traurigen Geschichte fesselte sie die Zuhörenden.
   g) Er kannte den Mann, der gestern verhaftet wurde, von früher.
   h) Die Fotos in der Schachtel werden ins Album eingeklebt.
   i) An verregneten Tagen gehe ich nicht vor die Tür.
   j) Josefs Kollege wurde zum Abteilungsleiter befördert.
   k) Am Montag, einem verregneten Tag, landeten wir in unserer neuen Heimat.
   l) Der Drucker, den er sich am Tag zuvor gekauft hatte, ließ sich nicht installieren.
   m) Sie vereinbarten einen Termin für Montag, den 17. Juni.

2. **Unterstreichen Sie** im unten angeführten Text **alle Attribute,** die Sie entdecken! Notieren Sie über dem unterstrichenen Element jeweils die **Art des Attributs!**

POLNISCHER POLIZIST VERPASSTE SICH SELBST STRAFZETTEL

Der Polizist war zu Fuß über Bahngleise gegangen und maßregelte sich mit einer Strafe von umgerechnet fünf Euro. Mit dem Strafzettel wollte er seine vorgeschriebene Quote erfüllen.

Seltsame Blüten haben die Erfolgsvorgaben eines polnischen Polizeichefs getrieben: Um ihn zufriedenzustellen, brummte sich ein untergebener Sicherheitsbeamter selbst eine Strafe auf, berichtete die Tageszeitung „Gazeta Wyborcza" am Donnerstag. Der Polizeichef von Bialogard, einer 20.000-Einwohner-Stadt im Nordwesten des Landes, hatte seinen Polizisten demnach auferlegt, „mindestens eine Strafe pro Tag" auszuteilen. Andernfalls habe dies negative Folgen für deren Gehälter.

Um die Quote, die der Vorgesetze vorgegeben hatte, zu erfüllen, maßregelte sich dem Bericht zufolge Andrzej T. selbst mit einer Strafzahlung von 20 Zloty (fünf Euro), weil er zu Fuß über ein Bahngleis gelaufen sei. Ein Verantwortlicher der Polizei sagte der Zeitung, die Überwachung der öffentlichen Ordnung sei das Wesen der Arbeit eines Polizisten. „Wenn ein Beamter mehrere Tage lang keine Strafen austeilt, haben wir Grund zur Annahme, dass er faul ist."

Die Presse – leicht verändert

Attributsätze

3. Ergänzen Sie den angegebenen **Hauptsatz durch Attributsätze!** Verwenden Sie dazu jene Sätze, die unter dem Beispielsatz angegeben sind.

Den Bericht, ..., werde ich nicht termingerecht abgeben können.

Beispiel
Er soll drei Seiten lang sein.
Den Bericht, der drei Seiten lang sein soll, werde ich nicht termingerecht abgeben können.

a) Ich habe **ihn** noch nicht verfasst.
b) **Er** muss am Montag fertig sein.
c) Wir sollen **in dem Bericht** unsere Lebensgeschichte niederschreiben.
d) Ich habe noch nicht **mit ihm** begonnen.
e) Wir hatten drei Wochen für **ihn** Zeit.

4. Finden Sie selbstständig **so viele Attributsätze wie möglich** zu den folgenden Sätzen! Fügen Sie die jeweiligen Attributsätze anstatt der Punkte ein!

a) Sie zeigte mir das Gebäude, ...
b) Er fährt mit dem neuen Wagen, ..., nach Bregenz.
c) Die Pizza, ..., lag ihm schwer im Magen.

5. Setzen Sie in den nachfolgenden Text die **fehlenden Relativpronomen** in die Lücken ein!

Das Buch, ______ hier kurz beschrieben wird, handelt von einem jungen Mann, ______ von Bremen nach Berlin zieht. Mit einem Freund, mit ______ er schon in Bremen zusammengewohnt hat, macht er sich eines Abends in seinem alten Kadett, ______ er nun schon über ein Jahr besitzt, auf den Weg.

Frank Lehmann macht sich auf die Suche nach seinem Bruder, ______ er sehr verbunden ist und ______ ihn eingeladen hat, bei sich zu wohnen. Doch sein Bruder Freddie, ______ in einer Wohngemeinschaft lebt, ist nicht aufzufinden, und so zieht Frank, ______ die chaotischen Wohnungskollegen höchst eigenartig erscheinen, vorerst in dessen Zimmer ein.

Sehr schnell lernt er eine Menge Leute, ______ aus dem Umfeld der WG-Genossen stammen, kennen, und durch Zufall übernimmt er schon nach ein paar Tagen, in ______ er nach seinem Bruder sucht, einen Job als Barkeeper.

TrainingsBox:
- Sätze I 08
- Sätze I 09
- Sätze I 10

TrainingsBox:
- Sätze I 11
- Sätze I 12
- Sätze I 13

Strategie

Wenn Sie ein Problem mit dem **Fall, in dem ein Relativpronomen stehen soll,** haben, können Sie wie folgt vorgehen:

1. Bilden Sie mit dem Attributsatz einen Hauptsatz.
2. Kontrollieren Sie, in welchem Fall das näher zu erklärende Nomen steht.
3. In diesem Fall muss das Relativpronomen stehen.

Beispiel
1. Der Tisch, dessen Lack abblätterte, war mir ans Herz gewachsen.
2. Der Tisch war mir ans Herz gewachsen. Der Lack des Tisches blätterte ab.
3. „des Tisches" → 2. Fall → dessen

6. **Bilden Sie Sätze,** wie im Beispielsatz gezeigt, und schreiben Sie diese auf ein Blatt in Ihrer Mappe!

Beispiel
- Der Lehrer, dessen Beurteilung die Schülerin als ungerecht empfand, erklärte ihr nochmals das Zustandekommen der Note.
- Die Direktorin, ...

a) Der Lehrer/Die Direktorin/Die Kollegen
..., ... Beurteilung die Schülerin als ungerecht empfand, erklärte(n) ihr nochmals das Zustandekommen der Note.

b) Der DJ/Die DJane/Die DJs
..., ... Songs über Österreich hinaus bekannt sind, legte(n) am Frequency auf.

c) Der Kasten/Die Kommode/Das Möbel
..., ... Holz schon sehr alt war, wurde von Ameisen befallen.

d) Das Mädchen/Der Junge/Die Schülerin
..., ... Freundin ein Auslandsjahr absolvierte, besuchte sie zu Hause.

7. **Unterstreichen Sie** im folgenden Text **alle Attributsätze** und **korrigieren Sie,** wenn erforderlich, Numerus, Genus und/oder Kasus des Relativpronomens!

ITALIEN: KIRCHE STATT KNAST FÜR KRIMINELLE JUGENDLICHE

Zwei Italiener, denen als Mitglieder einer Jugendbande verurteilt wurden, müssen nun jeden Sonntag in die Messe. Dafür bleibt ihnen eine Haftstrafe erspart.

Zwei Burschen im Alter von 15 und 16 Jahren sind im italienischen Mestre Haftstrafen erspart geblieben – sie wurden allerdings dazu verurteilt, zumindest ein Jahr lang in die Sonntagsmesse zu gehen. Die beiden standen als Mitglieder einer Jugendbande, die sie Jahre hinweg angehört hatten, unter anderem wegen Raubes und Erpressung vor Gericht.

Darüber hinaus brummte ihnen der Richter freiwilligen sozialen Dienst auf, den sie in einem Altersheim ableisten müssen, und gute Schulnoten. Abgesehen davon müssen sich die Jugendlichen bei ihren Opfern, denen sie Schaden zugefügt haben, entschuldigen.

Nach Angaben der Regionalzeitung „La Nuova di Venezia" stieß das Urteil, das von einem noch unerfahrenen Richter verhängt wurde, nicht auf allgemeines Verständnis. Der Bürgermeister der Stadt Bassano, in dem die Burschen zu Hause sind, sagte, er sei wegen der Verpflichtung zum Kirchgang „perplex". Seiner Auffassung nach sollten jugendliche Straftäter durch Gespräche, die von Psychologen oder Sozialarbeitern geführt werden sollten, zur Vernunft gebracht und nicht durch die Verpflichtung zum Glauben bestraft werden. Er befindet sich damit auf derselben Linie wie ein lokaler Priester, dem die Frage aufwarf, wer denn den Glauben der Burschen kontrollieren sollte.

DIE PRESSE – LEICHT VERÄNDERT

Kasuskongruenz bei Appositionen

8. Bestimmen Sie in den folgenden Sätzen den **Kasus des Nomens,** auf das sich die **Apposition** bezieht, und setzen Sie dann die **richtigen Endungen** ein!

a) Wir führten ein interessantes Gespräch mit Herrn Duhovic (___. Fall), d______ Elternvereinsobmann.

b) Das ist Inspector Barnaby (___. Fall), d______ Protagonist der Serie.

c) Begrüßen Sie mit uns Frau Kunz (___. Fall), d______ Gewinnerin des heurigen Redewettbewerbs.

d) Nach stundenlanger Fahrt erreichten wir endlich London (___. Fall), d______ Hauptstadt Großbritanniens.

e) Mein großes Vorbild war immer schon Derryl (___. Fall), mein______ älter______ Bruder.

9. Fügen Sie jeweils den **zweiten Satz als Apposition** in den ersten Satz ein! Achten Sie dabei auf den **Kasus** und die **Kommas!**

a) Mein Bruder hat sein Auto gebraucht gekauft.
Das Auto ist ein roter VW Golf.

b) Betrachten Sie bitte das Foto dieses Mannes.
Dieser Mann ist ein Verdächtiger in diesem Mordfall.

c) Meiner Mutter macht sogar der Hund meiner Freundin Angst.
Dieser Hund ist ein kleiner Dackel.

d) Ich musste mein Zimmer mit Onkel Hans und meinem Opa teilen.
Onkel Hans und mein Opa sind ältere, schnarchende Herren.

e) Hast du das Dessert schon gekostet?
Das Dessert ist eine köstliche Schokoladenmousse.

f) Wir verschieben die Schularbeit auf kommenden Montag.
Der kommende Montag ist der 13. Mai.

10. Richtig oder falsch? – Überprüfen Sie die **Appositionen!** Weisen diese nicht den korrekten Fall auf, schreiben Sie die Sätze korrekt auf ein Blatt in Ihrer Mappe!

a) Allen und Violet Large, ein kanadisches Ehepaar, haben umgerechnet rund acht Millionen Euro gewonnen.

b) Das Rentnerpaar aus Lower Truro, eine Stadt in Neuschottland, hat beinahe die ganze Summe verschenkt.

c) Nach den Worten Allens, ein ehemaliger Schweißer, sei das Ehepaar glücklich mit dem, was es habe.

d) Das Ehepaar lebt weiter in seinem Haus, ein 147 Jahre alter Bau, und hat sich weder ein neues Auto noch sonstigen Luxus gegönnt.

e) „Wir haben nichts gekauft, weil es nichts gibt, was wir brauchen", zitiert CBC, ein kanadischer Sender, die 78 Jahre alte Lottogewinnerin Violet.

TrainingsBox:
- Sätze I 14
- Sätze I 15

Ziele erreicht? – „Sätze und Satzglieder I“

Lösung im Anhang

Überprüfen Sie Ihr Wissen! Beantworten Sie die Fragen mit den nachfolgenden Wörtern! Bilden Sie am Ende die Summe Ihrer erreichten Punkte und benoten Sie sich selbst! **Antwortmöglichkeiten** (können mehrmals oder auch nie vorkommen):

richtig ■ falsch ■ Nebensatz ■ Hauptsatz ■ Attributsatz ■ Adjektivattribut ■ Genitivattribut ■ Apposition ■ Präpositionalattribut ■ Adverbialattribut

Frage/Aussage	**Antwort**	**Punkte**
1. Unterstreichen Sie im folgenden Satz das Subjekt und die Personalform des Verbs: *Nach Jahren war er wieder in diese Stadt zurückgekehrt.*		___/2
2. Richtig oder falsch? – Die Personalform befindet sich im Hauptsatz immer an der zweiten Satzgliedposition.		___/1
3. Richtig oder falsch? – <u>Beim unterstrichenen Satzglied</u> handelt es sich um ein PO_3.		___/1
4. Richtig oder falsch? – Attribute können vom Satzgliedkern abgetrennt werden.		___/1
5. Um welches Attribut handelt es sich? – *Sie spielte mit dem Hund <u>der Frau</u>.*		___/1
6. Um welches Attribut handelt es sich? – *Das <u>zähe</u> Fleisch schmeckte mir nicht.*		___/1
7. Um welches Attribut handelt es sich? – *Das Kunstwerk <u>aus Plastik</u> gefiel ihm außerordentlich gut.*		___/1
8. Um welches Attribut handelt es sich? – *Den Sessel <u>hinten</u> kannst du in den Garten tragen.*		___/1
9. Richtig oder falsch? – Appositionen stehen zumeist vor dem Nomen, auf das sie sich beziehen.		___/1
10. Um welches Attribut handelt es sich? – *Frank, <u>ein guter Freund von mir</u>, besuchte mich gestern.*		___/1
11. Richtig oder falsch? – Der Fall des Relativpronomens richtet sich nach dem Fall des Nomens, auf das sich der Attributsatz bezieht.		___/1
Punkte gesamt (12)		

12	11–10	9–8	7–6	5 …

Interaktive **Safety-Checks** finden Sie in der TRAUNER-DigiBox.

■ Satzglieder ■ Satzglieder und Attribute

Vertiefendes Wissen

Satzglieder VERTIEFENDES WISSEN

1 (Mehrteilige) Subjekte WERKZEUG

Das Subjekt eines Satzes steht stets im Nominativ und kann daher mit den Fragen „Wer?" oder „Was?" erfragt werden.

Das Subjekt kann in unterschiedlichen Formen auftreten:	Beispiele
als einzelnes **Nomen** (mit oder ohne Artikel), einzelne **Nominalisierung, Pronomen,** oder als einzelner **Name**	■ Der Bursche fährt gut Rad. ■ Der Führende ist mein Freund Nenad. ■ Er fährt gut Rad. ■ Nenad fährt gut Rad.
als erweiterte **Nominalgruppe**	■ Der durchtrainierte, stets gut gelaunte Bursche und sein ebenso talentierter Freund sind Konkurrenten bei diesem Wettkampf. ■ Die beiden am Wettkampf Teilnehmenden haben gemeinsam trainiert.
als **Nebensatz**	Wer an diesem Wettkampf teilnimmt, hat bereits in der Vorausscheidung gute Leistungen gezeigt.
als **Infinitivkonstruktion**	Hindernisse zu überwinden gehört zu seinen größten Stärken.
als **unpersönliches „es"**	Es regnete unaufhörlich.

Subjektkerne: Bursche, Freund

Subjektkern: Teilnehmenden

Prädikat immer im Singular

Prädikat immer im Singular

Achtung: Im **informellen Imperativ** ist das Subjekt in der Form des Verbs enthalten.

Besonders bei erweiterten Nominalgruppen muss bei der Übereinstimmung des Prädikats darauf geachtet werden, was der Subjektkern ist und was seine Erweiterung.

Arbeitsaufgaben „(Mehrteilige) Subjekte"

1. **Unterstreichen Sie** jeweils das **Subjekt** in den folgenden Sätzen! Markieren Sie bei Nominalgruppen den **Subjektkern blau** und schreiben Sie in die **Randspalte,** welche **Form das Subjekt** jeweils aufweist!

TrainingsBox:
- Sätze I 16
- Sätze I 17

CHINA: STADT ZAHLT FÜR EINGESAMMELTE ZIGARETTENSTUMMEL

a) Zigarettenstummel einzusammeln zahlt sich in Xianyang aus.

b) Die in der Provinz Shaanxi gelegene Stadt zahlt pro Stück umgerechnet etwa einen halben Cent.

c) In der Zeitung „China Daily" war zu lesen, dass die Bürger von Xianyang seit Beginn der Kampagne im September bereits mehr als sieben Millionen Zigarettenstummel abgaben.

Form des Subjekts

a) ______________

b) ______________

c) ______________

Form des Subjekts

d) ______________________

e) ______________________

f) ______________________

g) ______________________

h) ______________________

d) Mit ihren Zahlungen ist die Stadt aber im Rückstand:

e) Es wurden bisher erst rund 11 000 Euro für zwei Millionen der eingesammelten Zigarettenreste ausgezahlt.

f) Ein Bürger von Xianyang sammelte dem Bericht zufolge alleine mehr als 7 500 Zigarettenstummel ein.

g) Es wird aber – Medienberichten zufolge – auch immer wieder geschummelt:

h) Einige besonders eifrige Sammler holen sich ihre „Beute“ aus Internet-Cafés, Restaurants oder sogar aus Mistkübeln.

WWW.DIEPRESSE.COM – LEICHT VERÄNDERT

2. Unterstreichen Sie im folgenden Text die **Subjekte** und bestimmen Sie deren **Form!**

RUSSLAND: „FLIEGENDER ESEL“ AN HERZINFARKT GESTORBEN

Im Sommer wurde die Eselin Anapka im Süden Russlands mit einem Gleitschirm in die Luft geschickt. Monate später hat sie einen tödlichen Herzinfarkt erlitten. Als Spätfolge des Fluges, sagt ihr Tierarzt.

Die außergewöhnliche nervliche Belastung eines Gleitschirmflugs hat eine Eselin in Russland überlebt – einige Monate später aber hat ihr Herz versagt. Dass das Tier namens Anapka nun einen tödlichen Herzanfall erlitten habe, sei wahrscheinlich auf das traumatische Erlebnis in der Luft zurückzuführen. Das sagte zumindest der behandelnde Tierarzt am Wochenende. Die Eselin sei bereits vergangenen Monat in ihrem Stall in der Nähe von Moskau gestorben.
Anapka wurde im Juli für eine PR-Aktion missbraucht. Am gut besuchten Strand von Golubitskaja am Asowschen Meer im Südwesten Russlands zog ein Motorboot den an einem Gleitschirm befestigten Esel hinter sich her. Erreicht werden sollte mit dieser Aktion, die Menschen am Strand ebenfalls zu einem Gleitflug zu animieren.

Internationale Welle der Entrüstung

Dass der Esel schrie und Kinder weinten, ließ die Werbeaktion nach hinten losgehen. Allerdings kam niemand auf die Idee, die Polizei zu rufen. Wer zusah, griff zu den Kameras oder rief die örtliche Zeitung an.

Bei der Landung wurde die Eselin mehrere Meter am Wasser entlanggeschleift. Der Vorfall löste international Proteste aus, u. a. regnete es Beschwerdebriefe an Russlands Staatschef.

DIE PRESSE

6 Sätze und Satzglieder II

Wozu ist die Satzbestimmung nützlich?

Erkennen zu können, welche Satzart vorliegt und ob es sich um einen ganzen Satz (Haupt- oder Nebensatz) handelt, ist wichtig, um Probleme bei der Kommasetzung zu beheben. Zudem hilft die Satzbestimmung, um Texte besser strukturieren zu können und Fehler bei der Verbpositionierung zu vermeiden.

Arbeitsaufgaben „Testen Sie sich selbst!"

Was wissen Sie schon?

1. Bei welchen Sätzen handelt es sich um einen **Hauptsatz,** bei welchen um einen **Nebensatz?** Schreiben Sie entweder **HS oder NS** über den jeweiligen Satz!

a) Heute Abend gehe ich nicht weg, weil ich starke Kopfschmerzen habe.

b) Da er die Hühner nicht im Stall eingesperrt hatte, wurden sie vom Fuchs geholt.

c) Nachdem sie sich frisch gemacht hatte, kehrte sie in den Seminarraum zurück.

2. Welche **Konjunktionen** leiten einen **Haupt-,** welche einen **Nebensatz** ein?

daher ■ während ■ und ■ dennoch ■ als ■ indem ■ denn ■ weil ■ dass ■ aber ■ trotzdem ■ ob

Hauptsatz	Nebensatz

3. Setzen Sie die **passenden Konjunktionen** ein!

a) ____________ sie alle Einzelheiten erzählte, trauten sie ihr nicht.

b) Er aß am Abend nur Zwieback, ____________ war ihm speiübel.

c) Er wollte auf Nummer sicher gehen, ____________ er alles zweimal sagte.

Die **Lösungen** zu dieser Selbstüberprüfung finden Sie im **Anhang: Sätze und Satzglieder II/LÖSUNGEN.**

6.1 Hauptsätze

BEISPIELE

Einfache Sätze

Aussagesätze	■ Die Köchin **kostet** die Suppe. ■ Die Suppe **kostet** die Köchin. ■ Der Koch **wird** das Essen servieren. ■ Das Essen **wird** der Koch selbst servieren.
Aufforderungssätze	■ **Leih** mir bitte deinen Bleistift! ■ **Schließen** Sie bitte die Tür! ■ **Nehmen** Sie bitte Platz!
Ergänzungsfragesätze	■ Wann **kommt** Peter nach Wien? ■ Weshalb **ließ** er sich nicht blicken?
Entscheidungsfragesätze	■ **Bist** du schon fertig? ■ **Gehst** du heute Abend ins Theater?

Hauptsatzreihen

Hauptsatzreihen ohne Einleitewort

- Heute backe ich, morgen braue ich, übermorgen hole ich der Königin ihr Kind.
- Vorgestern habe ich an der Uni eine Prüfung absolviert, gestern habe ich mit einem Kollegen an einem Projekt gearbeitet, heute nehme ich mir frei.

Hauptsatzreihen mit Einleitewort

1	**Weder** war er an diesem Tag in der Arbeit(,) **noch** kam er am Abend nach Hause.
1	An diesem Abend bereitete er das Abendessen zu(,) **und** sie ließ sich bedienen.
2	Gehen wir heute auf das Fest(,) **oder** musst du noch lernen?
2	**Entweder** Oscar entschuldigt sich bei seiner Schwester(,) **oder** Selma wird ihm all seine Streiche zurückzahlen.
3	Der Skiläufer hat sich verletzt, **daher** bestreitet er das Rennen nicht.
3	Das Essen hat ihr nicht geschmeckt, **deshalb** ging sie ins Schnitzelhaus.
3	Ayse hatte an diesem Tag Fieber, **darum** besuchte sie die Schule nicht.
4	Letzte Woche verlor er alle Spiele, **doch** dieses Mal würde er es besser machen.
4	Gestern ließ sie sich noch von ihm beleidigen, **aber** heute würde sie sich keine Demütigungen mehr gefallen lassen.
4	Man klagte ihn des Mordes an, **jedoch** wurde er freigesprochen.
4	Marlen gestand ihm ihre Liebe, **nur** empfand er absolut nichts für sie.

Zusammengezogene Hauptsätze

- Sie jubelte, sang und sprang. (Sie jubelte, sie sang und sie sprang.)
- Vorgestern fehlte er in Mathe, gestern in Deutsch und heute in Turnen. (Vorgestern fehlte er in Mathe, gestern fehlte er in Deutsch und heute fehlte er in Turnen.)

Parenthesen (eingeschobene Hauptsätze)

- Ich habe Oliver, <u>er ist ein Schulkollege von mir</u>, heute im Park getroffen.
- Das ist, <u>du wirst es mir nicht glauben</u>, Sallys Kollegin aus dem Büro.

Satzarten

WERKZEUG

Im Deutschen gibt es Hauptsätze und Nebensätze. Neben diesen vollständigen Sätzen gibt es die satzwertigen Infinitiv- und Partizipgruppen, die – wie ihr Name schon sagt – den Rang eines Satzes einnehmen, grammatikalisch aber nicht den Kriterien eines vollständigen Satzes entsprechen.

Jeder vollständige Satz besitzt mindestens ein Subjekt und ein Prädikat. Meist findet sich aber noch eine Reihe weiterer Satzglieder: Objekte, Zeitangaben etc.

Näheres dazu, wie ein vollständiger Satz aufgebaut sein muss, finden Sie im Abschnitt **5 Sätze und Satzglieder I, Satzglieder.**

Hauptsätze (HS)

WERKZEUG

Ein Hauptsatz ist ein Satz, der keinem anderen untergeordnet ist. Meist kann er alleine stehen, ohne dass er einen weiteren Teilsatz benötigt, um grammatikalisch korrekt zu sein.

- Die **Personalform (PF)** steht im Aussage- und im Ergänzungsfragesatz an der zweiten Stelle.
- Jedes Satzglied kann in einem Aussagesatz die erste Position einnehmen. Das Subjekt rückt dann an die dritte (oder seltener: an eine spätere) Position im Satz.
- Im Entscheidungsfrage- und im Aufforderungssatz steht die Personalform an der ersten Stelle.

Die Hauptsatzreihe

Werden zwei oder mehrere Hauptsätze mit oder ohne Einleitewort (Konjunktion) aneinandergereiht, so spricht man von einer Hauptsatzreihe. Werden die Hauptsätze mittels Einleitewörtern (Konjunktionen, Adverbien) verbunden, so wird ein inhaltlicher Bezug zwischen diesen Sätzen hergestellt.

Mögliche inhaltliche Bezüge zwischen Hauptsätzen

Einleitewörter (Konjunktionen/Adverbien)		
1	**anreihend**	sowie, weder – noch, und, sowohl – als auch, außerdem, ebenso, ferner, bald – bald, je – desto, einerseits – andererseits, nicht nur – sondern auch
2	**ausschließend**	oder, entweder – oder, sonst, andernfalls
3	**begründend**	denn, darum, deshalb, daher, also, daher, folglich
4	**entgegensetzend**	zwar, aber, doch, jedoch, nur, sondern, dennoch, trotzdem, einerseits – andererseits

Zusammengezogener Hauptsatz

Werden Hauptsätze aneinandergereiht und enthalten sie dasselbe Subjekt bzw. Prädikat, dann können diese Elemente im zweiten oder dritten Hauptsatz entfallen. Man spricht dann von einem zusammengezogenen Hauptsatz.

Beispiel
Er kam zur Party, nahm sich ein Cola, stellte sich in die Ecke und redete den ganzen Abend mit keinem anderen Gast.

Parenthesen (eingeschobene Hauptsätze)

Wird ein vollständiger Hauptsatz in einen anderen Hauptsatz eingeschoben, spricht man von einer Parenthese.

Beispiel
Gestern Nachmittag – es regnete in Strömen – blieben wir im Hotel.

Satzart

a) *Z-HS*
b) ______
c) ______
d) ______
e) ______
f) ______

Zu diesem Kapitel finden Sie **interaktive Übungen** inkl. Lösungen und Feedback in der TRAUNER-DigiBox (Kategorie: TrainingsBox).

- Sätze II 01
- Sätze II 02
- Sätze II 03

Arbeitsaufgaben „Hauptsätze“

1. Überlegen Sie bei der folgenden Übung, ob es sich um eine **Hauptsatzreihe (HS-Reihe)** oder um einen **zusammengezogenen Hauptsatz (Z-HS)** handelt!

a) Ich kam, sah und siegte.
b) Die Tafel war nicht gelöscht und der Schwamm lag auf dem Tisch.
c) Der Lehrer lobte die Schülerinnen und Schüler und verzichtete auf eine weitere Lernkontrolle.
d) Zu Beginn hatten sie intensiv diskutiert, später gestritten und am Ende trennten sie sich.
e) Entweder reisen wir im Sommer mit dem Auto in die Schweiz oder wir fliegen in die Karibik.
f) Die beiden luden all ihre Freunde zum Essen ein und bewirteten sie königlich.

2. **Vervollständigen Sie** die unten begonnenen Sätze und schreiben Sie sie auf ein Blatt in Ihrer Mappe!

a) Entweder hört er mit dem Computerspielen auf oder ...
b) Weder in der Firma noch ...
c) Einerseits macht ihr diese Sportart großen Spaß, andererseits ...
d) Meist fährt er mit dem Auto in die Arbeit, denn ...
e) Normalerweise kochte Helmut jeden Abend für seine Freundin, aber ...
f) Teils belog er seine Eltern, teils ...
g) Selma hat einen Notendurchschnitt von 1,8, daher ...
h) Ester lernt heute nicht für die Abschlussprüfung, sondern ...
i) Fritz litt an diesem Morgen unter starken Kopfschmerzen, deshalb ...

3. Fügen Sie die **Parenthesen (Einschübe)** an den passenden Stellen in die Sätze ein und schreiben Sie sie auf ein Blatt in Ihrer Mappe!

Beispiel
Fabian wird heuer seinen Abschluss machen. Er besucht nun das achte Jahr des Gymnasiums.
Fabian – er besucht nun das achte Jahr des Gymnasiums – wird heuer seinen Abschluss machen.

a) Neue Patronen müssen für den Drucker gekauft werden. Es handelt sich um einen HP-Laserjet 1012.
b) Mit den Demonstranten verliert die Regierung nun langsam die Geduld. Sie harren bereits drei Wochen auf dem Hauptplatz aus.
c) Maria liest mit großem Vergnügen die Kolumne von Doris Knecht im „Falter“. Sie schreibt meist über Erziehung und Kinder.
d) Marvin unternimmt mit seinem Vierbeiner täglich mehrmals Spaziergänge. Er ist seit zwei Jahren mein unmittelbarer Nachbar.

4. **Vervollständigen Sie** die begonnenen Sätze und schreiben Sie sie auf ein Blatt in Ihrer Mappe!

a) Jutta lernt heute Spanisch, denn ...
b) Heute Abend bleibt Oliver noch brav zu Hause, aber ...
c) Sie hatte noch immer großen Durst, also ...
d) Jeremias wollte eigentlich verkleidet auf die Party gehen, jedoch ...
e) Er entschied sich nicht für das Luxusmodell, sondern ...

f) Entweder du setzt dich jetzt hin und lernst(,) oder ...
g) Wieder einmal erhielt er nicht das Versprochene, deshalb ...

5. Setzen Sie die **passenden Einleitewörter (Konjunktionen)** in die Lücken ein! Passende Einleitewörter finden Sie in der **Randspalte** neben dem Text.

Jahrelang hatte Hermann sich bemüht, __________ sein Engagement hatte keine Früchte getragen, __________ er hatte immer wieder auf das falsche Pferd gesetzt. __________ verliebte er sich in eine wunderschöne Frau, die nach kurzer Zeit nichts mehr von ihm wissen wollte, __________ er traf sich mit Damen aus seiner Jugendzeit, die bereits verheiratet waren.

Eines Tages lernte er Ayse kennen __________ prompt verliebte er sich auch in sie. Die Sache hatte jedoch einen Haken, __________ Ayse war eine emanzipierte Frau __________ mit emanzipierten und starken Frauen hatte er so seine Probleme.

Hermann beschloss, Ayse am folgenden Samstagabend auszuführen, __________ musste er ein passendes Restaurant aussuchen. Nach langem Hin und Her entschied er sich für das „Febo". __________ konnte man dort in ruhiger Atmosphäre speisen, __________ gab es im Keller die Möglichkeit zu tanzen.

Hermann freute sich schon die ganze Woche auf den gemütlichen Abend __________ überlegte sich, wie er ihr seine Liebe gestehen könnte, __________ es fiel ihm kein einziger passender Satz ein. So entschloss er sich, nicht selber zu sprechen, __________ er kaufte einen Strauß roter Rosen __________ ein viel zu kitschiges Kärtchen, auf das er einen Spruch schrieb, den er sich aus dem Internet geborgt hatte.

Hermann war sich sicher, dass er an diesem Abend erhobenen Hauptes und verlobt das Feinschmeckerrestaurant verlassen würde, __________ hatte er nicht bedacht, dass Ayse nichts mehr hasste als billige und kopierte Sprüche aus dem Netz.

Zuerst wollten sie gemeinsam mit dem Taxi hinfahren, __________ entschieden sie sich am Vorabend dafür, dass sie zu Fuß den Weg zurücklegen wollten. Schon während des Hingehens fehlte es ihm an passenden Gesprächsthemen und __________ länger sie unterwegs waren, __________ weniger wollten interessante Worte über seine Lippen kommen.

TrainingsBox:
- Sätze II 04

Konjunktionen

Folgende Konjunktionen könnten passen:

- sondern
- jedoch
- entweder – oder
- und
- einerseits – andererseits
- doch
- aber
- denn
- je – desto
- folglich

6.2 Nebensätze (Satzgefüge)

BEISPIELE

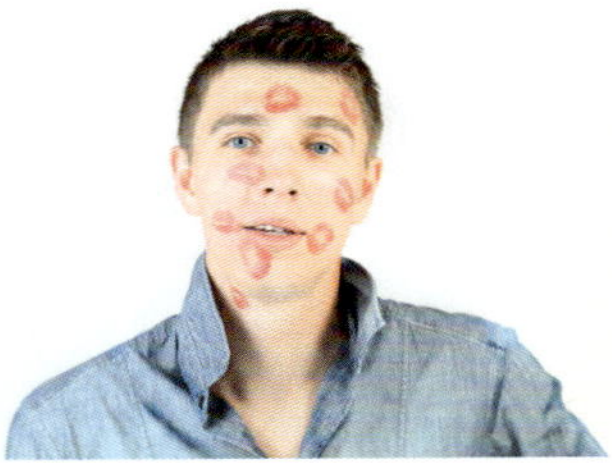

Eingeleitete Nebensätze

- **Wenn** eine Schülerin ständig den Unterricht stört, (dann) wird sie verwarnt.
- Er meint, **dass** sie in jeder Unterrichtsstunde störe.
- Ihn quälte sein schlechtes Gewissen, **weil** er ihre beste Freundin geküsst hatte.
- **Da** er am nächsten Tag seinen Text abgeben musste, arbeitete er wie verrückt.
- Sie trank mit ihm einen Kaffee, **obwohl** sie unter Bluthochdruck litt.
- **Als** er sie endlich wieder sah, frohlockte er heimlich.

Nicht eingeleitete Nebensätze

- Er meint, sie störe in jeder Unterrichtsstunde.
- Stört eine Schülerin ständig den Unterricht, wird sie verwarnt.
- Kommst du zu früh, werde ich dich nicht empfangen können.

Subjektsätze

- Den Schülerinnen fiel sofort auf, dass etwas anders war.
  → **Was fiel den Schülerinnen sofort auf?**
- Was er gesagt hatte, war nicht glaubwürdig. → **Was war nicht glaubwürdig?**
- Wer nicht brav zur Schule geht, bleibt dumm. → **Wer bleibt dumm?**

Objektsätze

- Ich bedauerte, dass Havva fehlte. (Akkusativobjekt) → **Was bedauerte ich?**
- Sie war sich bewusst, dass er nicht kommen würde. (Genitivobjekt)
  → **Wessen war sie sich bewusst?**
- Er erkundigte sich, ob das der richtige Weg sei. (Präpositionalobjekt)
  → **Wonach erkundigt er sich?**

Nebensätze gleichen Grades

HS | NS 1 | NS 1

Er freute sich, dass die Sonne schien und dass das Wasser sauber war.

NS 1 | NS 1

Wenn die Maschine pünktlich ist und falls er Gisela noch erreicht,

HS | NS 1 | HS

würden sie noch zu seinem Bruder, der sie eingeladen hatte, aufbrechen.

Beachten Sie, dass im Beispiel zu den **„Nebensätzen gleichen Grades“** der **Hauptsatz zweigeteilt** ist. Deshalb bekommen **beide Teile dasselbe Zeichen,** damit man weiß, wo der Hauptsatz beginnt und an welcher Stelle er weiterläuft.

Nebensätze ungleichen Grades

HS | NS 1

Das Bergsteigen machte ihm Mühe, weil er sich den Fuß verstaucht hatte,

NS 2

während er in zu hohem Tempo den Hang hinuntergelaufen war.

Nebensätze (Satzgefüge)

WERKZEUG

Nebensätze erweitern die Aussage, die in einem Hauptsatz getroffen wird. Sie sind diesem untergeordnet und können die Aussage um die Komponente Zeit, Ort oder Art und Weise erweitern, sie können die Aussage aber auch begründen, eine Folge aufzeigen, die Aussage einschränken usw.

Merkmale von Nebensätzen

- Ein Nebensatz benötigt immer einen anderen Satz, auf den er sich bezieht.
- Ein Nebensatz besitzt meist ein Einleitewort (Konjunktion = K: weil, da, wenn, ob ...).
- In eingeleiteten Nebensätzen befindet sich die Personalform des Verbs (PF) an der letzten Stelle.
- Fehlt einem Nebensatz das Einleitewort, steht die Personalform nicht mehr an letzter Stelle. Es befindet sich dann in der ersten oder zweiten Position.

Einleitewörter (Konjunktionen) für Nebensätze:
weil, da, zumal, als, wie, bis, seit(dem), bevor, nachdem, ehe, während, sobald, wenn, falls, sofern, sobald, bevor ... nicht, obwohl, obgleich, dass, sodass, damit, während, ob ...

Subjektsätze

Subjektsätze ersetzen das Subjekt eines Satzes. Man fragt mit „Wer oder was?" nach ihnen.

Beispiel
Wer lernt, bekommt gute Noten. –> **Wer** bekommt gute Noten?

Objektsätze

Ein Objekt kann in manchen Fällen als ganzer Satz – als Objektsatz – dargestellt werden.

Beispiel
Er teilte mir mit, was ich schon wusste. –> **Was** teilte er mir mit?

Nebensätze gleichen Grades

Beziehen sich zwei oder mehrere Nebensätze auf einen ihnen übergeordneten Satz, so spricht man von Nebensätzen gleichen Grades.

Nebensätze ungleichen Grades

Jenen Nebensatz, der sich auf den Hauptsatz (HS) bezieht, nennt man **Nebensatz ersten Grades (NS 1). Nebensätze 2. Grades (NS 2)** sind solche, die sich auf jenen Nebensatz (NS 1) beziehen, der sich auf den Hauptsatz bezieht – und so weiter.

Die bewusste Beschäftigung mit den unterschiedlichen Satzstrukturen ist deshalb so wichtig, weil Sie dadurch **Ihre Ausdrucksmöglichkeiten erweitern** können. Zudem benötigen Sie dieses Wissen auch dann, wenn Sie sich mit den Regeln der Kommasetzung auseinandersetzen.

Arbeitsaufgaben „Satzarten“

Haupt- und Nebensätze

1. Schreiben Sie die angegebenen Hauptsätze ab und setzen Sie sie fort, indem Sie einen **Nebensatz hinzufügen!** Achten Sie auf die **Position der Personalform** im Nebensatz!

a) Er hat sich verschlafen, obwohl ...
b) Falls ..., wird er diesen Sommer in Wien verbringen.
c) Die Moderatorin freute sich, da ...
d) Er musste sich die Tränen mit einem Taschentuch abwischen, weil ...
e) Nachdem ..., surfte er ohne schlechtes Gewissen stundenlang im Web.
f) Der Pressesprecher hatte den Reportern mitgeteilt, dass ...
g) Die Kinder versteckten sich, bevor ...
h) Selma kauft sich ein neues Auto, wenn ...
i) Bevor ..., muss er sich mit seinem Versicherungsagenten beraten.

2. Schreiben Sie die angegebenen Hauptsätze ab und setzen Sie sie fort, indem Sie einen **Nebensatz hinzufügen!** Suchen Sie nach einer **passenden Konjunktion** in der Randspalte – Sie dürfen jede Konjunktion aber nur einmal verwenden! Achten Sie auf die **Position der Personalform** im Nebensatz!

a) Heute Abend gehe ich aus, ...
b) Ihr Freund putzte die ganze Wohnung, ...
c) Sie setzte sich vor den Fernseher, ...
d) Havva blieb an diesem Abend zu Hause, ...
e) Sie gewann das Rennen, ...
f) Martin traf alle Vorkehrungen, ...
g) Der Briefträger muss warten, ...
h) Raminda hört Musik, ...

3. In der folgenden Übung kommen Hauptsätze und Nebensätze vor. **Unterstreichen Sie** in den folgenden Sätzen in einem ersten Schritt **alle Verben und alle Einleitewörter,** die Sie entdecken, mit **je einer anderen Farbe!** Ziehen Sie im Anschluss daran eine **Klammer über die einzelnen Sätze** und notieren Sie darüber die jeweilige **Satzart!**

Beispiel

HS — *NS 1* — *HS*

Herr Mayer betrat, nachdem er das Gespräch beendet hatte, den Lehrsaal.

a) Die Firma lieferte nicht, da die Bestellung zu spät eingegangen war.

b) Möchten Sie unseren Folder, den wir neu gestaltet haben, durchblättern?

c) Wenn der Kunde will, dass wir einen Spezialisten hinzuziehen, haben wir ein Problem.

d) Du hoffst, dass du gewinnst und nie wieder arbeiten musst?

e) Wenn du nicht sicher bist, wie du dich entscheiden sollst, dann lass dich beraten.

Konjunktionen, die Nebensätze einleiten:

- weil
- als
- bevor
- dass
- ehe
- da
- sofern
- obwohl
- wenn
- damit
- falls
- nachdem
- während
- ohne dass

Achtung
Im **Beispielsatz** zu **Aufgabe 3** ist der **Hauptsatz zweigeteilt.** Deshalb bekommen beide **Teile dasselbe Zeichen,** damit man weiß, wo der Hauptsatz beginnt und an welcher Stelle er weiterläuft.

Satzgefüge

4. **Unterstreichen Sie** in den folgenden Sätzen **die Prädikate und die Einleitewörter (Konjunktionen)!** Tragen Sie dann in der **Randspalte** ein, aus welchen Teilsätzen sich der jeweilige Satz zusammensetzt!

Beispiel
Der Onkel meinte, dass es schneien werde, weshalb er seine Daunenjacke, die ihn wärmen würde, einpackte.

a) Er ist ein Kollege, der mir schon viel beigebracht hat, der mich immer unterstützt und der großzügig ist.
b) Sie bestellten noch ein Essen, obwohl die Küche schon schließen wollte.
c) Ich hoffe, dass er nicht mehr böse ist, seit er von dir gehört hat, wie es wirklich war.
d) Da ein Lkw umgekippt und die Straße gesperrt war, musste der Verkehr umgeleitet werden.
e) Herr Reiser, den man befördert hatte, leitete die Besprechung.
f) Die Kinder hüpften, kreischten und drehten sich im Kreis.
g) Sie weiß nicht, ob es sich um einen Haupt- oder Nebensatz handelt.

TrainingsBox:
- Sätze II 05
- Sätze II 06

Teilsätze

HS, NS, NS 1, AS, NS 1

a) ____________________
b) ____________________
c) ____________________
d) ____________________
e) ____________________
f) ____________________
g) ____________________

Achtung
Im **Beispielsatz** zu **Aufgabe 4** ist der **Nebensatz zweigeteilt,** deshalb bekommen beide Teile dieselbe Ziffer.

5. Formulieren Sie jeweils einen der angegebenen Hauptsätze in einen **Nebensatz** um! Wählen Sie eine passende Konjunktion und bilden Sie so ein **Satzgefüge!**

a) Helmut hat bis um halb drei Uhr morgens gelernt, er ist auf dem Schreibtisch eingeschlafen.
b) Havva ist putzmunter, sie hat bis um halb zwei gelernt.
c) Sie räumte die Wohnung auf. Sie bekam am Abend Besuch.
d) Er hat seinen Plattenvertrag in der Tasche und sie arbeitet als Tanzlehrerin. Das hat er mir mitgeteilt.

6. Setzen Sie **passende Einleitewörter (Konjunktionen, Relativpronomen)** in die Lücken ein! Passende Einleitewörter finden Sie in der **Randspalte** neben dem Text.

Hermann hatte ein gemütliches, aber feines Restaurant ausgesucht, ________________ nur eine kleine Speisekarte bot. Von einem guten Freund hatte er erfahren, ________________ dieses Lokal genau das Richtige für sein Ansinnen war. Als Aperitif wählten sie ein Glas Champagner, und ________________ sie anstießen, legte er sogleich ein kleines blaues Schächtelchen vor sie auf den Tisch, ________________ er mit seinem Antrag erst nach dem Abendessen herausrücken wollte. ________________ er sich in sie verliebte hatte, wartete er auf diesen Augenblick, und falls sie nun „nein" sagte, so wusste er wenigstens, ________________ er war. ________________ sie noch ein Wort sagen konnte, erhob er sich von seinem Stuhl, kniete sich vor sie hin und sprach: „Willst du meine Frau werden?"

TrainingsBox:
- Sätze II 07

Einleitewörter
- seitdem
- obwohl
- ehe
- da
- weil
- das
- woran
- als
- dass

das Ansinnen = das Anliegen, die Bitte

der Aperitif = ein appetitanregendes alkoholisches Getränk

6.3 Infinitiv- und Partizipgruppen

BEISPIELE

Abkürzung
EW = Einleitewort

Infinitivgruppen

EW PF

Die Köchin beschließt, dass sie kostet.
Die Köchin beschließt, zu kosten.

Erweiterte Infinitivgruppen

EW PF

- Die Köchin kostet die Suppe, damit sie den Salzgehalt prüft.
  Die Köchin kostet die Suppe, um den Salzgehalt zu prüfen.

- Die Köchin serviert die Suppe, ohne sie gekostet zu haben.
  Die Köchin würzt die Suppe, (an)statt das Steak anzubraten.

Absicht/Folge
- Der Gitarrist sieht zum Schlagzeuger, um den Einsatz nicht zu verpassen.
- Um Gott ihre Ehrfurcht zu erweisen, besuchen viele Gläubige sonntags die Messe.

Ein (erwartetes) Verhalten tritt nicht ein
- Der Gitarrist stimmt das Instrument, ohne das Stimmgerät zu verwenden.
- Der Gitarrist spielt die Begleitung, anstatt ein Solo anzustimmen.
- Ohne an ihre Sünden zu denken, trinken sie mit Genuss ein kühles Bier.
- Anstatt in die Kirche zu gehen, treffen sich viele Gläubige im Wirtshaus.

Partizipgruppen

Da er vom Auftritt des Saxofonisten beeindruckt war, holte er sich ein Autogramm.
Vom Auftritt des Saxofonisten beeindruckt, holte er sich ein Autogramm.

- Er schlief am Schreibtisch ein, vom Arbeiten völlig übermüdet.
  (Er schlief am Schreibtisch ein, da er vom Arbeiten völlig übermüdet war.)
- Vor der Kirche, von Otto Wagner erbaut, standen viele Touristen.
  (Vor der Kirche, die von Otto Wagner erbaut worden war, standen viele Touristen.)
- Über wichtige Themen diskutierend, feindeten sie sich an.
  (Während sie über wichtige Themen diskutierten, feindeten sie sich an.)

Komplexe Satzstrukturen

IG AS IG

Um das Motorrad, das sie sich schon monatelang wünschte, zu finanzieren,

HS APP

arbeitete sie jede Woche im Garten des Nachbarn, des netten Herrn Mayer,

NS

da dieser sie gut bezahlte und dringend ihre Hilfe benötigte.

Infinitiv- und Partizipgruppen

WERKZEUG

Satzwertige Infinitiv- und Partizipgruppen können die Funktion von Nebensätzen übernehmen.

Infinitivgruppen

Man unterscheidet zwei Arten von Infinitivgruppen (IG):

Infinitivgruppen mit „zu“ + Infinitiv	Erweiterte Infinitivgruppen mit „um ... zu“ + Infinitiv
Kann derselbe Inhalt mittels eines Nebensatzes oder mittels einer Infinitivgruppe ausgedrückt werden, so wirkt die Verwendung einer Infinitivgruppe meist sprachlich eleganter. Handelt es sich um einen **„dass“-Satz** und sind die Subjekte in Haupt- und Nebensatz identisch, so kann ein „zu + Infinitiv“-Satz gebildet werden.	Diese werden dazu verwendet, einen Wunsch oder eine Absicht auszudrücken oder um zu zeigen, dass etwas (normalerweise) Erwartetes nicht eingetreten ist. Handelt es sich um einen **„damit“-Satz** und sind die Subjekte in Haupt- und Nebensatz identisch, so kann meist ein „um ... zu + Infinitv“-Satz gebildet werden. Ebenso verhält es sich mit „ohne dass/ohne ... zu“ und mit „(an) statt dass/(an)statt ... zu“.

Partizipgruppen (PG)

Die satzwertigen Partizipgruppen können ebenso die Funktion von Nebensätzen übernehmen. Man erkennt sie daran, dass ihnen Subjekt und Personalform bzw. Prädikat fehlen und sie zu einem Nebensatz umgeformt werden können.

Satzgefüge

Als Satzgefüge bezeichnet man eine Kombination aus einem oder mehreren Hauptsätzen (HS) und mindestens einem weiteren untergeordneten Satz: einem Nebensatz (NS), einer Infinitivgruppe (IG) einer Partizipgruppe (PG) etc.

Beispiele

- Als er den Gipfel erklommen hatte, beeindruckte ihn die herrliche Aussicht und er wollte nie wieder in seine Souterrainwohnung zurückkehren.
- Die herrliche Aussicht beeindruckte ihn, als er den Gipfel erklommen hatte.
- Um nicht zu spät zu kommen, nahm er ein Taxi.
- Es macht keinen Spaß, die kalten Winterabende alleine zu verbringen.
- Er machte sich, gemütlich am Schreibtisch sitzend, an die Arbeit.
- Sie gab dem Ermittler, der sie im Präsidium befragt hatte, wertvolle Tipps zur Aufklärung des Falles.
- Franz – ich hatte ihn vor Jahren kennengelernt – kontaktierte mich letztens via Facebook.

TrainingsBox:
- Sätze II 08
- Sätze II 09

Faustregel
Wenn das Subjekt im Hauptsatz und im „dass"-Satz gleich ist, soll nach Möglichkeit ein „zu + Infinitiv"-Satz verwendet werden.

Arbeitsaufgaben „Satzarten"

„dass"-Satz/Infinitivgruppen

1. Bilden Sie mit den angegebenen Sätzen **Satzgefüge** und verwenden Sie dabei – wo möglich – **Infinitivgruppen!** Beginnen Sie mit dem **unterstrichenen Satz!** Einerseits lassen sich „dass"-Sätze bilden, andererseits Sätze mit einer satzwertigen Infinitivgruppe. (Die fettgedruckten Wörter fallen im Satzgefüge weg.)

a) Die Klimaerwärmung wird durch den Menschen verursacht.
<u>Viele Wissenschaftler behaupten</u>, …
b) Für Ozonloch und CO_2-Ausstoß übernehmen **sie keine** Verantwortung.
<u>Die Ölfirmen weigern sich</u>, …
c) Die Endverbraucher haben Schuld an den Umweltschäden.
<u>Große Konzerne entgegnen</u>, …
d) Durch Protestaktionen **wollen sie** die Firmen zu Zahlungen zwingen.
<u>Umweltschützer beabsichtigen</u>, …
e) **Sie** denken über alternative Energieformen für die Zukunft nach.
<u>Die Regierungen müssen beginnen</u>, …
f) Der Staat muss seine Abhängigkeit von Ölkonzernen reduzieren.
<u>Immer mehr Menschen fordern</u>, …

Infinitivgruppen

Beispiel
Ebru arbeitet samstags, damit sie sich ihren Urlaub finanzieren kann.
Ebru arbeitet samstags, um ihren Urlaub finanzieren zu können.

2. Verwandeln Sie die Nebensätze in **satzwertige Infinitivgruppen** und schreiben Sie die neu gebildeten Sätze auf ein Blatt in Ihrer Mappe!

a) Damit ich noch pünktlich zur Arbeit erscheine, nehme ich mir ein Taxi.
b) Ich tausche Fußballsticker via Internet, damit ich endlich mein Album vollbekomme.
c) Sie hofften darauf, dass sie mit einem blauen Auge davonkamen.
d) Sie glaubt, dass sie den Lotto-Doppeljackpot gewinnen wird.
e) Du kannst dir sicher sein, dass du durchfällst, wenn du nicht lernst.
f) Herbert montiert den Haken, damit er den Lampenschirm aufhängen kann.
g) Damit er als Sieger hervorgehen würde, trainierte er Tag für Tag.
h) Anstatt dass er gebremst hätte, hat er Gas gegeben.
i) Sanel reiste in die Türkei, ohne dass er ihre genaue Adresse kannte.
j) Ohne dass er zögerte, sprang er von der Gondel ab.

Partizipgruppen

Beispiel
Da er sich unwohl fühlte, suchte er den Arzt auf.
Sich unwohl fühlend, suchte er den Arzt auf.

3. Verwandeln Sie die Nebensätze in **satzwertige Partizipgruppen** und schreiben Sie diese auf ein Blatt in Ihrer Mappe!

a) Hans sah sich die Gäste an, während er auf den Kellner wartete.
b) Als sie mit Taschentüchern versorgt war, betrat sie unsicheren Schrittes die Kirche.
c) Er schlich sich leise auf seinen Platz, da er wieder einmal zu spät gekommen war.
d) Da sie von Fotografen verfolgt wurde, flüchtete sie in die Boutique.
e) Als sie von ihm erschreckt wurde, begann sie herzzerreißend zu weinen.
f) Weil er Hals über Kopf geflüchtet war, stand er nun vor dem Nichts.
g) Während sie ein Buch las, saß sie in ihrem gemütlichen Hängesessel.
h) Während er ungläubig auf das Blatt starrte, begann er herzzerreißend zu weinen.

Satzgefüge

4. Bringen Sie Ordnung in dieses Durcheinander! Erstellen Sie aus den angegebenen Teilsätzen einen **ganzen Satz!** Achten Sie darauf, dass Sie die Attributsätze an der passenden Stelle nach dem jeweiligen Nomen, auf das sie sich beziehen, einbinden!

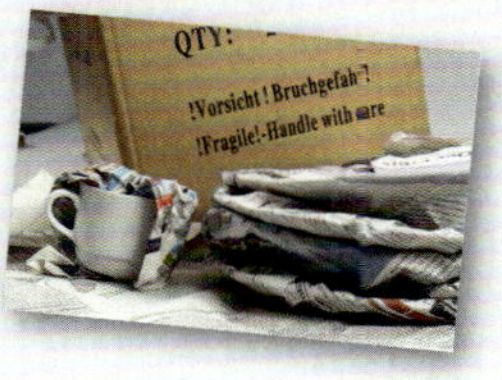

a) *dass Manni will,*
der Besitzer der Wohnung,
Frank erfährt noch an jenem Tag,
dass sie alle drei am Beginn der nächsten Woche ausziehen.
an dem er in die Wohnung eingezogen ist,

b) *weil er ihnen gegenüber ein schlechtes Gewissen hat,*
Manni bietet ihnen aber eine Wohnung über einem seiner Lokale an,
da sie so abrupt umziehen müssen.
in die sie einziehen können,

c) *die ja nur aus vier Zimmern bestehe,*
dass seine Freundin schwanger sei
Er teilt ihnen mit,
für sich und seine Familie brauche.
und er jetzt die ganze Wohnung,

5. Schreiben Sie den Text ab und **verbinden Sie die einzelnen Sätze zu einem Satzgefüge!** Manchmal existieren mehrere Möglichkeiten, die Sätze zu verbinden. **Diskutieren Sie** Ihre Ergebnisse mit Ihren Kolleginnen und Kollegen!

a) *Das Summen der Gegensprechanlage kam ihm unwirklich vor. Die Gegensprechanlage war vor Kurzem repariert worden.*

b) *Es war Agathe. Sie stand mit einem an den Henkeln ausgeleierten Plastiksackerl und einer „Nun-mach-schon-endlich-auf-Miene" vor der Tür.*

c) *Sie küsste ihn zur Begrüßung. Sie hatte ihre Freude daran. Er sah aus, als hätte er Bekanntschaft mit einer Straßenwalze gemacht.*

d) *Ulrich legte sich wieder auf die Couch. Er sah ihr von dort aus zu. Sie räumte die gekauften Sachen in den Kühlschrank ein.*

e) *Ihm war heute keineswegs nach Arbeit an der Nähmaschine zumute. Die Arbeit würde nur noch mehr Kopfweh hervorrufen.*

f) *Die Lebensmittel waren verstaut. Die Anrichte war abgewischt. Das schmutzige Geschirr hatte sie abgewaschen. Sie kam ins Wohnzimmer. Sie besah sich das Elend.*

g) *Sie hatte ihn schon mehrmals angesehen. Erst jetzt fiel es ihr auf. Er hatte ein verkrustetes, blaues Ohr.*

h) *Sie kroch zu ihm auf die Couch. Sie drückte an seinem Ohr herum. Sie fragte ihn, was er getrieben habe.*

i) *Ulrich schrie auf. Er zog ihre Hand von seinem Ohr weg. Die Hand bereitete ihm erhebliche Schmerzen.*

Ziele erreicht? – „Sätze und Satzglieder II"

Lösung im Anhang

Überprüfen Sie Ihr Wissen! Beantworten Sie die Fragen mit den nachfolgenden Wörtern! Bilden Sie am Ende die Summe Ihrer erreichten Punkte und benoten Sie sich selbst! **Antwortmöglichkeiten** (können mehrmals oder auch nie vorkommen):

richtig ■ falsch ■ letzten ■ zweiten ■ ersten ■ Nebensatz ■ Hauptsatz ■ Attributsatz ■ erweiterte Infinitivgruppe ■ Partizipgruppe ■ zusammengezogener Hauptsatz ■ Adjektivattribut ■ Genitivattribut ■ Apposition ■ Präpositionalattribut ■ Adverbialattribut

Frage/Aussage	**Antwort**	**Punkte**
1. Um welche Satzart handelt es sich beim unterstrichenen Satz? – *Nach dem Unterricht geht sie meist einkaufen und <u>erst am Abend macht sie die Hausübungen</u>.*		___/1
2. Richtig oder falsch? – Als zusammengezogene Hauptsätze bezeichnet man Sätze, die aus mindestens zwei einzelnen Hauptsätzen bestehen, wobei einer der beiden nicht vollständig ist.		___/2
3. Richtig oder falsch? – Ein Satzgefüge besteht aus einem oder mehreren Hauptsätzen und mindestens einem untergeordneten Satz.		___/1
4. Um welche Satzart handelt es sich beim unterstrichenen Satz? – *Ich bat Hans, <u>den ich im Kaffeehaus getroffen hatte</u>, um einen Gefallen.*		___/1
5. Um welche Satzart handelt es sich beim unterstrichenen Satz? – *Ich weiß nicht, <u>ob das klug ist</u>.*		___/1
6. In einem eingeleiteten Nebensatz steht die Personalform des Verbs an der ______ Stelle.		___/1
7. Folgende Konjunktionen leiten Nebensätze ein: denn ■ weil ■ während ■ dass ■ aber ■ trotzdem ■ ob ■ doch Streichen Sie die nicht zur Aussage passenden Konjunktionen!		___/4
8. Folgende Konjunktionen leiten Hauptsätze ein: daher ■ während ■ und ■ dennoch ■ bis ■ als ■ indem ■ wohin Streichen Sie die nicht zur Aussage passenden Konjunktionen!		___/3
9. Streichen Sie jene Konjunktionen, die nicht „anreihend" sind: aber ■ und ■ sowie ■ dennoch ■ weder – noch ■ sondern		___/3
10. Um welche Satzart handelt es sich beim unterstrichenen Satz? – *Ich rannte, <u>um den Bus noch zu erreichen</u>.*		___/1
11. Welche Infinitivgruppe passt zum Hauptsatz: Er freut sich darauf, ■ sie endlich wieder zu treffen. ■ um sie endlich wieder zu treffen.		___/1
12. Richtig oder falsch? – Ist das Subjekt im Hauptsatz und in einem „damit"-Satz identisch, so kann der Satz mit einer erweiterten Infinitivgruppe gebildet werden.		___/1
Punkte gesamt (20)		

20–19	18–17	16–14	13–10	9 …

Interaktive **Safety-Checks** finden Sie in der TRAUNER-DigiBox.

- Hauptsätze
- Nebensätze (Satzgefüge)
- Infinitiv- und Partizipgruppen

Sätze EXPERTENWISSEN

1 Arten von Nebensätzen WERKZEUG

Was Sie schon wissen

- Ein Nebensatz besitzt alle Elemente, die auch ein Hauptsatz besitzt, benötigt aber zusätzlich meist ein Einleitewort (eine Konjunktion). Diese Konjunktion verlangt eine Satzstruktur, bei der sich die Personalform des Verbs am Satzende befindet.
- Ein **Attributsatz (Relativsatz)** bezieht sich auf ein Nomen oder Pronomen im vorhergehenden Satz.

Zum **Attributsatz** siehe auch die WERKZEUG-Seite von: **5.3 Satzglieder und Attribute.**

Expertenwissen

Erweiterung

Anhand der Konjunktionen, die einen Nebensatz einleiten, kann man inhaltlich zwischen folgenden Arten von Nebensätzen unterscheiden.

Satzart	Beispielsatz	Fragen
Subjektsatz	Wer verliert, zahlt die nächste Runde Schokoriegel!	Wer zahlt die nächste Runde ...?
Objektsatz	Der Forscher dokumentierte, wie sich die Zellkulturen entwickelten.	Was dokumentierte der Forscher?

Adverbialsätze

Satzart	Konjunktionen	Beispielsatz	Fragewörter
Temporalsatz (Zeit)	als, bevor, ehe, nachdem	Bevor sie einschläft, liest sie noch ein paar Seiten.	Wann?
Modalsatz (Art und Weise)	als ob, indem, ohne dass, wie, wobei	Er verhielt sich, als ob er unser Vorgesetzter wäre.	Wie?
Lokalsatz (Ort)	wo, woher, wohin	Er kehrte dorthin zurück, woher er gekommen war.	Wohin? Woher? Wo?
Kausalsatz (Grund)	da, weil	Sie sagte den Termin ab, weil sie erkrankt war.	Warum? Wieso? Aus welchem Grund?

Unterteilung der Kausalsätze:

Satzart	Konjunktionen	Beispielsatz	Fragen
Konzessivsatz (Einräumung)	obwohl, wenn auch	Obwohl ich ihm alles bis ins Detail erklärte, begriff er nichts.	Trotz welchen Umstands?
Konditionalsatz (Bedingung)	falls, sofern, wenn	Falls es morgen regnet, findet der Bewerb nicht statt.	Unter welcher Bedingung?
Konsekutivsatz (Folge)	dass, sodass	Sie beleidigte ihn so sehr, dass er fluchtartig das Lokal verließ.	Was ist die Folge?
Finalsatz (Absicht, Zweck)	damit, auf dass	Ich muss mich beeilen, damit ich pünktlich erscheine.	Zu welchem Zweck? Wozu?
Adversativsatz (Gegensatz)	anstatt dass, während	Während sie auf ihre Bestellung wartete, schlug er sich den Bauch voll.	Anstatt was? Im Gegensatz wozu?

Satzart

a) ______

b) ______

c) ______

d) ______

e) ______

f) ______

g) ______

h) ______

Expertenwissen

Satzart

a) ______

b) ______

c) ______

d) ______

e) ______

f) ______

g) ______

h) ______

i) ______

j) ______

k) ______

l) ______

m) ______

n) ______

o) ______

p) ______

die Marotte = seltsame Eigenart, Angewohnheit

Arbeitsaufgaben „Arten von Nebensätzen"

1. Bestimmen Sie, um **welchen Satz** es sich jeweils handelt: Subjektsatz, Objektsatz, Attributsatz oder Adverbialsatz! Schreiben Sie die **richtige Lösung** in die **Randspalte!**

   a) Er hat ihr das Kleid, das sie heute Abend trägt, zum ersten Hochzeitstag geschenkt.
   b) Wer in guten Zeiten spart, hat in der Not.
   c) Nachdem er gefrühstückt hatte, las er in aller Ruhe die Zeitung.
   d) Sie gewann den Zweikampf, indem sie ihre Gegnerin taktisch überlistete.
   e) Mich verwundert, warum es keinen Alarm gegeben hat.
   f) Das Mädchen teilt seiner Beraterin mit, welchen Berufswunsch es hat.
   g) Der Koch, der die Suppe versalzen hat, ist verliebt.
   h) Niemand weiß genau, wann das Rennen beginnt.

2. **Unterstreichen Sie** die unterschiedlichen **Adverbialsätze:** Kausalsatz, Temporalsatz, Modalsatz, Lokalsatz, Kausalsatz, Konzessivsatz, Konditionalsatz, Konsekutivsatz, Finalsatz oder Adversativsatz! Schreiben Sie in die Randspalte, um welchen dieser Sätze es sich jeweils handelt!

   a) Wenn wir heute Nachmittag nicht einkaufen gehen, werden wir morgen nicht frühstücken können.
   b) Ich freute mich so sehr, dass ich alles um mich herum vergaß.
   c) Während sich damals viele an der Börse abwartend verhielten, kaufte er wie verrückt Aktien.
   d) Er versuchte zu fliehen, indem er einen Herzinfarkt vortäuschte.
   e) Sobald ich meinen Lohn erhalten habe, gehe ich ordentlich einkaufen.
   f) Er erklärte ihr alles im Detail, damit sie sich ein Bild machen konnte.
   g) Morgens frühstückt er nie, weil er sonst zu spät zur Arbeit käme.
   h) Obwohl sie die Wäsche gewaschen hatte, roch diese immer noch nach Fett.
   i) Als sie endlich das Gate erreicht hatte, war das Boarding schon abgeschlossen.
   j) Geh hin, wo der Pfeffer wächst!
   k) Wenn er sich nicht beeilt, dann versäumen wir die Maschine!
   l) Anstatt dass sie zwei Jobs gleichzeitig hat, sollte er endlich wieder arbeiten gehen.
   m) Sie verhielt sich, als ob nichts passiert wäre.
   n) Da sie sich ständig über seine Marotten aufregte, machte er Schluss.
   o) Schalt bitte das Licht aus, ehe du gehst.
   p) Wo die zwei Flüsse zusammenfließen, gibt es immer wieder Überschwemmungen.

2 Gleichrangigkeit von Nebensätzen: Satzbestimmung – Satzpartitur

WERKZEUG

Was Sie schon wissen

Nebensätze treten nur in Zusammenhang mit einem Hauptsatz auf und können nicht alleine stehen.

Aber: Folgen mehrere vollständige Nebensätze innerhalb eines Satzes aufeinander oder werden diese durch anreihende bzw. ausschließende Konjunktionen (und, oder, sowie, sowohl – als auch, weder – noch, bzw. ...) miteinander verbunden und beziehen sie sich gleichermaßen auf einen übergeordneten Satz, so spricht man von **gleichrangigen Nebensätzen.**

Siehe hierzu auch den Abschnitt **7 Kongruenz.**

Beispiele
- Ich habe dir gesagt, dass du weggehen kannst. Ich habe dir gesagt, dass du tanzen gehen kannst. Ich habe dir gesagt, dass aber alles auch seine Grenzen hat.
- Er meinte, dass er entweder heute nach Wien fahre oder dass er morgen nach Innsbruck fliege.

Aber: Beziehen sich Nebensätze in Satzgefügen nicht in gleicher Weise auf einen übergeordneten Hauptsatz, so spricht man von Nebensätzen unterschiedlichen Grades. Mindestens ein Nebensatz (= Nebensatz 1. Grades) bezieht sich auf einen Hauptsatz, mindestens ein Nebensatz (= Nebensatz 2. Grades) auf einen übergeordneten Nebensatz.

Beispiel
Die heiklen Szenen mussten zensuriert werden, bevor der Filmclip, den sie damals voller Elan gedreht hatte, gesendet wurde.

HS Die heiklen Szenen mussten zensuriert werden,
→ **kann alleine stehen**

NS 1 bevor der Filmclip, ..., gesendet wurde.
→ **Nebensatz ersten Grades**

NS 2 den sie damals voller Elan gedreht hatte
→ **Nebensatz zweiten Grades (Attributsatz) = ist abhängig vom Nebensatz ersten Grades**

zensurieren = prüfen, beurteilen

Arbeitsaufgaben „Gleichrangigkeit von Nebensätzen“

1. **Satzpartituren einzeichnen: Unterstreichen Sie den Hauptsatz** und die **untergeordneten Sätze** mit unterschiedlichen Farben! Zeichnen Sie im Anschluss daran die Satzpartitur!

Beispiel
Während sie darauf wartete, dass ihre Heldin Miss Brodie den großen Schinken fertig zubereitet hatte, drang Mr. Lowthers Stimme zu ihnen, er saß am Flügel in der Bibliothek und sang mit trauriger Stimme einen Choral.

NS 3				
NS 2		—		
NS 1	—			
HS			—	—

Sie sagten, dass Schwester Helena zu schwer an der Welt zu tragen habe, seit sie ihr psychologisches Buch veröffentlicht hätte, das so unerwartet berühmt geworden sei.

NS 3	
NS 2	
NS 1	
HS	

NS 3	
NS 2	
NS 1	
HS	

NS 3	
NS 2	
NS 1	
HS	

NS 3	
NS 2	
NS 1	
HS	

NS 3	
NS 2	
NS 1	
HS	

2. Unterstreichen Sie den **Hauptsatz** und die **untergeordneten Sätze** mit unterschiedlichen Farben! Zeichnen Sie im Anschluss daran die **Satzpartitur!**

a) Die beiden Handarbeitslehrerinnen, sie waren erst seit diesem Jahr an der Schule, standen etwas abseits von der übrigen Lehrerschaft, die sie nicht ernst nahm.

b) Niemand wusste, warum Emily nicht mehr da war, erst sechs Wochen später erfuhr man, dass sie nach Spanien ausgerückt und bei einem Eisenbahnunglück ums Leben gekommen sei, als der Zug angegriffen wurde.

c) Die Mädchen, sie besuchen die Marcia-Blaine-Schule, durften ihre Panamahüte nicht abnehmen, denn sie befanden sich nicht weit vom Schultor, und ein unbedeckter Kopf wurde als Verstoß gegen die Schulordnung gewertet.

d) Als sie am Ende des ersten Schuljahres in der Oberstufe die Prüfungsaufgaben zu sehen bekam, die den Mädchen gestellt worden waren, las sie laut und mit größter Verachtung einige der Fragen, die am meisten Angriffspunkte boten.

Konjunktionen

3. Schreiben Sie den nachfolgenden Text auf ein Blatt in Ihrer Mappe und **korrigieren Sie die unterstrichenen und falsch verwendeten Konjunktionen – und wenn notwendig den Satzbau!**

Eines schönen Schultages wurde ein hinterlistiger Schülerstreich auf den Deutschprofessor ausgeübt. Den Stuhl, <u>wo</u> er zu sitzen pflegte, versah eine Schülerin mit einer Hautcreme und <u>damit</u> sollte seine Anzughose ruiniert werden. Im Allgemeinen ist zu sagen, <u>weil</u> es nicht sein kann, dass die Schülerin, die diesen Streich geplant und durchgeführt hat, ungeschoren davonkommen darf.

Das Schwierige jedoch ist, <u>dass, wenn</u> man sie vor der Klasse maßregelt und zurechtweist, <u>das</u> nur die Kühnheit ihrer Tat unterstreicht. <u>Weil wenn</u> man aus einer Mücke immer gleich einen Elefanten macht, kann es sein, <u>dadurch</u> es im Porzellanladen ordentlich scheppert. Dennoch muss letztlich sichergestellt sein, <u>sodass</u> nicht plötzlich ein jeder beginnt, sich solcherlei Boshaftigkeiten gegen seine Lehrer zu überlegen.

Die Gespräche und Diskussionen mit den Kollegen waren fruchtbringend und ergaben, dass die Hinterlistige nun täglich auf dem Stuhl des Professors Probe sitzen müsse, bevor er sich darauf niederlässt. <u>Denn wenn</u> das nicht geschähe, dann machte dieser Streich mit Bestimmtheit Schule.

7 Kongruenz (Übereinstimmung)

Das Wort „Kongruenz“ bedeutet **Übereinstimmung.** Vielleicht kennen Sie den Begriff aus der Mathematik, er ist aber auch in der deutschen Grammatik von Bedeutung: Subjekte werden mit Prädikaten übereingestimmt, Pronomen mit ihren Bezugswörtern etc.

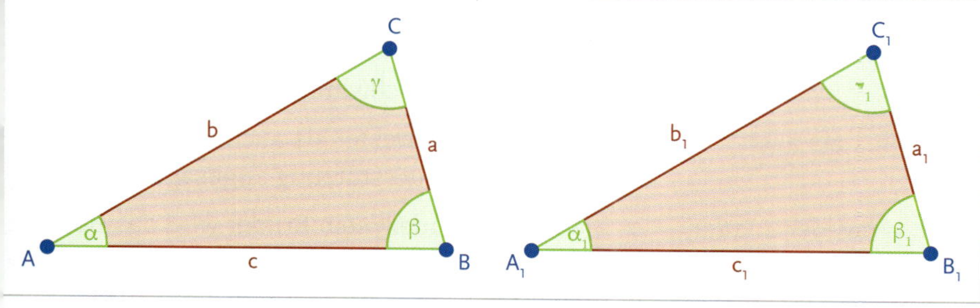

Arbeitsaufgaben „Testen Sie sich selbst!“

Was wissen Sie schon?

1. Streichen Sie bei den folgenden Sätzen die **falsche Verbform** durch!

a) Trotz genauer Kalkulation blieb/blieben uns eine riesige Menge an Salaten übrig.

b) Meine Mutter und du gehst/geht/gehen gerne gemeinsam einkaufen.

c) Sowohl Rechnungswesen als auch Turnen gehört/gehören zu meinen Lieblingsgegenständen.

d) Die außerordentlichen Anstrengungen zur Erreichung der geforderten Qualifikation trug/trugen Früchte.

e) Mancher Zuhörer und jedes Orchestermitglied konnte/konnten den falsch gespielten Ton hören.

2. Setzen Sie das **richtige Pronomen/Relativadverb** ein!

a) Das ist das Unangenehmste, ________________ ich bisher erlebt habe.

b) Hast du das Buch, ________________ ich besprochen habe, schon gekannt?

c) Alles, ________________ ich bisher von dir gelesen habe, hat mir gefallen.

d) Der Autor hat die Dame, über ________________ Leben er einen Roman verfasst hat, nie getroffen.

e) Ich habe die Schriftstellerin, über ________________ du referiert hast, persönlich kennengelernt.

f) Wenn jemand die Hausübung nicht geschrieben hat, so sollte ________________ dies zu Stundenbeginn melden.

g) Der Vater der Jugendlichen brachte ________________ die vergessenen Sachen nach.

h) Das Mädchen wusste, dass ________________ wieder einmal zu spät kommen wird.

Die **Lösungen** zu dieser Selbstüberprüfung finden Sie im **Anhang: Kongruenz/ LÖSUNGEN.**

7.1 Kongruenz von Subjekt und Prädikat

BEISPIELE

Kongruenz bei mehrteiligen Subjekten

Bindewort	Beispiele im Singular/Plural
und	Das Pferd und der Bock grasen auf der Wiese. **Ausnahme:** Bei so einem Wetter möchte jedes Kind und jeder Erwachsene gerne schwimmen gehen.
sowohl ... als auch	Sowohl meine Schwester als auch mein Bruder haben mir ihre Unterstützung zugesagt.
oder, entweder ... oder, beziehungsweise	■ Meine Eltern **oder** mein Bruder wird das Buch besorgen. ■ Mein Bruder **oder** meine Eltern werden das Buch besorgen ■ **Entweder** mein Freund **oder** mein Vater wird mich zu diesem Wettkampf fahren. ■ Meine Eltern **beziehungsweise** mein Vater wird mich zu diesem Wettkampf fahren.
weder ... noch	■ **Weder** mein Freund **noch** mein Bruder hat mich besucht. ■ **Weder** mein Freund **noch** mein Bruder haben mich besucht.

Kongruenz bei Maß- und Mengenangaben

Subjekt

Die Hälfte der EU-Staaten stimmte für den Antrag.

Subjektkern = Singular → Prädikat = Singular

Subjekt

Zwei Drittel des Zuckers können eingespart werden.

Subjektkern = Plural → Prädikat = Plural

Aber:

- Weniger als ein Drittel der Schüler **kommt/kommen** häufig zu spät.
- Mehr als die Hälfte der Hausübungen **war/waren** fehlerfrei.

Kongruenz in der Person bei mit „und" verbundenen Subjekten

- Ich und du **gehen** heute fein essen. **(ich + du = wir)**
- Du und meine Mutter **habt** mein volles Vertrauen. **(du + sie = ihr)**
- Susi und Nenad **gehen** heute ins Kino. **(er + sie = sie)**

Weniger ungewohnt klingen die Sätze, wenn Sie „wir" oder „ihr" einfügen:

- Ich und du, **wir** gehen heute fein essen.
- Du und meine Mutter, **ihr** habt mein volles Vertrauen.

Kongruenz von Subjekt und Prädikat **WERKZEUG**

Grundregel

Das Subjekt und der finite Teil des Prädikats (= Personalform) werden hinsichtlich Numerus und Person übereingestimmt.

Subjekt Personalform

Das Pferd wird auf der Wiese grasen.

Prädikat

Die Regeln für die Kongruenz sind umfangreich. Sie lernen hier – vereinfacht – jene, die häufig verwendet werden.

Kongruenz bei mehrteiligen Subjekten

Bindewort	Singular/Plural
und	Bei mehreren mit „und“ verbundenen Subjekten steht die Personalform des Prädikats im Plural. **Ausnahme:** Stehen die Subjektteile im Singular und sind sie von „kein“, „jeder“ oder „mancher“ begleitet, steht die Personalform des Prädikats im Singular.
sowohl ... als auch	Bei mehreren mit „sowohl ... als auch“ verbundenen Subjekten steht üblicherweise die Personalform des Prädikats im Plural.
oder, entweder ... oder, beziehungsweise	Bei mehreren mit „oder“, „entweder ... oder“ oder „beziehungsweise“ verbundenen Subjekten im Singular steht die Personalform des Verbs meistens im Singular. Stehen nicht alle Subjektteile im Singular, richtet sich die Verbform nach dem ihm am nächsten stehenden Subjektteil.
weder ... noch	Bei mehreren mit „weder ... noch“ verbundenen Subjekten kann die Personalform des Prädikats im Singular oder im Plural stehen.

Kongruenz bei Maß- und Mengenangaben

Besteht das Subjekt aus mehreren Nomen, die einen unterschiedlichen Numerus aufweisen, so richtet sich die Personalform des Prädikats nach dem Subjektkern, nicht nach dem Attribut.

Aber: Wird die Maß- oder Mengenangabe mit „mehr als“ oder „weniger als“ eingeleitet, kann die Personalform des Prädikats im Singular oder im Plural stehen.

In manchen Fällen ist ein Abweichen von der Regel möglich. Sie sind aber auf der sicheren Seite, wenn Sie sich an die Regeln halten.

Kongruenz in der Person bei mit „und“ verbundenen Subjekten

Besteht ein Subjekt aus mehreren durch „und“ verbundenen Subjektteilen, die verschiedene grammatische Personen aufweisen, gelten folgende Regeln:

- Die Personalform des Prädikats steht im Plural.
- Steht ein Subjektteil in der 1. Person, dann steht die Personalform des Prädikats in der 1. Person Plural.
- Steht ein Subjektteil in der 2. Person und einer in der 3. Person, so steht die Personalform des Prädikats in der 2. Person Plural.

Zu diesem Kapitel finden Sie **interaktive Übungen** inkl. Lösungen und Feedback in der TRAUNER-DigiBox (Kategorie: TrainingsBox).

Arbeitsaufgaben „Kongruenz von Subjekt und Prädikat“

1. **Mehrteilige Subjekte:** Setzen Sie in den folgenden Sätzen das **Verb in Klammern** in der **richtigen Form** ein!

   a) Sowohl ein Spanier als auch ein Franzose ______ (haben) den Lotto-Jackpot geknackt.

   b) Entweder ein Spanier oder ein Franzose ______ (haben) den Lotto-Jackpot geknackt.

   c) Nach dem Fest ______ (müssen) Berge von Abfall entsorgt werden.

   d) Ich bin mir nicht sicher, ob ich oder mein Freund gemeint ______ (sein).

   e) Weder mein Vater noch meine Mutter ______ (haben) je im Lotto gewonnen.

   f) Der Kommissar und sein Assistent ______ (lösen) den Fall.

   g) Blitzschnell ______ (überführen) der Kommissar mit seinem Assistenten den Mörder.

   h) Kein Tier und kein Mensch ______ (haben) so eine Behandlung verdient!

   i) Im großen Bett ______ (schlafen) das Baby mit seinem Stofftier.

2. **Maß- und Mengenangaben: Unterstreichen Sie** in den nachfolgenden Sätzen den **Subjektkern** und setzen Sie das **Verb in Klammern** in der **richtigen Form** ein!

   a) Bedauerlicherweise ______ (haben) nur ein Prozent aller Schülerinnen und Schüler dieses Angebot wahrgenommen.

   b) Die Mehrheit meiner Freunde ______ (bemühen) sich um einen Ferialjob.

   c) Für diese Backform ______ (reichen) zwei Drittel des Teiges.

   d) Mehr als die Hälfte der Anrufer/innen ______ (stimmen) für den ersten Kandidaten.

   e) Meinst du, drei Kilogramm Würstel ______ (reichen) für unser Grillfest?

   f) Ein großer Teil der Erdbeeren ______ (sein) leider schon verfault.

   g) Hast du den Film, in dem drei Hunde die Hauptrolle ______ (spielen), gesehen?

   h) Einer von den drei Burschen ______ (gehen) mit meinem Bruder in die Klasse.

   i) Ein großer Prozentsatz unserer Kunden ______ (zahlen) pünktlich.

3. Zusammenfassende Übung: Unterstreichen Sie jeweils das **Subjekt** ein Mal, den **Subjektkern** zwei Mal und streichen Sie das **falsche Verb** durch!

a) Diese Geschichte Lesende muss/müssen sich besonders gut konzentrieren.
b) Jeder Bub und jedes Mädchen hat/haben ein Recht auf Bildung.
c) Viele Schülerinnen und Schüler in Österreich hält/halten dieses Recht für eine Selbstverständlichkeit.
d) Die ersten Artischocken aus heimischem Anbau erfreut/erfreuen sich großer Beliebtheit bei den Konsumentinnen und Konsumenten.
e) Entweder der Kellner oder die Lokalinhaberin hat/haben die Reservierung entgegengenommen.
f) Die Schülerinnen oder die Lehrerin hat/haben vergessen, den Klassenraum zuzusperren.
g) Fast die Hälfte der befragten Personen konnte/konnten mit dem Begriff „blümerant" nichts anfangen.
h) Meine Pferde und ihr sind/seid meine besten Freunde.
i) Diese Arbeit müssen/musst/muss wohl du oder ich erledigen.
j) Für viele Menschen ist/sind zehn Euro viel Geld.
k) Du und er ist/seid/sind ein schönes Paar.
l) Frau Müller wählte/wählten zwei Drittel der Mitglieder zur Obfrau.
m) Die Schauspielerin und ihr Gefolge traf/trafen im Hotel ein.
n) Ob ein Haustier für dich geeignet ist, das musst/müssen/müsst du und deine Eltern gemeinsam entscheiden.
o) Ein Paar Jeans ist/sind genug für diesen Urlaub!
p) 70 % der Unfälle wurde/wurden durch zu schnelles Fahren verursacht.
q) 1 kg Äpfel kostet/kosten heute nur 1 Euro.
r) Sowohl das Ambiente als auch die Musik begeisterte/begeisterten die Besucher.
s) Die Konzerte dieses Sängers war/waren stets innerhalb von Minuten ausverkauft.
t) Wiens große Einkaufsstraßen wird/werden auch von Touristen gerne besucht.
u) Eine große Anzahl von Korrekturen war/waren notwendig.
v) Zu unserer Schulveranstaltung erschien/erschienen sogar die Bürgermeisterin mit ihrem Mann.
w) Die „Salzburger Nachrichten" berichtete/berichteten ausführlich über den Unfall.
x) Weder Hans noch Dino ist/sind mir zur Seite gestanden.
y) So ein Kleid können/kannst/kann nur du oder ein Model tragen.
z) Melden/Meldet ihr oder wir den Vorfall?

TrainingsBox:
- Kongruenz 01
- Kongruenz 02

blümerant (franz.) = übel, flau

Beispiel
Mir ist ganz blümerant/übel.

7.2 Kongruenz bei Pronomen

BEISPIELE

Grundregel

feminin, Singular

Meine Großmutter lebt in Paris. – Sie besucht mich aber trotzdem häufig.

Wer? Was? → 1. Fall

maskulin, Singular

Mein Freund will seine Uhrensammlung verkaufen.

Wen? Was? → 4. Fall

Besonderheit „man“

Wenn man mit heißem Öl hantiert, sollte man sehr vorsichtig sein.

1. Fall

Man sollte sich jemandem anvertrauen, wenn es einem schlecht geht.

1. Fall — 3. Fall

Wenn es regnet, sollte man vorsichtig fahren.

unpersönliches „es“

Das Mädchen schläft noch. Es war gestern lange aus, daher ist es sehr müde.

Personalpronomen „es“

Beachten Sie, dass das grammatische Geschlecht immer vor dem natürlichen kommt!

Beispiel „das Mädchen“
- natürliches Geschlecht = weiblich
- grammatisches Geschlecht = sächlich

Besonderheit „jemand, irgendwer, irgendeiner, irgendeine, irgendein“

Geschlecht unklar

Sollte jemand meine Uhr gefunden haben, so möge er oder sie sich bitte bei mir melden.

maskulin — maskulin

Falls irgendeiner von euch noch etwas zu sagen hat, soll er es jetzt tun.

feminin — feminin

Falls irgendeine von euch noch etwas zu sagen hat, soll sie es jetzt tun.

Kongruenz bei Pronomen

WERKZEUG

Grundregel

Pronomen werden in **Numerus (Zahl)** und **Genus (Geschlecht)** jenem Nomen angepasst, auf das sie sich beziehen. Der Kasus (Fall) richtet sich hingegen nach der Rolle des Pronomens im Satz. Schwierigkeiten macht dies vor allem dann, wenn Nomen und Pronomen nicht im selben Satz stehen.

Beispiele
- **Das Kätzchen** ist hungrig. **Es** streift um meine Beine herum und bettelt.
- **Das hungrige Kätzchen** schleckt **seinen** Futternapf leer.

Besonderheiten

- „Man" darf im nachgestellten Satz nicht durch ein Personalpronomen ersetzt werden, sondern es folgt wieder „man"; wenn ein anderer Fall als der Nominativ gebraucht wird, folgt „ein-".

  Beispiele
  - Wenn **man** früh aufstehen muss, sollte **man** auch zeitig schlafen gehen.
  - Wenn **man** nicht lernt, sollte **einen** das schlechte Prüfungsergebnis nicht wundern.

- Ein Personalpronomen darf nicht durch „man" ersetzt werden (**Ausnahme:** unpersönliches „es" – siehe nächste Regel).

  Beispiel
  Sie stehen täglich zeitig auf. Dies tragen **sie** mit Humor.

- „Man" darf hingegen auf das unpersönliche „es" folgen.

  Beispiel
  Es ist nicht sehr angenehm, wenn **man** täglich zeitig aufstehen muss.

- **„Jemand" oder „irgendwer"** werden im nachgestellten Teilsatz durch „er oder sie" ersetzt, außer man weiß genau, dass nur Männer oder nur Frauen gemeint sind. **„Irgendeiner"** wird durch „er" ersetzt, **„irgendeine"** durch „sie", **„irgendein"** durch „es".

  Beispiele
  - Wenn **jemand** eine Reise tut, dann kann **er oder sie** etwas erleben.
  - Falls sich **irgendwer** noch nicht auskennt, möge **er oder sie** jetzt fragen.

Generelles zur Verwendung von Pronomen

Achten Sie darauf, dass eindeutig zu erkennen ist, auf welches Nomen oder Pronomen sich das verwendete Pronomen bezieht – sonst kann es zu lustigen oder auch peinlichen Missverständnissen kommen wie in den folgenden Beispielen:

Beispiele
- Wenn meine Mutter Kekse bäckt, helfe ich ihr gerne. Ich glasiere und verziere sie.
- Messer sollte man nicht herumliegen lassen, damit sie keine kleinen Kinder bekommen.

Näheres zu den Pronomen finden Sie im Abschnitt **2 Wortarten** unter **2.4 Pronomen (Fürwörter).**

Stellvertreterpronomen ersetzen ein Nomen.

Beispiel
das Kätzchen – **es**

Begleiterpronomen begleiten ein Nomen.

Beispiel
mein Kätzchen

Arbeitsaufgaben „Kongruenz bei Pronomen“

1. **Unterstreichen Sie** im folgenden Text **alle Pronomen** und ziehen Sie einen **Pfeil** zu jenen Nomen, auf die sie sich beziehen!

Beispiel

Kurt begleitet seine Freundin zum Flughafen. Sie besucht ihre Familie in der Türkei.

BETRUNKENER FLUGGAST WOLLTE AUSSTEIGEN

Weil er sich in 10 000 Meter Höhe irrtümlich in einem Linienbus wähnte, verlangte ein betrunkener russischer Fluggast lautstark das sofortige Öffnen der Tür. Beim anschließenden Handgemenge verletzte er einen Flugbegleiter. Dem Steward wurde ein Arm gebrochen, außerdem erlitt er durch einen Schlag mit einer Schnapsflasche eine Gehirnerschütterung. Schließlich konnte der Passagier überwältigt werden, nach der Landung in Jekaterinburg wurde er festgenommen. Seine Begleitung distanzierte sich von dem Vorfall.

WWW.DIEPRESSE.COM – LEICHT VERÄNDERT

TrainingsBox:
- Kongruenz 03
- Kongruenz 04

2. Setzen Sie in den folgenden Sätzen die **Pronomen im richtigen Numerus, Kasus und Genus** ein!

a) Ich habe das Mädchen gestern getroffen und ______________ die Nachricht gleich übermittelt.

b) Ich habe Ihren Artikel „Shoppingcenter: Dorfplatz der Großstadtkinder“ gelesen. ______________ hat mich sehr interessiert.

c) Die große Masse der Schülerinnen und Schüler hat den Wunsch, die ______________ zur Verfügung stehende Arbeitszeit zur Gänze zu nützen.

d) ______________, der sich gut vorbereitet, wird es auch gelingen, eine gute Note zu schreiben.

e) Deine Art des Vortragens hat durchaus ______________ Reiz.

f) Manch einer schreibt lieber einen Schummelzettel als zu lernen. ______________ geht damit ein Risiko ein.

g) Das Gros unserer Mitschüler will ______________ Beitrag leisten.

h) Viele Jugendliche haben stets ______________ Walkman dabei. ______________ sollten aber darauf achten, dass der Ton stets so leise gestellt ist, dass ______________ Gegenüber nicht zum unfreiwilligen Mithören verdammt wird.

das Gros (franz.) = der überwiegende Teil

3. Setzen Sie in den nachfolgenden Sätzen die **Pronomen im richtigen Numerus, Kasus und Genus** ein!

a) Meine Herren, sollte irgendeiner eine Beschwerde vorbringen wollen, so soll ______________ das gleich tun.

b) Wenn jemand etwas verloren hat, so kann ______________ im Sekretariat danach fragen.

c) Wenn man erkältet ist, sollte ______________ darauf achten, andere nicht anzustecken.

d) Es sollte allen einleuchten, dass ______________ sich an die Hausordnung halten sollte.

e) Braucht jemand noch Übungsmaterialien? – Die kann ______________ sich bei mir abholen.

f) Falls irgendeines der Pferde noch nicht geimpft ist, darf ______________ nicht ins Ausland reisen.

4. Korrigieren Sie – wo nötig – die **Pronomen** (Sie müssen dann häufig auch die Verben verändern) und schreiben Sie die Sätze auf ein Blatt!

a) Zur Sitzung waren die Vertreter der 1. Klasse eingeladen, sie erschienen alle pünktlich.
b) Für viele Jugendliche ist es schwierig, nach einer Ausbildung einen Job zu finden. Gelingt es ihm doch, kann er sich glücklich schätzen.
c) Ergäbe es viel Sinn, wenn man Täter härter bestrafen würde? Was würde das an seiner Denkweise ändern, wenn er nach der Haft sowieso keine Zukunft mehr hat?
d) Falls jemand noch nichts zu essen bekommen hat, so möge er jetzt in die Küche kommen.
e) Das kleine Mädchen hat seinen Rucksack mitsamt dem Geld verloren.
f) Die Polizei suchte nach dem Rucksack, sie fanden ihn aber nicht.
g) An einem sonnigen Samstagmorgen plante eine Familie einen Urlaub, damit sie sich endlich einmal entspannen können.
h) Derjenige oder diejenige, der/die seine/ihre Arbeit als Erstes abgibt, winkt eine Belohnung.

⚠ Die Sätze der **Aufgaben 4 und 5** stammen aus Texten von Schülerinnen und Schülern.

5. In welchen der nachfolgenden Sätze werden die **Pronomen** so gebraucht, dass **Missverständnisse** auftreten können? **Unterstreichen Sie** in diesen die Pronomen und die beiden Wörter, auf die sie sich beziehen könnten! Schreiben Sie anschließend die Sätze so auf, dass deren Sinn unmissverständlich klar wird!

a) Herr Müller ist der Fahrer unseres Schulbusses. Er ist 15 Meter lang und rot lackiert.

b) Die Mail hat Frau Krstic geschrieben. – Sie ist gestern eingegangen.

c) Er griff zur Tasche, küsste seine Kinder und seine Frau und legte sie in den Kofferraum, bevor er abreiste.

d) Meine Schwester liebt Meerschweinchen und Steaks. Deshalb brät sie sich mindestens einmal in der Woche eines.

e) Wenn unsere Mitarbeiter die Pakete kontrolliert haben, werden sie in die Postabteilung gebracht.

f) Parsifals Vater war bereits tot, als er das Licht der Welt erblickte.

g) Weil der Wasserhahn im Bad kaputt war, riefen wir den Installateur. Er war offensichtlich verkalkt.

7.3 Kongruenz zwischen Relativpronomen und Bezugswort

BEISPIELE

Bestimmen von Numerus, Genus und Kasus

sächlich, Singular

Am Skikurs teilte ich mein Zimmer mit dem Mädchen, das in der Schule neben mir sitzt.

Nominativ
(Es sitzt neben mir.)

Kasus des Relativpronomens nach einer Präposition

Das ist das Mädchen, **mit** dem ich das Zimmer teilte.

„mit" verlangt den Dativ

Aber: Das ist die Mitschülerin, mit deren Mutter ich Englisch lerne.

Mit wessen Mutter lerne ich Englisch?
Mit der Mutter der Mitschülerin (= mit deren Mutter).

Relativadverb „wo"

Er führte mich in sein Zimmer, wo wir Musik hörten.

bezieht sich auf ein Nomen, das einen Ort bezeichnet (= Zimmer)

Er führte mich in sein Zimmer, in dem wir Musik hörten.

Wir hörten in dem Zimmer Musik.

Relativpronomen „was"

- **Das, was** ich gesehen habe, reicht mir, um mir ein Urteil zu bilden.
- Das kleine Kind möchte **dasselbe** essen, **was** seine Eltern bestellt haben.
- Carlo bestritt **alles, was** ihm vorgeworfen wurde.
- Ich bereue **nichts, was** ich getan habe.
- In diesem Geschäft gibt es **einiges, was** ich gerne hätte.
- Ich könnte noch **vieles** aufzählen, **was** ich erreichen möchte.
- **Manches, was** ich gelernt habe, hat mir schon sehr geholfen.
- Opa erzählte nur **weniges, was** ich noch nicht kannte.
- Das ist **etwas, was** ich nicht mag.
- Das war **das Netteste, was** du je zu mir gesagt hast.
- Dass du lügst, war **das Letzte, was** ich vermutet hätte.

Kongruenz zwischen Relativpronomen und Bezugswort

WERKZEUG

Ein **Attributsatz** wird entweder durch ein **Relativpronomen** oder durch ein **Relativadverb** eingeleitet. Er bezieht sich auf ein Nomen oder ein Pronomen des übergeordneten Satzes (= Bezugswort), repräsentiert dieses im Nebensatz und steht in der Regel direkt hinter diesem.

Die Form des Relativpronomens hängt von folgenden Kriterien ab:	
Genus und Numerus	Genus (Geschlecht) und Numerus (Zahl) werden durch das Bezugswort im Hauptsatz bestimmt.
Kasus	Der Kasus (Fall) wird durch das Verb bestimmt.
	Beispiel Das ist **der Ring, den** ich von meiner Oma geschenkt bekommen habe.
Präposition	Steht das Pronomen nach einer Präposition, so bestimmt diese dessen Kasus.
	Beispiel Das ist **meine Omi, von der** ich den schönen Ring geschenkt bekommen habe.
Variante	Eine Variante ist, dass das Relativpronomen im Genitiv steht, obwohl eine Präposition davorsteht. In diesem Fall bezieht sich die Präposition auf das Nomen, das hinter dem Relativpronomen steht.
	Beispiel Sie hat ein Rendezvous mit Olaf, mit **dessen** Schwester sie in eine Klasse geht.

Aber:

- Wird durch den Nebensatz etwas **Räumliches** ausgedrückt, kann alternativ zu einer Präposition mit einem Relativpronomen das Relativadverb **„wo"** bzw. **„wohin"** verwendet werden.

Beispiele
- Das ist das Land, **wo** die Zitronen blühen.
- Das ist das Land, **in dem** die Zitronen blühen.

- Das Relativpronomen **„was"** wird auch nach den Demonstrativpronomen **„das"** und **„dasselbe"** sowie nach **Indefinitpronomen** (z. B. alles, nichts, einiges, vieles, manches, weniges, etwas) verwendet.

Beispiel
Alles, **was** ich getan habe, habe ich für dich getan.

- Bezieht sich ein Attributsatz auf ein **nominalisiertes Adjektiv im Neutrum** (zumeist im Superlativ), wird er üblicherweise mit **„was"** eingeleitet.

Beispiel
Das Beste, **was** mir passieren konnte, war, dich kennenzulernen.

Näheres zu den Attributsätzen finden Sie im Abschnitt **5 Sätze und Satzglieder I: 5.3 Satzglieder und Attribute – Attributsätze.**

Relativpronomen
der, die, das, welcher, welche, welches ...

Relativadverb
wo, wie, warum ...

Erlaubt, aber nicht sehr elegant ist „wo" auch bei Nebensätzen, die etwas **Zeitliches** ausdrücken.

Arbeitsaufgaben „Kongruenz zwischen Relativpronomen und Bezugswort“

Genus und Numerus

1. Markieren Sie in den Attributsätzen jene **Nomen, die näher beschrieben werden!** Markieren Sie anschließend die **dazugehörigen Relativpronomen!** Schreiben Sie in die Randspalte **Genus und Numerus** von Bezugswort bzw. Relativpronomen!

SCHWEDEN: MAUS KOPF ABBEISSEN KEINE TIERQUÄLEREI

Ein Gericht auf der Ostsee-Insel Gotland hat einem Schweden, der einer lebenden Maus den Kopf abgebissen hatte, bescheinigt, kein Tierquäler zu sein. Das Gericht begründete den Freispruch damit, dass der 23-Jährige nicht absichtlich und nachweislich der Maus Schmerzen im Sinne des Tierquälerei-Paragrafen zugefügt habe. Die zuständige Staatsanwältin, die ihre Anklage unter anderem auf einen von dem Vorfall existierenden Videoclip stützte, kündigte Berufung gegen das Urteil an.

Im Onlineportal der gotländischen Regionalzeitungen wurde über den Clip berichtet, auf dem zu sehen sei, wie der Maus durch „Zerren und Reißen“ der Kopf abgebissen werde.

Der Vorfall ereignete sich im Jänner dieses Jahres bei einer Saufparty. Der tödliche Biss, der mit einem Handy mitgefilmt wurde, flog auf, nachdem die Polizei das Handy beschlagnahmt hatte. Auf dem Film ist auch zu sehen, wie der 23-Jährige von seinen Kumpanen angefeuert wird.

FREI NACH EINEM „PRESSE“-BERICHT

2. Verbinden Sie die beiden Hauptsätze, indem Sie den jeweils zweiten Satz zu einem Attributsatz umformen! Achten Sie auf die **korrekte Form des Relativpronomens!**

a) Gehen wir heute wieder in das Lokal? ■ Wir hatten letztens in dem Lokal so viel Spaß.

b) Ich habe für die Schularbeit schon sehr viel gelernt. ■ Wir werden die Schularbeit morgen schreiben.

c) Die Fotos wurden von der Jury prämiert. ■ Mein Bruder hat die Fotos geschossen.

d) Das Mädchen darf heute das Krankenhaus wieder verlassen. ■ Das Mädchen wurde gestern operiert.

e) Die Gäste gaben reichlich Trinkgeld. ■ Die Gäste waren mit dem Service zufrieden.

f) Das ist der Mann. ■ Mit dem Hund des Mannes haben wir gestern gespielt.

g) Meine Oma ist eine kluge Frau. ■ Ich befolge gerne die Ratschläge meiner Oma.

h) Die Familie hat endlich eine Wohnung gefunden. ■ Die Wohnung gefällt allen.

i) Der Prinz suchte nach einer Frau. ■ Der Frau sollte der Schuh passen.

j) Ich suche nach einem großen Auto. ■ Mit dem Auto kann ich einen Kasten transportieren.

3. Überprüfen Sie, ob die **Relativadverbien „wo“ und „wohin“** korrekt verwendet wurden! Korrigieren Sie die Sätze – wenn notwendig –, indem Sie sie mit dem richtigen **Relativpronomen** oder der richtigen **Konjunktion** auf ein Blatt schreiben!

a) Wir leben in einer Zeit, wo alte Traditionen noch nicht völlig verschwunden sind.
b) Wir verbringen unsere Abende gerne dort, wo etwas los ist.
c) Gerade wo er einschlief, kam ein gewaltiger Wind auf.
d) Brasilien ist ein Land, wohin derzeit viele Urlauber reisen.
e) London, wo ich meinen Urlaub verbringen werde, bietet viele Freizeitmöglichkeiten.
f) In dem Moment, wo er sich das dachte, brach das Bett zusammen.
g) Zur gleichen Zeit, wo sich der Fischer auf der Insel umschaute, machte sich seine Frau fürchterliche Sorgen um ihn.
h) Der Moment, wo sein Name aufgerufen wurde, war sehr aufregend.
i) Kennst du den Ort, wo die Zitronen blühen?
j) Ich möchte einmal nach Australien, wohin meine Eltern heuer reisen.

TrainingsBox:
- Kongruenz 05
- Kongruenz 06

4. „Das“ oder „was“? – Setzen Sie das **korrekte Relativpronomen** ein!

a) Mich an dieser Schule anzumelden, war das Beste, __________ ich tun konnte.
b) Ich habe bislang noch kein einziges Unterrichtsfach, __________ hier gelehrt wird, als uninteressant empfunden.
c) Es gibt wesentlich Schlimmeres, __________ dir zustoßen hätte können.
d) Das Erlebnis, __________ du mir eben geschildert hast, war sicher beeindruckend.
e) Das, __________ wir jetzt bräuchten, wäre eine Stimmungskanone.
f) Das ist nur ein kleiner Vorgeschmack dessen, __________ Sie erwartet.
g) Sie sagte etwas, __________ ich aber nicht verstehen konnte, weil sie zu schnell sprach.
h) Das Wort, __________ er eben gebrauchte, scheint sein Lieblingswort zu sein.
i) Glaubst du wirklich alles, __________ in der Zeitung steht?
j) Es scheint nichts zu geben, __________ ihn aus der Ruhe bringen könnte.

TrainingsBox:
- Kongruenz 07
- Kongruenz 08

5. Verwendung von Attributsätzen: Verbessern Sie folgende Sätze – wo nötig – so, dass klar ist, worauf sich der **Attributsatz** jeweils bezieht!

a) Ich betrat den Kinosaal mit meinem Freund, der schon ganz voll war.
b) Erst um Mitternacht wurde die Suppe von der Gastgeberin serviert, die verführerisch duftete.
c) Das Kind freute sich sehr über das mitgebrachte Stofftier, das Gastgeber dieses Geburtstagsfestes war.
d) Ein Sportler wird niemals Weltmeister werden, der nicht trainiert.
e) An der Wand hängt ein Foto von dem Schulgebäude, welches ungefähr vor hundert Jahren gemacht wurde.
f) Der Boxer hatte einen Schlag auf den Kopf einstecken müssen, der sofort zu Boden ging.

Ziele erreicht? – „Kongruenz (Übereinstimmung)"

Lösung im Anhang

Überprüfen Sie Ihr Wissen! Beantworten Sie die Fragen mit den nachfolgenden Wörtern! Bilden Sie am Ende die Summe Ihrer erreichten Punkte und benoten Sie sich selbst! **Antwortmöglichkeiten** (können mehrmals oder auch nie vorkommen):

der ■ Numerus (Zahl) ■ besucht ■ wo ■ richtig ■ Genus (Geschlecht) ■ besuchen ■ falsch ■ Wasserstelle ■ Kasus (Fall) ■ deren ■ in der ■ Anzahl ■ er ■ Elefanten ■ seine ■ die ■ Person ■ ihre ■ sie ■ dessen

Frage/Aussage	Antwort	Punkte
1. Subjekt und Prädikat werden in ______ und ______ übereingestimmt.		___/2
2. Richtig oder falsch? – Wird eine Mengenangabe mit „mehr als" eingeleitet, muss das Prädikat im Plural stehen.		___/1
3. Richtig oder falsch? – *Jeder Bub und jedes Mädchen* ***freuen*** *sich auf die Ferien.*		___/1
4. Richtig oder falsch? – *Ich und du* ***mögen*** *einander sehr.*		___/1
5. *Eine große Anzahl an Elefanten versammelte sich an der Wasserstelle.* – Der Subjektkern ist „______".		___/1
6. *Den heuer stattfindenden Schulball besucht/besuchen mein Bruder mit seiner Freundin.*		___/1
7. *Mein Bruder und seine Freundin besucht/besuchen häufig unsere alte Nachbarin.*		___/1
8. Richtig oder falsch? – *Weder meine Katze noch mein Hund haben dieses Fleisch gefressen.*		___/1
9. *Das Mädchen hat ______ Aufgaben erledigt.*		___/1
10. „Irgendeiner" kann durch das Pronomen ______ ersetzt werden.		___/1
11. Pronomen werden in ______ und ______ jenem Nomen angepasst, auf das sie sich beziehen.		___/2
12. *Paris ist eine Stadt, ______/______ ich mich wohl fühle.* – Welche zwei Möglichkeiten, den Attributsatz einzuleiten, gibt es?		___/2
13. Richtig oder falsch? – Der Kasus eines Relativpronomens wird immer durch das Verb bestimmt.		___/1
14. Richtig oder falsch? – Ein Pronomen nimmt den Kasus jenes Nomens an, auf das es sich bezieht.		___/1
15. Setzen Sie ein: *Das ist die Frau, ______ Schmuck gestohlen wurde.*		___/1
Punkte gesamt (18)		

18–17	16–15	14–12	11–9	8 …

Interaktive **Safety-Checks** finden Sie in der TRAUNER-DigiBox.

- Kongruenz von Subjekt und Prädikat
- Kongruenz bei Pronomen
- Kongruenz zwischen Relativpronomen und Bezugswort

8 Passiv

Arbeitsaufgaben „Testen Sie sich selbst!“

Was wissen Sie schon?

1. Stehen die nachfolgenden Sätze im Aktiv oder Passiv? Kreuzen Sie an!

	A	P
a) Martha wurde von ihrem Freund abgeholt.		
b) Das Paket ist vor die Tür gelegt worden.		
c) Er ist heute das erste Mal zu spät gekommen.		
d) Sie wird mich sicher nie besuchen.		
e) Die Katze wird von meiner Nachbarin gefüttert.		

2. Setzen Sie die folgenden Sätze ins Passiv!

a) Am Sonntag überwältigte der Unbekannte den Portier.

b) Der kleine Strolch öffnet mit den Pfoten das Paket.

c) Er hatte das Problem auch um Mitternacht noch nicht gelöst.

d) Die Staffel wird den ersten Platz belegen.

e) Die Mannschaft wird den Pokal spätestens in einer Woche nach Hause geholt haben.

f) Der Dieb hat in der Nacht auf Samstag den Schlüsselbund gestohlen.

3. Beantworten Sie die folgenden Fragen!

a) Wer oder was ist inhaltlich in einem Passivsatz unwichtig?

b) Wie wird das Passiv gebildet? Gehen Sie vom Aktivsatz aus und überlegen Sie, was Sie verändern müssen, um einen Passivsatz zu erhalten!

c) Was ist der grammatikalische Unterschied zwischen dem Präsens/Passiv und dem Futur I/Aktiv, wenn Sie nur an das Verb denken?

Die **Lösungen** zu dieser Selbstüberprüfung finden Sie im **Anhang: Passiv/ LÖSUNGEN.**

Passiv

BEISPIELE

Aktiv	**Präsens**	Der Mechaniker wechselt den Reifen.
	Präteritum	Der Mechaniker wechselte den Reifen.
	Perfekt	Der Mechaniker hat den Reifen gewechselt.
	Plusquamperfekt	Der Mechaniker hatte den Reifen gewechselt.
	Futur I	Der Mechaniker wird den Reifen wechseln.
	Futur II	Der Mechaniker wird den Reifen gewechselt haben.
Vorgangspassiv	**Präsens**	Der Reifen wird (vom Mechaniker) gewechselt.
	Präteritum	Der Reifen wurde gewechselt.
	Perfekt	Der Reifen ist gewechselt worden.
	Plusquamperfekt	Der Reifen war gewechselt worden.
	Futur I	Der Reifen wird gewechselt werden.
	Futur II	Der Reifen wird gewechselt worden sein.
Zustandspassiv	**Präsens**	Der Reifen ist gewechselt
	Präteritum	Der Reifen war gewechselt.
	Perfekt	Der Reifen ist gewechselt gewesen.
	Plusquamperfekt	Der Reifen war gewechselt gewesen.
	Futur I	Der Reifen wird gewechselt sein.
	Futur II	Der Reifen wird gewechselt gewesen sein.

Im Zustandspassiv sind die Perfekt-, Plusquamperfekt- und Futur-II-Formen ungebräuchlich.

Zu diesem Kapitel finden Sie **interaktive Übungen** inkl. Lösungen und Feedback in der TRAUNER-DigiBox (Kategorie: TrainingsBox).

- Passiv 01

Arbeitsaufgabe „Vorgangs- und Zustandspassiv“

1. **Unterstreichen Sie** im folgenden Text **alle Passivformen** und **markieren Sie unterschiedliche Zeitformen** mit unterschiedlichen Farben!

KALTBLÜTIG

Das CSI-Team wird zum luxuriösen Haus des wohlhabenden Ehepaares Trent gerufen, das ermordet aufgefunden worden ist. Alles sieht nach einer regelrechten Exekution aus, denn den Opfern ist von hinten in den Kopf geschossen worden. Merkwürdig ist allerdings, dass Laurel Trent dort aufgefunden worden ist, wo man sie auch erschossen hatte, während man ihren Mann Mike, der zunächst mit einem Elektroschocker außer Gefecht gesetzt worden war, noch ein Stück vor das Haus geschleppt hat. Im Haus der Trents findet Greg eine Kiste voller Pornofilme mit Laurel Trent als Hauptdarstellerin, die von Mike Trent und einem gewissen Kyle Goode produziert worden sind. Goode hat für die fragliche Nacht jedoch ein hieb- und stichfestes Alibi: Er ist mit seinem Sohn auf dem Weg zu dessen Großmutter gewesen, was durch die Überwachungsbänder einer Raststätte bestätigt werden kann.

WWW.SERIENJUNKIES.DE – LEICHT VERÄNDERT

Diskutieren Sie den zeitlichen Aufbau dieser werbenden Inhaltsangabe!

Passiv

WERKZEUG

Vorgangspassiv

Das Passiv hat auch den Namen „Leideform“. Man versteht darunter den täterabgewandten Modus. Denkt man an Zeitungsberichte oder andere Medien, so ist der Täter, über den berichtet wird, oft nicht bekannt. Daher ist es naheliegend, eine Form zu verwenden, die den Täter nicht ins Spiel bringt. Wichtig ist dabei nicht, wer etwas macht, sondern was gemacht wird.

Beispiele
- Das Bild wird gekauft.
- Die Wand wurde verputzt.
- Die Windel ist gewechselt worden.

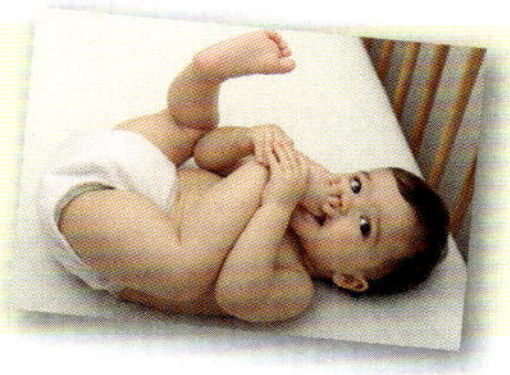

Bildung

- Das O_4 des Aktivsatzes wird zum Subjekt des Passivsatzes, wodurch das Subjekt des Aktivsatzes im Passiv wegfällt oder mit „von + Dativ“ angeschlossen wird.
- Das Passiv wird in allen Zeiten mit dem Partizip II gebildet.
- Das Passiv wird mit den konjugierten Formen des Hilfsverbs „werden“ in der jeweils erforderlichen Zeit gebildet.

Beachten Sie, dass aus der Partizip-II-Form „geworden“ im Passiv „worden“ wird.

Zustandspassiv

Dieses stellt nicht – so wie das Vorgangspassiv – ein Geschehen oder eine Handlung dar, sondern zeigt einen erreichten Zustand bzw. ein erreichtes Ergebnis an. Der Täter ist wiederum unwichtig und kommt nicht vor.

Beispiele
- Das Bild ist gekauft.
- Die Wand war verputzt.
- Die Windel ist gewechselt gewesen.

Bildung

Hilfsverb „sein“ + Partizip II
(Ausgangspunkt für die Bildung ist immer das Vorgangspassiv.)

„Es“ als Ersatzsubjekt

Wenn ein Verb passivfähig ist, aber kein Akkusativobjekt existiert, so kann „es“ als Ersatzsubjekt verwendet werden.

Beispiel
Die Zeugen gaben an, ... – Es wurde angegeben, ...

Die Umschreibung des Passivs mit „man“

Will man einen Satz im Aktiv ausdrücken, den Täter aber nicht nennen, so können die Wörter „man“ oder „jemand“ anstelle des Subjekts verwendet werden. Nicht immer ist es inhaltlich jedoch passend, diese Umschreibung zu verwenden.

Beispiel
Der Mechaniker wechselt den Reifen. – Man wechselt den Reifen.

Arbeitsaufgaben „Vorgangs- und Zustandspassiv“

2. Die beiden Sätze in der Tabelle stehen im **Vorgangspassiv.** Wie müssen sie in den **restlichen Zeiten** lauten? Vervollständigen Sie die Übersicht!

Zeit	Satz 1	Satz 2
Präsens		
Präteritum		*Das Fleisch wurde serviert.*
Perfekt	*Der Freund ist eingeladen worden.*	
Plusquam-perfekt		
Futur I		
Futur II		

3. **Vom Vorgangspassiv zum Aktiv:** Setzen Sie die oben angeführten Sätze ins Aktiv!

Zeit	Satz 1	Satz 2
Präsens		
Präteritum		
Perfekt		
Plusquam-perfekt		
Futur I		
Futur II		

4. Handelt es sich bei den nachfolgenden Sätzen um **Formulierungen im Futur/Aktiv oder im Präsens/Passiv?** Unterstreichen Sie die **Prädikate** und kreuzen Sie an, ob die Sätze im **Aktiv (A) oder Passiv (P)** stehen!

	A	P
a) Susi wird von ihrem Freund abgeholt.		
b) Der Direktor wird das Zeugnis unterschreiben.		
c) Ich werde dich oft besuchen.		
d) Die Blumen werden gegossen.		
e) Wir werden von unseren Eltern zum Flughafen gebracht.		
f) Sarah wird das schwarze Kleid anziehen.		
g) Das Essen wird in diesem Lokal nicht serviert.		

TrainingsBox:
- Passiv 02
- Passiv 03

Formulierungen mit „Werden“

- „werden“ + Infinitiv → Futur/Aktiv
- „werden“ + Partizip II → Präsens/Passiv

	A	P
h) Du wirst mich doch nicht betrügen!		
i) Er wird in dieser Angelegenheit betrogen.		
j) Die Ärztin wird Hans helfen.		
k) Die Milch wird wie immer überlaufen.		
l) Der Verletzte wird in die Notaufnahme gebracht.		
m) Du wirst morgen nicht schon wieder weggehen.		
n) Übermorgen wirst du von Marion abgeholt.		
o) Über deine Unzuverlässigkeit werden wir noch sprechen.		
p) Die Blumen werden morgen Nachmittag geliefert.		

5. Bestimmen Sie die **Zeitform** der folgenden Sätze und bilden Sie jeweils die **zwei fehlenden Passivformen!**

Aktiv	Wir bilden die Passivformen.
Zeit	
VP	
ZP	

Aktiv	Der Kellner nahm die Bestellung auf.
Zeit	
VP	
ZP	

Aktiv	Der Sachbearbeiter wird die Reparatur in die Wege leiter.
Zeit	
VP	
ZP	

Aktiv	Sie hatte die Tür Stunden zuvor abgesperrt.
Zeit	
VP	
ZP	

Aktiv	Nächste Woche werden wir das Portfolio termingerecht abgeben.
Zeit	
VP	
ZP	

Aktiv	Ich lese das Buch noch heute Nacht aus.
Zeit	
VP	
ZP	

TrainingsBox:
- Passiv 04
- Passiv 05

Abkürzungen
VP = Vorgangspassiv
ZP = Zustandspassiv

Aktiv	In zehn Jahren wird sie ihre Karriere beenden.
Zeit	
VP	
ZP	

Aktiv	Karl wird sein Zimmer sicher noch aufräumen.
Zeit	
VP	
ZP	

Aktiv	Er hat das Saxofon schnellstens wieder verkauft.
Zeit	
VP	
ZP	

Aktiv	Die Visagistin schminkte die Schauspielerin.
Zeit	
VP	
ZP	

6. Unterstreichen Sie in den Sätzen jeweils das **Objekt im 4. Fall (O_4)!** Bilden Sie im Anschluss daran den Satz im **Vorgangspassiv!**

a) Ein Unbekannter überfällt heute Vormittag im Süden von Wien eine Bank.

b) Mehrmals schon überfielen Bankräuber diese Filiale.

c) Mit einer Pistole hat der Täter den Bankangestellten bedroht.

d) Der Kassiererin hatte er mit einem Strick Hände und Füße gefesselt.

e) Der Räuber erbeutete circa 300 000 Euro.

f) Die Polizei wird überall Straßensperren errichten.

g) Zwei Kilometer entfernt fanden die Ermittler das Tatfahrzeug.

h) Auf der Flucht wird der Täter den gestohlenen Wagen getauscht haben.

7. Verfassen Sie aufgrund der Informationen in **Aufgabe 6** einen **Sensationsbericht für eine Tageszeitung!** Verwenden Sie so viele **Passivsätze** wie möglich! Achten Sie aber auch auf die **Zeitstruktur** Ihrer Sätze im Bericht! Nicht alle Zeitformen der oben zu bildenden Sätze werden für Ihren Bericht passend sein.

8. Vom Aktiv zum Vorgangspassiv: Setzen Sie folgende Aktivsätze in allen Zeiten ins **Vorgangspassiv!** Nicht immer darf das Subjekt des Aktivsatzes weggelassen werden. Achten Sie auf den Sinn des Passivsatzes!

a) Die Souschefin kauft auf dem Markt frisches Gemüse und frische Kräuter.
b) Der Küchengehilfe schält die Kartoffeln und blanchiert das Gemüse.
c) Die Küchenmaschine knetet den Teig.
d) Der Restaurantfachmann faltet die Servietten.
e) Die eingehenden Reservierungen notiert der Chef de Rang.
f) Den Fisch filetiert der neue Koch mit einem Spezialmesser.
g) Der Commis de Cuisine brät das Fleisch kurz an.
h) Der Tellerwäscher macht Ordnung in der Küche.
i) Das Restaurant verkürzt mit dem Amuse-Bouche die Wartezeit auf das Essen.
j) Den Hauptgang trägt die Kellnerin erst nach einer kurzen Wartezeit auf.
k) Den letzten Gang serviert der Chef de Cuisine selbst.

die Souschefin/der Souchef = die Stellvertretung der Chefköchin/des Chefkochs

der Chef de Rang = der/die Kellner/in, der/die für einen bestimmten Bereich im Restaurant zuständig ist

der Commis de Cuisine = der/die Facharbeiter/in in der Küche

der Amuse-Bouche = „der Gaumenkitzler“; damit ist eine kleine Aufmerksamkeit aus der Küche (vor der Vorspeise) gemeint

der Chef de Cuisine = der Chefkoch/die Chefköchin

9. Übertragen Sie den folgenden Text immer dann ins **Vorgangspassiv, wenn dies möglich und sinnvoll ist!** Achten Sie darauf, ob Sie das Subjekt des Aktivsatzes weglassen können, ohne dass Sie wichtige Informationen verlieren! Kann das Subjekt nicht weggelassen werden, muss es mit „von + Dativ“ im Passivsatz angeführt werden.

FEUERSBRUNST IM SCHULZENTRUM – DREI VERLETZTE

Gestern meldete ein besorgter Bürger einen leichten Brandgeruch in der Nähe des Schulzentrums Musterau. Die Feuerwache schickte sofort einen Feuerwehrwagen. Bereits auf der Hinfahrt war eine große Rauchwolke zu sehen. Die Feuerwehrmänner begannen sofort damit, den Einsatz vorzubereiten. Während sie die Schläuche zusammensteckten, sprengte eine Explosion das Dach des Werkstättengebäudes von den Mauern. Einige Dachziegel trafen drei Feuerwehrmänner, die der bereits eingetroffene Arzt sofort versorgte.

Die Feuerwehrmänner mussten, bevor sie mit dem Löschen des Brandes beginnen konnten, die Eingangstüren aufbrechen, um in den Hof des Schulzentrums zu gelangen. Die Flammen hatten bereits die Turnhalle zerstört und die Feuerwehrmänner befürchteten, dass das Feuer andere Gebäude erfassen könnte.
Nach drei Stunden hatten die Löschkräfte den Brand unter Kontrolle. Die Feuerwehrmänner konnten ein Übergreifen der Flammen auf andere Gebäude verhindern. Die Rettung hatte die verletzten Feuerwehrmänner umgehend ins Krankenhaus gebracht. Die Ärzte gaben an, dass das Feuer niemanden lebensgefährlich verletzt habe.

10. Übertragen Sie die Passivsätze des folgenden Textes ins **Aktiv! Aber Vorsicht:** Nicht alle Sätze sind im Passiv formuliert! Achten Sie darauf, dass das Subjekt des Passivsatzes zum Objekt des Aktivsatzes wird! Gibt es keine „von + Dativ"-Angabe, so müssen Sie ein passendes Subjekt hinzufügen.

TANKER KOLLIDIERT MIT KREUZFAHRTSCHIFF

Vorgestern Nacht ist die Hamburger Hafenpolizei von der Küstenwache alarmiert worden. Ein Kreuzfahrtschiff war bei der Ausfahrt aus dem Hafen von einem Tankschiff schwer beschädigt worden. Eine Vorfahrtsregel wurde vom Kapitän der „MS Febo" nicht beachtet, wodurch dieser Zusammenstoß provoziert wurde. Der Öltanker wurde schwer beschädigt, weshalb große Mengen an Rohöl verloren wurden. Noch in der Nacht mussten Ölsperren errichtet werden.
Der Redaktion wurde von der Küstenwache mitgeteilt, dass das Leck am frühen Morgen geschlossen worden war und dadurch eine größere Umweltkatastrophe verhindert werden konnte. Das ausgetretene Öl wird nun von Umweltexperten mit chemischen Mitteln gebunden, wodurch für die Fischerei kein erheblicher Schaden entstehen dürfte. Mehrere Passagiere der „MS Febo" wurden mit leichten Verletzungen ins Krankenhaus eingeliefert. Ein Besatzungsmitglied war durch den Zusammenprall über die Reling katapultiert worden. Es wurde mit einem Rettungsboot geborgen und mit einer schweren Unterkühlung ebenso ins nahe gelegene Hafenspital eingeliefert.
Gegen den Kapitän der „MS Febo" wird von der Staatsanwaltschaft ein Ermittlungsverfahren eingeleitet.

Beispiel
Vorgestern Nacht **hat** die **Küstenwache** die **Hamburger Hafenpolizei** alarmiert. Ein Kreuzfahrtschiff **hatte** ein Tankschiff bei der Ausfahrt aus dem Hafen schwer beschädigt.

11. Wählen Sie **eines der folgenden Themen** und erzählen Sie **Ihrer Sitznachbarin/Ihrem Sitznachbarn im Passiv,** was sich zugetragen hat! Präsentieren Sie im Anschluss daran Ihre Erlebnisse oder Veränderungsvorschläge vor der Klasse! Schreiben Sie zum Abschluss Ihren vorerst mündlich erarbeiteten Text nieder!

a) **Neue Wohnung**
Ihre Eltern ziehen aus und überlassen Ihnen die Wohnung. Eine Freundin kommt zu Besuch und Sie erklären ihr, was Sie alles verändern werden! (Verwenden Sie zum Erzählen ausschließlich das Passiv und die Zeitform des Präsens!)

Beispiel
Hier im Vorraum wird als Erstes eine neue Lampe montiert. Der kleine Spiegel wird ...

b) **Einbruch im Jugendzimmer**
In Ihrem Jugendzimmer wurde eingebrochen und Sie geben Ihrem Versicherungsvertreter, der mit Ihnen das Zimmer inspiziert, an, welche Dinge gestohlen wurden. (Verwenden Sie zum Erzählen ausschließlich das Passiv und die Zeitform des Präteritums.)

Beispiel
Mein altes Handy wurde gestohlen und aus der Schreibtischlade wurden ...

c) **Hochwasser im Keller**
Es gab ein verheerendes Hochwasser im Keller Ihres Hauses – alles stand unter Wasser. Erzählen Sie einem Bekannten, welche Dinge zerstört worden sind! (Verwenden Sie ausschließlich die Zeitform des Perfekts!)

Beispiel
Stell dir vor, der ganze Keller ist überschwemmt worden. Mein Hobbyschrank ist von der Wand in den Gang gespült worden, ...

Notizen

Ziele erreicht? – „Passiv“

Lösung im Anhang

Überprüfen Sie Ihr Wissen! Beantworten Sie die Fragen mit den nachfolgenden Wörtern! Bilden Sie am Ende die Summe Ihrer erreichten Punkte und benoten Sie sich selbst! **Antwortmöglichkeiten** (können mehrmals oder auch nie vorkommen):

richtig ■ falsch ■ a) ■ b) ■ c) ■ Vorgangspassiv ■ Zustandspassiv ■ Präsens ■ Präteritum ■ Perfekt ■ Plusquamperfekt ■ Futur I ■ Futur II

Frage/Aussage	**Antwort**	**Punkte**
1. Alle Sätze, in denen ein „worden“ vorkommt, sind Passivsätze.		___/1
2. Welche Passivversionen des folgenden Satzes stehen in der falschen Zeit? *Der Soldat stahl zwei Handgranaten.* *a) Zwei Handgranaten waren gestohlen worden.* *b) Zwei Handgranaten wurden gestohlen.* *c) Zwei Handgranaten sind gestohlen worden.*		___/2
3. „wird gefunden werden“ = Passiv Futur I		___/1
4. Das Passiv wird auch „Leideform“ genannt.		___/1
5. „wird finden“ = Passiv Futur I		___/1
6. Der Täter ist in einer Passivformulierung unwichtig, kann aber genannt werden.		___/1
7. Der Täter ist in einer Passivformulierung unwichtig und darf nicht genannt werden.		___/1
8. Geben Sie die jeweilige Zeitform an! *a) Das Buch wird gefunden worden sein.* *b) Die Weste ist in den Fluss geworfen worden.* *c) Martin wurde das Handy gestohlen.* *d) Das meiste wird von anderen erledigt werden.* *e) Der Kalender wird an die Toilettentür gehängt!* *f) Das Gestohlene war sichergestellt worden.*		___/6
9. Das Zustandspassiv zeigt ein erreichtes Geschehen an.		___/1
10. Das Zustandspassiv zeigt einen Vorgang an.		___/1
11. Vorgangspassiv oder Zustandspassiv? *a) Der Strand ist vom Öl befreit worden.* *b) Die Schlacht ist geschlagen.* *c) Das Kind wurde gerettet.* *d) Am Montag war das Ziel erreicht.*		___/4
12. Das Subjekt des Aktivsatzes kann zu einem Objekt des Passivsatzes werden.		___/1
13. Das Akkusativobjekt des Aktivsatzes wird zum Subjekt des Passivsatzes.		___/1
Punkte gesamt (22)		

22–20	19–17	16–14	13–11	10 …

Einen interaktiven **Safety-Check** finden Sie in der TRAUNER-DigiBox.

■ Passiv

9 Konjunktiv (Möglichkeitsform)

Konjunktiv (Möglichkeitsform)

Da sich nicht immer sagen lässt, ob etwas der Wirklichkeit entspricht – ob es sich wirklich so verhält, wie es den Anschein hat –, existiert in der Sprache eine grammatikalische Form, diese Unsicherheit auszudrücken.
Den **Konjunktiv I** verwenden wir, um Aussagen (nicht wortwörtlich, sondern sinngemäß) wiederzugeben, die von anderen Personen gemacht wurden. Den **Konjunktiv II** verwenden wir, um irreale Wünsche, Vergleiche und Bedingungen, höfliche Bitten und vorsichtige Aussagen auszudrücken.

Indikativ (Wirklichkeitsform)

Um im Deutschen die Wirklichkeit auszudrücken, verwendet man die Wirklichkeitsform, den sogenannten Indikativ. Mit dem Indikativ geben wir an, dass ein **Sachverhalt,** der mithilfe unserer Sprache dargestellt wird, wirklich existiert, sich ereignet hat oder mit hoher Wahrscheinlichkeit Wirklichkeit werden wird.

Imperativ (Befehlsform)

Dieser wird verwendet, um **Aufträge und Befehle** direkt an andere weiterzugeben oder zu erteilen.

Arbeitsaufgaben „Testen Sie sich selbst!"

Was wissen Sie schon?

1. Unterstreichen Sie im nachfolgenden Text alle Konjunktivformen!

> *Er meinte, man müsse mit Social-Network-Seiten besonders sensibel umgehen, da man nicht wisse, wer sich über einen zu welchem Zweck informiere. Manche Menschen hätten das Gefühl dafür verloren, was Privatsache sei und was der Öffentlichkeit bekannt sein solle.*

2. Bilden Sie die Konjunktivformen (Konjunktiv I und II) der folgenden Wörter! Schreiben Sie sie auf ein Blatt in Ihrer Mappe!

   a) sie weiß es b) ich kann c) du bleibst

3. Setzen Sie die folgenden Sätze in die indirekte Rede und notieren Sie diese auf einem Blatt in Ihrer Mappe!

   a) Er sagte: „Gestern Nachmittag bin ich in die neue Kantine gegangen."
   b) Sie sagte: „Ich kann das Essen dort nicht ausstehen."
   c) Er bemerkte: „Dort kochen sie alles frisch und es schmeckt nicht schlecht."
   d) Sie entgegnete: „Das ist typisch für dich. Du hast einfach keinen guten Geschmack."

4. Beantworten Sie folgende Fragen:

   a) Wofür werden der Konjunktiv I und der Konjunktiv II verwendet?
   b) Wie viele Zeiten/Zeitstufen gibt es im Konjunktiv?
   c) Wofür wird die indirekte Rede verwendet?

Der Modus

(Die Aussageweise: Wie meint man das Gesagte?)

Es gibt im Deutschen drei Modi:

- **Indikativ** (Wirklichkeitsform)
- **Imperativ** (Befehlsform)
- **Konjunktiv** (Möglichkeitsform)

Die Formen des **Indikativs** finden Sie im **Anhang unter „Zeitformen".**

Näheres zum **Imperativ** finden Sie im Abschnitt **3 Zeiten: Verb/VERTIEFENDES WISSEN – Imperativ (Befehlsform)/WERKZEUG.**

Die **Lösungen** zu dieser Selbstüberprüfung finden Sie im **Anhang: Konjunktiv/ LÖSUNGEN.**

9.1 Konjunktivformen

Die Konjunktiv-I-Formen

	seh(en)	lach(en)	komm(en)	hab(en)	sei(n)	könn(en)	dürf(en)
ich	sehe	lache	komme	habe	sei	könne	dürfe
du	sehest	lachest	kommest	habest	sei(e)st	könnest	dürfest
er/sie/es	sehe	lache	komme	habe	sei	könne	dürfe
wir	sehen	lachen	kommen	haben	seien	können	dürfen
ihr	sehet	lachet	kommet	habet	seiet	könnet	dürfet
sie/Sie	sehen	lachen	kommen	haben	seien	können	dürfen

Die Konjunktiv-II-Formen

	sah	lachte	kam	hatte	war	konnte	durfte
ich	sähe	lachte	käme	hätte	wäre	könnte	dürfte
du	sähest	lachtest	kämest	hättest	wär(e)st	könntest	dürftest
er/sie/es	sähe	lachte	käme	hätte	wäre	könnte	dürfte
wir	sähen	lachten	kämen	hätten	wären	könnten	dürften
ihr	sähet	lachtet	kämet	hättet	wäret	könntet	dürftet
sie/Sie	sähen	lachten	kämen	hätten	wären	könnten	dürften

Arbeitsaufgabe „Konjunktiv-I- und Konjunktiv-II-Formen“

- Bilden Sie mit folgenden Verben sämtliche Formen des Konjunktivs I und II wie in den Tabellen oben!

finden ■ fressen ■ fragen ■ stehen ■ zahlen ■ fliegen ■ suchen ■ bringen ■ hören ■ fließen

Die Formen der indirekten Rede (Konjunktiv I inklusive Ersatzformen)

	seh(en)	lach(en)	komm(en)	hab(en)	sei(n)	könn(en)	dürf(en)
ich	sähe	lachte	käme	hätte	sei	könne	dürfe
du	sehest	lachest	kommest	habest	sei(e)st	könnest	dürfest
er/sie/es	sehe	lache	komme	habe	sei	könne	dürfe
wir	sähen	lachten	kämen	hätten	seien	könnten	dürften
ihr	sehet	lachet	kommet	habet	seiet	könnet	dürfet
sie/Sie	sähen	lachten	kämen	hätten	seien	könnten	dürften

Der Konjunktiv II und der Umlaut

Alle starken Verben, die in ihrem Präteritumstamm einen a-, o- oder u-Laut aufweisen, erhalten im Konjunktiv II einen Umlaut. Viele Konjunktiv-II-Formen der starken Verben werden im alltagssprachlichen Gebrauch nicht mehr verwendet und mit „würde“ umschrieben. Die/Der kompetente Sprecher/in bzw. Schreiber/in zeichnet sich jedoch durch eine Verwendung des Konjunktivs ohne „würde“-Umschreibung aus.

Beispiele			
Infinitiv	bieten	liegen	wachsen
Präteritumstamm	bot	lag	wuchs
Konjunktiv II	böte	läge	wüchse

Konjunktivformen

WERKZEUG

Konjunktivendungen für den Konjunktiv I und II

Person	Singular		Plural	
1. Person	ich	-e	wir	-en
2. Person	du	-est	ihr	-et
3. Person	er/sie/es	-e	sie/Sie	-en

Bildung des Konjunktivs I und II

	Konjunktiv I (K-I)		Konjunktiv II (K-II)	
	Wortstamm + Konjunktivendung		Stamm des Präteritums + Konjunktivendung (+ Umlaut)	
	K-I (treff-)	Indikativ (treff-)	K-II (traf-)	Indikativ (traf-)
ich	treffe	treffe	träfe	traf
du	treffest	triffst	träfest	trafst
er/sie/es	treffe	trifft	träfe	traf
wir	treffen	treffen	träfen	trafen
ihr	treffet	trefft	träfet	traft
sie/Sie	treffen	treffen	träfen	trafen

Formengleichheit

Besteht zwischen Konjunktiv I und Indikativ Formengleichheit, so wird für den Konjunktiv I der Konjunktiv II (Ersatzform) verwendet.

Formen der indirekten Rede für „treffen"

Singular		Plural	
ich	träfe	wir	träfen
du	treffest	ihr	treffet
er/sie/es	treffe	sie/Sie	träfen

Besteht immer noch Formengleichheit, so kann die Umschreibung mit „würde" verwendet werden. Dies ist vor allem bei den schwachen Verben der Fall, da sich der Konjunktiv II hier vollständig mit dem Indikativ deckt.

Vermeiden Sie eine Häufung von Umschreibungen mit „würde".

Formengleichheit im K-II bei schwachen Verben

	K-I (lach-)	Indikativ (lach-)		K-II (lacht-)	Indikativ (lacht-)
ich	lache	lache	ich	lachte	lachte
du	lachest	lachst	du	lachtest	lachtest
er/sie/es	lache	lacht	er/sie/es	lachte	lachte
wir	lachen	lachen	wir	lachten	lachten
ihr	lachet	lacht	ihr	lachtet	lachtet
sie/Sie	lachen	lachen	sie/Sie	lachten	lachten

9.2 Zeiten und Gebrauch des Konjunktivs

BEISPIELE

	Direkte Rede	Indirekte Rede
Gegenwartsstufe	Ich sagte: „Ich sehe das nicht ein!“	Ich sagte, ich sähe das nicht ein.
	Er meinte feierlich: „Du bleibst immer an meiner Seite.“	Er meinte feierlich, du bleibest immer an seiner Seite.
	Sie sagte: „Ich habe morgen eine Prüfung.“	Sie sagte, sie habe morgen eine Prüfung.
	Sie sprach zu sich selbst: „Morgen beginne ich ein neues Leben.“	Sie sprach zu sich selbst, dass sie morgen ein neues Leben beginne.
	Sie meinte: „Alle anderen sind nett.“	Sie meinte, dass alle anderen nett seien.
Vergangenheitsstufe	Ich sagte: „Ich habe das nicht eingesehen!“	Ich sagte, ich hätte das nicht eingesehen.
	Er meinte feierlich: „Du bliebst immer an meiner Seite.“	Er meinte feierlich, du seiest immer an seiner Seite geblieben.
	Sie sagte: „Ich hatte gestern eine Prüfung.“	Sie sagte, sie habe gestern eine Prüfung gehabt.
	Sie sprach zu sich selbst: „Endlich habe ich ein neues Leben begonnen.“	Sie sprach zu sich selbst, dass sie endlich ein neues Leben begonnen habe.
	Sie meinte: „Alle anderen waren nett gewesen.“	Sie meinte, dass alle anderen nett gewesen seien.
Zukunftsstufe	Ich sagte: „Ich werde das nicht akzeptieren.“	Ich sagte, ich würde das nicht akzeptieren.
	Er meinte feierlich: „Du wirst immer an meiner Seite bleiben.“	Er meinte feierlich, du werdest immer an seiner Seite bleiben.
	Sie sagte: „Ich werde bald eine Prüfung haben.“	Sie sagte, sie werde bald eine Prüfung haben.
	Sie sprach zu sich selbst: „Morgen werde ich ein neues Leben beginnen.“	Sie sprach zu sich selbst, dass sie morgen ein neues Leben beginnen werde.
	Sie meinte: „Alle anderen werden nett sein.“	Sie meinte, dass alle anderen nett sein würden.

Der Gebrauch des Konjunktivs II	
Irreale Wünsche	■ Ich hätte auch gerne ein Smartphone. ■ Wüsste ich nur ihre E-Mail-Adresse!
Irreale Bedingungen	■ Wenn ich keine Zahnschmerzen hätte, dann ginge ich ebenso auf die Party. ■ Brächte mir das Christkind Flügelschuhe, besuchte ich die Götter auf dem Olymp.
Irreale Vergleiche	■ Sie tritt auf, als wäre sie ein bekanntes Model. ■ Ich habe solchen Durst, als hätte ich seit Tagen nichts getrunken.
Höfliche Bitten und Fragen, vorsichtige Vermutungen und Aussagen	■ Würden Sie mir bitte die Dessertkarte bringen? ■ Würden Sie mir bitte die Dessertkarte bringen! ■ Dürfte ich Sie darauf aufmerksam machen, dass …

Zeiten und Gebrauch des Konjunktivs

WERKZEUG

Im Konjunktiv gibt es nur drei Zeitstufen:	
Gegenwartsstufe	Hier werden beide Konjunktive in der schon beschriebenen Art und Weise gebildet und verwendet.
Vergangenheitsstufe	Diese wird mit den Konjunktivformen der Hilfsverben „haben" und „sein" und dem Partizip II des Vollverbs gebildet.
Zukunftsstufe	Diese wird mit den Konjunktivformen des Hilfsverbs „werden" und Infinitiv des Vollverbs gebildet.

Wichtige Formen zur Bildung der Zeiten

	sein		haben		werden	
	K-I	K-II	K-I	K-II	K-I	K-II
ich	sei	wäre	habe	hätte	werde	würde
du	sei(e)st	wärest	habest	hättest	werdest	würdest
er/sie/es	sei	wäre	habe	hätte	werde	würde
wir	seien	wären	haben	hätten	werden	würden
ihr	seiet	wäret	habet	hättet	werdet	würdet
sie/Sie	seien	wären	haben	hätten	werden	würden

Die indirekte Rede

Sie wird vor allem in der Mediensprache verwendet, wenn Aussagen von Personen nicht wortwörtlich – also in der direkten Rede – wiedergegeben werden, sondern wenn angegeben wird, was jemand gesagt „habe".

Oft sagen Personen (vor allem Menschen öffentlichen Interesses) etwas und behaupten hinterher, sie hätten das so nicht gesagt. Behauptet nun jemand das Gegenteil, so läuft er Gefahr, von der betroffenen Person verklagt zu werden – und das will keiner!

Die Bildung der indirekten Rede

- Die indirekte Rede wird mit den Formen des Konjunktivs I (und seinen Ersatzformen) gebildet.
- Die indirekte Rede kann mit einem „dass"-Satz eingeleitet werden.
- In der indirekten Rede ändern sich die Pronomen sinngemäß. Man muss darauf achten, wer spricht und von wem gesprochen wird.
- Der Konjunktiv II bleibt in der indirekten Rede erhalten.
- Eine indirekte Frage ohne Fragewort wird mit „ob" eingeleitet. Bei einer Frage mit Fragewort wird dasselbe Fragewort verwendet.
- Wird ein Imperativ in eine indirekte Rede verwandelt, so verwendet man „mögen", wenn man höflich sein will, und „sollen" oder „müssen", wenn ein Befehl ausgedrückt werden soll.

Der Gebrauch des Konjunktivs II

Der Konjunktiv II wird verwendet, um irreale Wünsche, irreale Bedingungen (wenn – dann), irreale Vergleiche, vorsichtige Aussagen, höfliche Bitten und ebensolche Fragen auszudrücken.

Die **Bildung des Konjunktivs in der Gegenwartsstufe** finden Sie in diesem Abschnitt unter **„Konjunktiv (Möglichkeitsform)/BEISPIELE"** und **„WERKZEUG"**.

Formengleichheit
Die Formen der grün markierten Felder sind wiederum **deckungsgleich** mit dem Indikativ. – Es muss der Konjunktiv II verwendet werden (Ersatzformen).

Zu **Menschen des öffentlichen Interesses** zählen z. B. Politiker/innen, Schauspieler/innen oder Nachrichtensprecher/innen. Sie stehen im Mittelpunkt der Öffentlichkeit und begegnen uns im Fernsehen, im Radio oder in der Zeitung.

Zu diesem Kapitel finden Sie **interaktive Übungen** inkl. Lösungen und Feedback in der TRAUNER-DigiBox (Kategorie: TrainingsBox).

- Konjunktiv 01
- Konjunktiv 02

Arbeitsaufgaben „Konjunktiv"

Indirekte Rede

1. Ergänzen Sie in der folgenden Tabelle die **fehlenden Formen!**

Indikativ Präsens	Infinitiv	Konjunktiv I
ich bin		
er lädt ein		
du hilfst		
er lässt		
ihr bleibt		
sie wirft		
ihr geht		
es regnet		
er trifft		
du wirst		
er liest		
du darfst		
ihr trefft		
sie will		
ihr gebt		
ich kann		
er bezahlt		
sie bringt		

2. Setzen Sie das angegebene **Verb in Klammern** in korrekter Form in die **indirekte Rede!**

Ivan beschwert sich, dass er mit dem Vorschlag der Mitschüler nicht einverstanden ____________ (sein). Er meint, er ____________ (wollen) lieber nach Italien fahren. Er argumentiert, alle ____________ (haben) doch gute Noten in Englisch. Er beteuert, es ____________ (geben) gar keinen Anlass für eine Sprachwoche in London. Er merkt an, nach London ____________ (fliegen) er auf gar keinen Fall mit. Maja beschwert sich, dass Ivan sich immer gegen Klassenbeschlüsse ____________ (stellen). Sie betont, im Übrigen ____________ (können) man in London sehr gut shoppen. Sie ergänzt, sie selbst ____________ (sein) schon einmal dort gewesen. Der Klassenvorstand beschwert sich, dass Ivan undankbar __________ (sein). Er erklärt, er __________ (haben) bereits ein Quartier gebucht. Er befürchtet, er __________ (können) die schon erfolgte Buchung nicht mehr stornieren.

3. Setzen Sie nun die Sätze aus Aufgabe 2 in die **direkte Rede!**

4. Geben Sie in der Randspalte an, in **welcher Zeit** die folgenden Sätze stehen! Formulieren Sie anschließend die Aussagen im **jeweils anderen Modus!** Achten Sie dabei besonders auf die **Verwendung der Zeit!**

a) Sie erzählte mir, sie habe ihr Facebookprofil jetzt gelöscht, da sie gestern ihren Job verloren habe.

b) Da sie noch in der Probezeit gewesen sei, sei es ein Leichtes für die Firma, sich von ihr zu trennen.

c) Man werde ihren Vertrag einfach nicht verlängern.

d) Vor einer Woche, erzählte sie, habe sie den Chef der Firma zu ihren Freunden hinzugefügt und der habe sich auf ihrem Profil genauestens informiert.

e) Dieser habe sich ihr Profil durchgelesen und bemerkt, dass sie ihren Lebenslauf ein wenig „auffrisiert" habe.

f) Sie sagte: „Ja sicher, ich habe zwei Praktika erfunden und den zusätzlichen Rechtschreibkurs konnte ich ja nicht besuchen, weil ich damals im Spital lag."

g) Kampfeslustig meinte sie: „Dennoch informiere ich mich gleich morgen über die rechtlichen Möglichkeiten, die ich ergreifen kann."

Zeit/Zeitstufe

a) __________

b) __________

c) __________

d) __________

e) __________

f) __________

g) __________

Zeit/Zeitstufe

h) ______________________

i) ______________________

j) ______________________

h) Dann fügte sie hinzu: „Wie kann man nur so dumm sein?“

____

____

i) „Jedes Kind weiß, dass sich Vorgesetzte per Internet über Mitarbeiter und Bewerberinnen informieren.“

____

____

____

j) „Ich war so glücklich über den Job. Nun weiß ich ganz und gar nicht, wie es weitergehen soll und wer mich je wieder einstellen wird.“

____

____

____

TrainingsBox:

- Konjunktiv 03
- Konjunktiv 04

5. Bilden Sie mit den folgenden Sätzen die **indirekte Rede!** Achten Sie vor allem auf die **Verwendung der Ersatzformen** bei Formengleichheit von Indikativ und Konjunktiv I!

Sie teilte uns mit, dass sie uns nie wieder sehen ______________ (wollen). Sie meinte, wir ______________ (haben) sie an diesem Abend absichtlich versetzt. Auch erklärte sie uns, dass wir deshalb keine guten und echten Freunde ______________ (sein). Dann beharrte sie darauf, dass wir hinter ihrem Rücken über sie gelacht und sie verspottet ______________ (haben). Sie behauptete, dies ______________ (sein) die reine Wahrheit und wir ______________ (sollen) uns dafür schämen. Dann unter stellte sie uns, auch wenn wir ______________ (vorgeben), dass wir sie niemals absichtlich verletzen ______________ (wollen), so ______________ (glauben) uns dies mit Sicherheit niemand. Weiters meinte sie, dass wir froh sein könnten, dass sie Anstand ______________ (besitzen) und nicht so über uns ______________ (sprechen). Letztlich räumte sie ein, dass sie dennoch eine Chance für unsere Freundschaft ______________ (sehen). Sie verlangte von uns, dass wir uns nur bei ihr mit einem Abendessen erkenntlich zeigen und uns für unser Verhalten entschuldigen ______________ (müssen).

6. Im folgenden Text berichtet eine Frau über ein Ereignis, das ihr von einem guten Freund, den sie schon lange nicht mehr getroffen hatte, erzählt wurde. Die Frau berichtet natürlich in der **indirekten Rede.**
Unterstreichen Sie in einem ersten Schritt **alle Konjunktivformen und all jene Pronomen, die Sie für die direkte Rede verändern müssen!**
Übertragen Sie dann den Text in die **direkte Rede!**
Beginnen Sie folgendermaßen:

Stell dir vor, ich habe den Ball sprichwörtlich aus dem Kreuzeck ...

Ich müsse mir vorstellen, er, der Tormann, habe den Ball sprichwörtlich aus dem Kreuzeck herausgefischt und im eigenen Sektor hätten die Fans wie wild gejubelt. Die gegnerische Mannschaft habe sich daraufhin ein wenig zurückgezogen, nur ein Spieler sei unmittelbar in seiner Nähe geblieben.

Der Linksaußen habe ihm schon angedeutet, er solle endlich ausschießen, aber er habe sich noch ein wenig Zeit gelassen. Er habe sich vorgestellt, er werde Anlauf nehmen und den Ball genau in der Mitte treffen, damit ihn der Linksaußen volley übernehmen und dem Stürmer so auflegen könne, dass dieser ihn mit einem Gewaltschuss im Kreuzeck des gegnerischen Tors versenke. Genau das sei sein Plan gewesen.

Aber da sei immer noch dieser Gegenspieler gewesen, der ihm nicht von der Pelle gerückt sei. Kurz bevor er mit seinem Fuß den Ball aus dem Strafraum habe befördern können, habe er aus seinen Augenwinkeln gesehen, dass dieser Unhold ihm die Zunge gezeigt habe. Das sei so irritierend gewesen, dass sein Fuß wenige Zentimeter abgewichen sei und er dadurch den Ball verfehlt habe. Kurzfristig sei er so verwirrt gewesen, dass er nicht mehr gewusst habe, wo denn der Ball nun hingekommen sei. Der gegnerische Stürmer jedoch habe die Situation blitzschnell erkannt, sei um ihn herum gelaufen und habe den Ball ins Goal befördert.

Er sei kurz vor seinem Durchbruch als Tormann gestanden. Ganz Österreich habe ihm eine internationale Karriere prognostiziert, aber nach diesem Fehler hätten sich alle Angebote verlaufen und er habe ein halbes Jahr später – unter schweren Depressionen leidend – das Fußballspielen aufgegeben.

MICHI ASCHABER, SLACKLINEPROFI (GEB. 1982)

7. Übertragen Sie die Aussagen von Mr. Slackline (MICHI ASCHABER) in die **indirekte Rede!** Die Fragen der Interviewerin können Sie unberücksichtigt lassen.

MR. SLACKLINE

Barfuß, auf einem dünnen Seil balancierend, überquerte Michi Aschaber in 30 Metern Höhe die Red Bull Arena. Der Highline-Rekordhalter im Interview.

2006 kaufte sich Michi Aschaber seine erste Slackline. Drei Jahre später bricht der 27-jährige Tiroler einen Rekord nach dem anderen: Der ehemalige Sport- und Mathematik-Student war 2009 der erste Mensch, der auf der Longline [knapp über dem Boden] 217 Meter sturzfrei bewältigte. In Norwegen beging Michi eine Highline auf 1 000 Metern Höhe, und zuletzt stellte er in der Red Bull Arena mit 85 Metern Wegstrecke einen neuen Highline-Weitenrekord auf.

Liegen nach deiner luftigen Aktion in der Red Bull Arena schon diverse Zirkusangebote vor, Michi?
(lacht) Nein, ich bin ja kein Seiltänzer. Im Zirkus ist das Seil aus Draht, straff gespannt und fast unbeweglich. In meinem Sport schaut das Ganze etwas anders aus: Die Slackline ist locker und wackelt gehörig.

Wie kam es eigentlich zu dieser Idee, die Red Bull Arena auf der Highline zu überqueren?
Ich wollte einfach mal was im städtischen Bereich machen. Für einen Highline-Rekord hat sich die Arena in Salzburg super angeboten. Also sind wir hingefahren, haben alles genau inspiziert, und ich habe mir gedacht: Okay, ich mach's.

Allerdings klappte es nicht auf Anhieb ...
Das lag an der mentalen Anspannung ... Von Hubschraubern und Kameras begleitet zu werden, war für mich eine völlig neue Situation. Nach diesem ersten, gescheiterten Versuch hab' ich vier Wochen lang intensiv weitertrainiert, und zwar in einem Tal bei mir zu Hause in St. Johann in Tirol.

Doch am 10. Dezember war es dann so weit: Du bist quer durch die Red Bull Arena spaziert – und das auf einer Slackline in 30 Metern Höhe. Was war dabei die größte Schwierigkeit für dich?
Die ganze Dachkonstruktion des Stadions hat mitgewippt ... Und das bringt einen schon etwas durcheinander. Auch das Seil war ungewohnt, denn bei diesen Weiten braucht man ein bruchfesteres Material.

Woran denkst du während so einer waghalsigen Aktion?
An angenehme Dinge. Zum Beispiel an einen Tag auf der Skipiste oder an meine Familie. Also an nichts, was mit Slacklinen zu tun hat. Und wenn mir ein Gedanke nicht mehr weiterhilft, suche ich mir einfach einen neuen.

Der zurückgelegte Weg von 85 Metern ist zugleich neuer Highline-Rekord. Was bedeutet dir dieser Erfolg?
Es war ein perfekter Abschluss eines aufregenden Jahres. Mir ist ja auch am Boden auf der Longline mit 217 Metern ein neuer Rekord geglückt. Die Überquerung der Red Bull Arena war dennoch das absolute Highlight: Noch nie hab' ich mich so intensiv auf etwas vorbereitet. Und die Luftaufnahmen davon sind einfach ein Wahnsinn ...

WWW.REDBULL.AT

8. Erstellen Sie eine **Zusammenfassung des Interviews von Aufgabe 7!** Achten Sie darauf, nur die **wichtigsten Aussagen** darzustellen! Zum Teil werden Sie inhaltlich nun Elemente der Fragen einbinden müssen, um so einen kohärenten (in den Übergängen passenden) Text zu erarbeiten.

kohärent = zusammenhängend

Beispiele für die Herstellung von Kohärenz

Zum Thema ... befragt, antwortet Aschaber ...

Auf die Frage ... reagiert er mit ...

Leiten Sie den Text im Indikativ ein, indem Sie die obige Einleitung des Interviews kürzen! Verwenden Sie die **indirekte Rede,** sobald Sie **Aussagen von** Aschaber in Ihre Darstellung übernehmen!

Konjunktiv II

9. **Konjugation:** Bilden Sie die **Konjunktiv-II-Formen** der folgenden Verben!

TrainingsBox:
- Konjunktiv 05
- Konjunktiv 06

	finden	**fressen**	**treffen**
ich			
du			
er/sie/es			
wir			
ihr			
sie/Sie			

	sehen	**reiten**	**geben**
ich			
du			
er/sie/es			
wir			
ihr			
sie/Sie			

TrainingsBox:
- Konjunktiv 07
- Konjunktiv 08

Zeitformen

10. **Unterstreichen Sie alle Konjunktivformen** und geben Sie an, in welcher **Zeitform** sie vorkommen!

Sie hatte sich schon oft gefragt, ob es nicht günstig wäre, wenn sie einen persönlichen Sekretär einstellte. In letzter Zeit schaffte sie es teilweise nicht mehr, in aller Ruhe ein Mittag- oder Abendessen zu sich zu nehmen, da sich die Arbeit auf dem Schreibtisch nur so stapelte. Schon einmal hatte sie einen zusätzlichen Mitarbeiter eingestellt. Damals wäre es besser gewesen, wenn sie es nicht getan hätte. Ein hübscher Mann, durchaus intelligent, aber faul war er gewesen. Hätte er nicht von sich aus gekündigt, hätte sie das eine Stange Geld gekostet, ihn wieder loszuwerden.

Ein fleißiger Mitarbeiter käme ihr jedoch sehr gelegen. Spräche er auch noch fließend Englisch sowie Spanisch und beherrschte er die Office-Programme, so wäre das eine große Hilfe für sie.

11. Bilden Sie **Wunschsätze** (Gegenwarts- und Vergangenheitsform)!

Beispiele
- Ich habe wenig Geld – *Wenn ich doch mehr Geld hätte!*
- Er half ihm nicht. – *Wenn er ihm doch geholfen hätte!*

a) Ich muss noch so viel lernen.
b) Er schlief zu wenig.
c) Das Flugzeug startet noch nicht.
d) Ich bin nicht eingeladen worden.
e) Er ist nicht nach Hause gefahren.
f) Mir ist so kalt.
g) Ich kann nichts erkennen.
h) Er hatte sich ein Fahrrad gekauft.
i) Die Ferien dauern nicht mehr lange.
j) Sie hatte keine Zeit zu lernen.
k) Das Eis schmeckt abscheulich.
l) Sie fuhr sehr schnell.

12. **Fügen Sie die Sätze zusammen** und **verneinen** Sie diese! Achten Sie dabei auf die Zeit!

Beispiel
Du hast Alkohol getrunken. Dir ist schlecht geworden.
- *Hättest du keinen Alkohol getrunken, wäre dir nicht schlecht geworden.*
- *Wenn du keinen Alkohol getrunken hättest, wäre dir nicht schlecht geworden.*

a) Es gibt nicht genügend Studienplätze. Nicht alle Studentinnen und Studenten können studieren.
b) Wir haben zu wenig Mehl. Wir können den Kuchen nicht backen.
c) Sie ging bei Rot über die Straße. Sie wurde von einem Auto angefahren.
d) Sie putzt ihre Wohnung nicht. Sie kann keine Gäste einladen.
e) Er hat die Ausbildung nicht abgeschlossen. Er bekommt keinen Job.

13. Vervollständigen Sie die unten angeführten Sätze und verwenden Sie dazu die Formen des **Konjunktivs II!** Achten Sie auf die richtigen Zeitformen!

a) Bliebe ich heute Abend zu Hause, ...
b) Hätte er etwas weniger getrunken, ...
c) Wenn er die Bergtour nicht gemacht hätte, ...
d) Ginge er nicht so langsam, ...
e) Wenn er nicht jedes Mal schummelte, ...
f) Fiele endlich eine Entscheidung, ...
g) Wäre mein Freund nicht so unpünktlich, ...
h) Baute die Stadt mehr Fahrradwege, ...
i) Wenn sie die Rechnung aufgehoben hätte, ...
j) Gäbe es kein Handy, ...

14. Bestimmen Sie, ob es sich bei den Sätzen um einen **Wunsch,** einen **Vergleich,** eine **Bedingung,** eine **höfliche Bitte, etwas beinahe (nicht) Eingetretenes** oder um eine **vorsichtige Äußerung** handelt!

Beispiel
Hätte ich im Lotto gewonnen, kaufte ich mir eine Insel.
(würde-kaufen)-Bedingung

a) Der Doktor sprach so laut, als ob seine Patientin schwerhörig wäre.	
b) Ich würde so gerne zu dem Festival gehen.	
c) Wenn ich bei dem Festival gewesen wäre, dann hätte ich meine Lieblingsband live gehört.	
d) Würdest du mir bitte die Tür aufhalten?	
e) Sie müsste sich endlich entscheiden.	
f) Der Sack ist so schwer, als befänden sich Steine darin.	
g) Wäre ich ein wenig größer, könnte ich Basketballspieler werden.	
h) Fast hätte ich die U-Bahn noch erreicht.	
i) Solltest du nicht noch ein wenig lernen?	

Ziele erreicht? – „Konjunktiv (Möglichkeitsform)“

Lösung im Anhang

Überprüfen Sie Ihr Wissen! Beantworten Sie die Fragen mit den nachfolgenden Wörtern! Bilden Sie am Ende die Summe Ihrer erreichten Punkte und benoten Sie sich selbst! **Antwortmöglichkeiten** (können mehrmals oder auch nie vorkommen):

Konjunktiv I ■ Konjunktiv II ■ richtig ■ falsch ■ Indikativ ■ Futur I ■ Imperativ

Frage/Aussage	Antwort	Punkte
1. Imperativ, Indikativ oder Konjunktiv? – *Sie lebe hoch, sie lebe hoch!*		___/1
2. Mit dem K-II können irreale Wünsche ausgedrückt werden.		___/1
3. Der Konjunktiv I von „geben“ lautet „er gebe“.		___/1
4. Welche Endung gehört nicht zu den Konjunktivendungen? Streichen Sie sie durch! – -est ■ -e ■ -en ■ -t ■ et		___/1
5. Bilden Sie jeweils den K-II: ■ du findest ■ er hilft ■ er brach ■ sie können ■ ihr geht ■ ich habe		___/6
6. Bilden Sie jeweils den K-I: ■ ihr habt ■ du bist ■ sie kauft ■ du warst ■ sie ist gerannt		___/5
7. K-I oder K-II? – *Das wäre ja noch schöner!*		___/1
8. Der Konjunktiv tritt nur in zwei Zeitstufen auf.		___/1
9. Konjunktiv I oder Futur I? – *Er sagte, er werde sich melden.*		___/1
10. Der K-II der Vergangenheit wird mit den K-II-Formen der Hilfsverben „haben“ oder „sein“ und dem Partizip II gebildet.		___/1
11. Setzen Sie die fehlenden Wörter ein! *Er sagte, er ______ heute sehr müde (sein), da er gestern Nacht noch eine Hausübung ______ (schreiben).*		___/2
12. Um eine Aussage wiederzugeben, die jemand anderer gemacht hat, kann man die direkte Rede verwenden.		___/1
13. Ein Satz der indirekten Rede kann meist mit „dass“ eingeleitet werden.		___/1
14. Deckungsgleichheit zwischen Indikativ und Konjunktiv besteht meist bei den Formen 1. Pers. Sing., 1. Pers. Pl., 3. Pers. Pl.		___/1
15. Decken sich die Formen des Indikativs mit jenen des Konjunktivs I, muss der K-II verwendet werden.		___/1
16. Korrigieren Sie die Formen der indirekten Rede für „lesen“: ■ ich läse ■ wir läsen ■ du läsest ■ ihr läset ■ er/sie/es lese ■ sie/Sie läsen		___/2
Punkte gesamt (27)		

27–25	24–22	21–18	17–14	13 ...

Interaktive **Safety-Checks** finden Sie in der TRAUNER-DigiBox.

- Konjunktivformen
- Zeiten und Gebrauch des Konjunktivs

ANHANG

s-Schreibung LÖSUNGEN

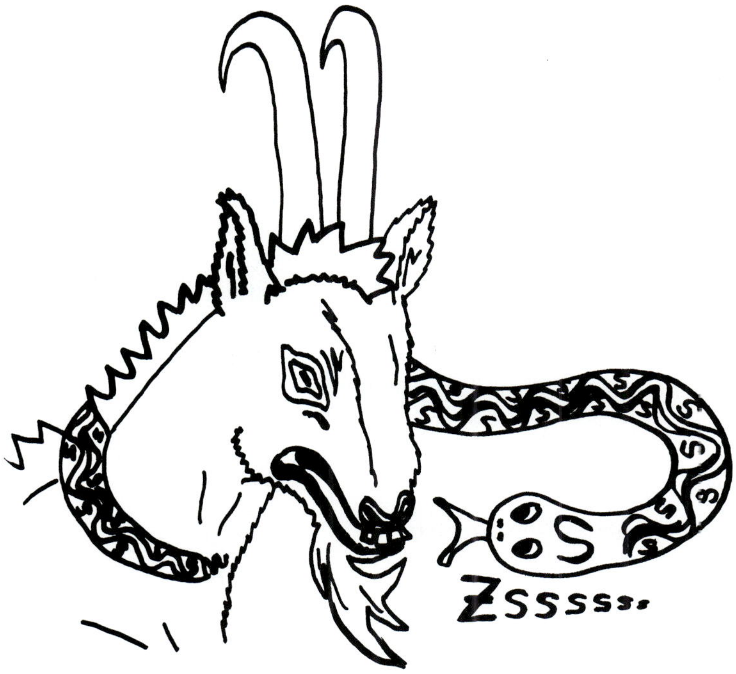

Arbeitsaufgaben „Testen Sie sich selbst!“

Was wissen Sie schon?

1. Ergänzen Sie die fehlenden Formen!

Infinitiv	3. Person Singular Präsens	3. Person Singular Präteritum	Partizip II
wissen	*sie weiß*	*sie wusste*	*gewusst*
niesen	er niest	*er nieste*	*geniest*
büßen	*er büßt*	er büßte	*gebüßt*

2. Setzen Sie bei den nachfolgenden Wörtern den richtigen s-Laut ein!

- der Sprö*ss*ling
- verflo*ss*en
- der Tro*s*t
- das Pa*ss*iv
- regenna*ss*
- das Mi*ss*verständnis
- ma*ß*los

3. Ergänzen Sie die fehlenden „das/dass“!

Dass man das „Dass“ seit der Rechtschreibreform nicht mehr mit „ß“, sondern mit „ss“ schreibt, weiß heute jedes Volksschulkind. Warum man das „Dass“, das das schwierigste Phänomen der Rechtschreibung darstellt, nicht komplett abgeschafft hat, das ist mir ein Rätsel!

Welche Teilbereiche Sie noch verstärkt üben sollten, erfahren Sie in der TRAUNER-DigiBox.

Ziele erreicht? – „s-Schreibung, Verdopplung, das-/dass-Schreibung“

Überprüfen Sie Ihr Wissen! Beantworten Sie die Fragen mit den nachfolgenden Wörtern! Bilden Sie am Ende die Summe Ihrer erreichten Punkte und benoten Sie sich selbst! **Antwortmöglichkeiten** (können mehrmals oder auch nie vorkommen):

Die Erklärungen zu den Lösungen finden Sie in der TRAUNER-DigiBox.

richtig ■ falsch ■ ss ■ s ■ ß ■ das ■ dass ■ kurz ■ lang ■ nach vorne ■ zurück ■ Relativpronomen ■ Demonstrativpronomen ■ Artikel ■ Konjunktion

Frage/Aussage	Antwort	Punkte
1. Bei einem stimmlosen „s“ vibrieren die Stimmbänder nicht.	richtig	___/1
2. Faustregel I: kurz gesprochener Vokal oder Umlaut + stimmloser s-Laut =	ss	___/1
3. Faustregel II: nach einem lang gesprochenen Vokal folgt **niemals** ein „ß“.	falsch	___/1
4. *Mit dem Ma____band mi____t er seine Grö____e.*	ß – ss – ß	___/3
5. Der s-Laut im Wort „Vase“ wird mit stimmhaftem „s“ gesprochen.	richtig	___/1
6. „ä“, „ö“ und „ü“ sind Zwielaute.	falsch	___/1
7. Umlaut und Zwielaut sind Synonyme (Wörter gleicher Bedeutung).	falsch	___/1
8. Ein Doppel-p folgt nie nach einem lang gesprochenen Vokal.	falsch	___/1
9. Der Vokal im Wort „rot“ wird ________ gesprochen.	lang	___/1
10. Wird ein „das“ als Relativpronomen verwendet, kann man es durch das Wort „welches“ ersetzen.	richtig	___/1
11. Nach einem Komma folgt immer ein „dass“.		___/1
12. Ein „dass“ kann niemals am Satzanfang stehen.	falsch	___/1
13. Treffen zwei „das(s)“ aufeinander, schreibt man das erste meist mit einem Doppel-s und das zweite mit nur einem „s“.	richtig	___/1
14. *Das hast du mir nicht gesagt!* – Um welche Wortart handelt es sich bei dem unterstrichenen „das“?	Demonstrativpronomen	___/1
15. *Dem Mädchen, das ich gestern gesehen habe, möchte ich wieder begegnen!* – Um welche Wortart handelt es sich bei dem unterstrichenen „das“?	Relativpronomen	___/1
16. Demonstrativpronomen und Relativpronomen blicken ______.	meist zurück	___/1
17. Setzen Sie ein: *Ich möchte, ______ sie bleibt.*	dass	___/1
18. „Dies(es)“ ist das Ersatzwort für ein Demonstrativpronomen.	richtig	___/1
19. Relativpronomen beziehen sich im Satz auf ein Verb.	falsch	___/1
20. Das Stammprinzip gilt nicht für alle abgeleiteten Formen.	falsch	___/1
21. Ändert sich der Stammvokal eines Verbs durch die Ableitung, kann sich auch die s-Schreibung verändern.	richtig	___/2
22. Der Wortstamm ist jener Teil des Verbs, der übrig bleibt, wenn man Vorsilben und die Endung weglässt.	richtig	___/1
Punkte gesamt (25)		

25–23 22–20 19–16 15–12 11 ...

Groß- und Kleinschreibung LÖSUNGEN

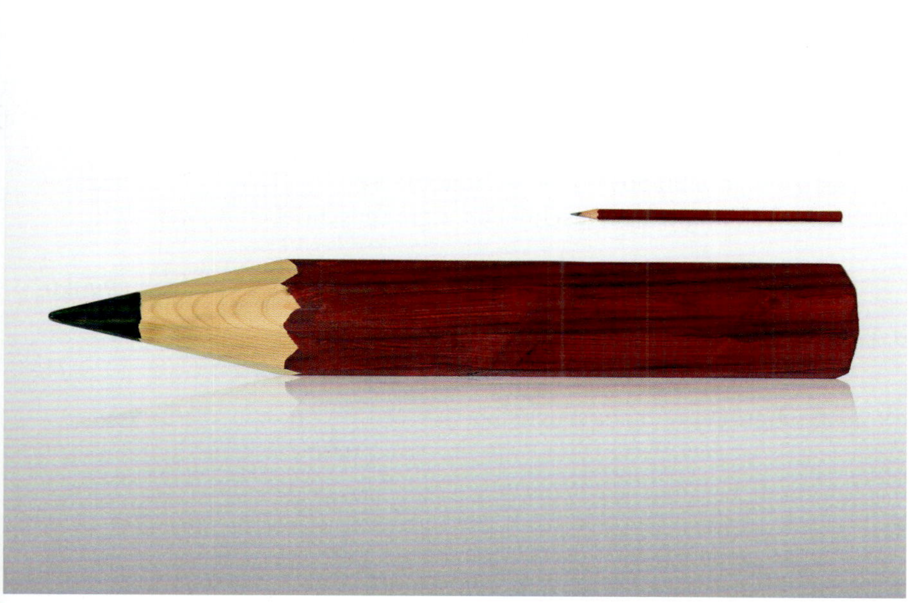

Arbeitsaufgabe „Testen Sie sich selbst!"

Was wissen Sie schon?

- Überlegen Sie, ob Sie die in Großbuchstaben gedruckten Wörter **groß- oder kleinschreiben!**

a) An ein *Weglaufen* war nicht zu *denken*.

b) Er besucht mich immer *donnerstags*.

c) Die Ampel sprang von *Grün* auf *Rot* um.

d) Es gibt noch *vieles*, was es zu *lernen* gibt.

e) Wir wünschen *Ihnen* auf *Ihrem* weiteren Lebensweg alles *Gute*, Frau Müller.

f) Ich brauche das Wörterbuch zum *Nachschlagen* schwieriger Wörter.

g) Sein *Englisch* ist nahezu *perfekt*.

h) Mein Lieblingsmärchen ist „*Die* sieben Raben".

i) Alles *andere* besprechen wir *morgen*, heute bin ich schon zu müde.

j) Kannst du das *erkennen*?

k) Regelmäßiges *Trainieren* führt zu besseren *Leistungen*.

l) Mein Hobby ist *Lesen*.

m) Im Winter wird es des *Abends* rasch dunkel.

n) Über den *Unglücklichen* gibt es nichts *Neues* zu berichten.

o) Sie stellte *fest*: „*So* kann das *nicht* weitergehen!"

p) Er hat schon seit *heute Vormittag* Kopfschmerzen.

Ziele erreicht? – „Groß- und Kleinschreibung“

Die Erklärungen zu den Lösungen finden Sie in der TRAUNER-DigiBox.

Überprüfen Sie Ihr Wissen! Beantworten Sie die Fragen mit den nachfolgenden Wörtern! Bilden Sie am Ende die Summe Ihrer erreichten Punkte und benoten Sie sich selbst! **Antwortmöglichkeiten** (können mehrmals oder auch nie vorkommen):

Anredepronomen ▪ groß ▪ klein ▪ in das ▪ einige ▪ Präpositionen ▪ Pronomen ▪ ganzer Satz ▪ Adverb ▪ richtig ▪ falsch ▪ Aufzählung ▪ kleingeschrieben ▪ großgeschrieben ▪ zwei

Frage/Aussage	Antwort	Punkte
1. Nach einem Doppelpunkt wird das erste Wort großgeschrieben, wenn ein(e) ______ folgt.	*ganzer Satz*	___/1
2. Das erste Wort einer Überschrift wird mit großem Anfangsbuchstaben geschrieben.	*richtig*	___/1
3. „HEITERKEIT“ ist ein Nomen.	*richtig*	___/1
4. Nomen werden immer mit großem Anfangsbuchstaben geschrieben.	*richtig*	___/1
5. Wörter aller Wortarten können als Nomen verwendet werden.	*richtig*	___/1
6. *Beachten SIE bitte unsere Hausordnung!* – Das Wort in Großbuchstaben ist ein(e) ______?	*Anredepronomen*	___/1
7. Zahlwörter und als Zahlwörter gebrauchte Pronomen machen Adjektive zu Nomen.	*richtig*	___/1
8. Groß oder klein? – *Du hast nichts WESENTLICHES verpasst.*	*groß*	___/1
9. Wenn sich „wenig“ auf ein Verb im Infinitiv bezieht, wird dieses großgeschrieben.	*falsch*	___/1
10. „ins“ ist die verkürzte Form von ______.	*in das*	___/1
11. „mein“ ist ein Artikelwort.	*richtig*	___/1
12. Wenn kein Artikel vor einem Wort steht, schreibt man es immer klein.	*falsch*	___/1
13. Groß oder klein? – *Nach dem Brand standen sie vor dem NICHTS.*	*groß*	___/1
14. „gestern“ ist ein Artikelwort.	*falsch*	___/1
15. Groß oder klein? – *Da hilft nicht einmal stundenlanges SUCHEN.*	*groß*	___/1
16. „an“ gehört zur Wortart der ______.	*Präpositionen*	___/1
17. Groß oder klein? – *Sie hat das GEWISSE Etwas.*	*klein*	___/1
18. Im Satz „Ich habe das nicht so gemeint“ ist „das“ ein Artikelwort.	*falsch*	___/1
19. „EIN BISSCHEN“ wird immer ______.	*kleingeschrieben*	___/1
20. Groß oder klein? – *Ich habe das MEISTE schon gelernt.*	*klein*	___/1
21. „ein paar“ wird kleingeschrieben, wenn es ______ meint.	*einige*	___/1
Punkte gesamt (21)		

21–20 19–17 16–14 13–11 10 …

Getrennt- und Zusammenschreibung

LÖSUNGEN

Arbeitsaufgabe „Testen Sie sich selbst!"

Was wissen Sie schon?

- Überlegen Sie, ob Sie die in Großbuchstaben gedruckten Wörter **getrennt oder zusammenschreiben!**

a) Nach Paris könnten wir doch auch *zusammen fahren*!

b) Ein lauter Schrei ließ sie *zusammenfahren*.

c) Dieses Eis sieht *verführerisch gut* aus.

d) Ich möchte niemals von dir *getrennt sein*.

e) Immer wenn ich *heimkomme*, begrüßt mich meine Katze.

f) Mich stört am *Kranksein vor allem*, dass ich meine Freunde nicht sehe.

g) Die Aufgabe ist schon *so gut* wie erledigt.

h) Ich freue mich darauf, am *Sonntagmorgen* im Bett zu frühstücken.

i) Nach der Schule kaufe ich dir ein *riesig großes* Eis.

j) Mit einem Hund muss man jeden Tag *spazieren gehen*.

k) Lass dich doch nicht *irreführen*!

l) Ich habe mir beim *Kuchenbacken* die Hand verbrannt.

m) Um Karten für das Konzert zu bekommen, mussten wir eine Stunde lang *Schlange stehen*.

n) Ich möchte lieber das *hellrote* Kleid.

o) Pass auf, dass Wuffi nicht in der Menge *verloren geht*.

p) Wir sollten die Hefte sorgfältig *übereinanderlegen*.

Ziele erreicht? – „Getrennt- und Zusammenschreibung“

Die Erklärungen zu den Lösungen finden Sie in der TRAUNER-DigiBox.

Überprüfen Sie Ihr Wissen! Beantworten Sie die Fragen mit den nachfolgenden Wörtern! Bilden Sie am Ende die Summe Ihrer erreichten Punkte und benoten Sie sich selbst! **Antwortmöglichkeiten** (können mehrmals oder auch nie vorkommen):

Nomen ■ Verb ■ Adjektiv ■ richtig ■ falsch ■ Wochentagen ■ trennbares ■ untrennbares ■ zusammengeschrieben ■ getrennt geschrieben ■ verblasstes ■ Nominalisierung ■ abwesend sein ■ Abwesendsein ■ Abwesend sein ■ abwesendsein ■ nominalisiertes

Frage/Aussage	Antwort	Punkte
1. Wortgruppen mit „sein“ werden immer ______.	getrennt geschrieben	___/1
2. Stoßen Partizip und Verb aufeinander, wird meistens ______.	getrennt geschrieben	___/1
3. Richtig oder falsch? – *Er verdient genau so viel wie ich.*	richtig	___/1
4. Richtig oder falsch? – *Er heißt Peter, so viel ich weiß.*	falsch	___/1
5. *Er wird doch nicht schon wieder ______, sein ständiges ______ am Freitagnachmittag fällt bereits vielen auf.*	abwesend sein – Abwesendsein	___/2
6. Verbindungen mit „irgend-“ werden ______.	zusammengeschrieben	___/1
7. Tageszeiten in Verbindung mit ______ werden zusammengeschrieben.	Wochentagen	___/1
8. „missachten“ ist ein ______ Verb.	untrennbares	___/1
9. Richtig oder falsch? – *Ich besuche dich am **Mittwoch Abend.***	falsch	___/1
10. Richtig oder falsch? – *hinfallen*	richtig	___/1
11. Richtig oder falsch? – *Eis laufen*	richtig	___/1
12. Richtig oder falsch? – *ein Eis essen*	richtig	___/1
13. Richtig oder falsch? – Wortgruppen, die aus Adjektiv und Verb bestehen, werden immer zusammengeschrieben.	falsch	___/1
14. „HEIM + GEHEN“ wird ______.	zusammengeschrieben	___/1
15. „TEIL“ im Wort „teilnehmen“ nennt man ein ______ Nomen.	verblasstes	___/1
16. Um welche Wortarten handelt es sich hier? – *Auto fahren*	Nomen + Verb	___/1
17. Richtig oder falsch? – *Viele Menschen lieben das Rad fahren.*	falsch	___/1
18. *Dieser Misserfolg lässt sich nicht **schönreden.*** – Zusammenschreibung, weil aus ______ und Verb eine neue Wortbedeutung entsteht.	Adjektiv	___/1
19. Stoßen zwei Adjektive aufeinander, wird zumeist ______.	zusammengeschrieben	___/1
20. Richtig oder falsch? – *Ich muss die Milch kaltstellen.*	falsch	___/1
21. Richtig oder falsch? – *vor allem*	richtig	___/1
22. Richtig oder falsch? – *garnicht*	falsch	___/1
Punkte gesamt (23)		

23–20 19–17 16–14 13–11 10 …

Kommasetzung LÖSUNGEN

Arbeitsaufgabe „Testen Sie sich selbst!“

Was wissen Sie schon?

- Wo dürfen/müssen Beistriche gesetzt werden? Setzen Sie sie ggf. ein und vergleichen Sie Ihre Ergebnisse mit den Lösungen im Anhang!

a) Meiner Meinung nach hat dies nichts mit dem Wetter zu tun.

b) Sollten wir auf Rechtschreibung, Grammatik, Interpunktion und Syntax mehr achtgeben?

c) Wenn es zu regnen beginnt, müssen wir den Wettbewerb abbrechen.

d) Bello ist ein lebhafter, sehr freundlicher Hund.

e) Einerseits hatte er genug Geld, andererseits war ihm das T-Shirt nicht so viel wert.

f) Manche Geschäfte, z. B. die in Tourismusgebieten, dürfen auch an Wochenenden und Feiertagen geöffnet haben.

g) Oh je, ich habe schon wieder einen Fehler gefunden.

h) Das Buch, das wir im Unterricht gelesen haben, war nicht sehr spannend.

i) Guten Tag, meine sehr verehrten Zuhörerinnen und Zuhörer, mein Name ist Hanna Müller.

j) Meine Freundin bat mich, ihr bei der Hausübung zu helfen.

k) Ich sagte zu, ohne auch nur eine Sekunde zu zögern.

l) Auf einen Tag der Woche, nämlich auf den Sonntag, freue ich mich besonders.

Ziele erreicht? – „Kommasetzung“

Die Erklärungen zu den Lösungen finden Sie in der TRAUNER-DigiBox.

1. Streichen Sie alle Beschreibungen durch, die nicht den Regeln entsprechen! **(Je ein Punkt)**

Beschreibungen

~~a) Vor einem „und“ steht niemals ein Komma.~~
b) Nach Partizipgruppen darf ein Komma gesetzt werden.
c) Ein Komma trennt die direkte Rede vom Begleitsatz.
~~d) Zwischen Aufzählungen, die durch Konjunktionen miteinander verbunden sind, wird ein Komma gesetzt.~~
e) Ein Komma darf zwischen Hauptsätzen, die mit „und“ verbunden sind, stehen.
f) Ein eingeschobener Attributsatz (Nebensatz) wird von Kommas eingeschlossen.
~~g) Überall dort, wo man eine Sprechpause macht, wird ein Komma gesetzt.~~
h) Das Komma trennt eine nachgestellte Erklärung ab.
i) Eine Anrede wird durch ein Komma abgetrennt.
j) Ein Attributsatz (Nebensatz) wird mit einem Komma vom übergeordneten Satz abgetrennt.
k) Ein Komma trennt eine erweiterte Infinitivgruppe vom ihr übergeordneten Satz ab.

2. Setzen Sie nun alle Kommas, wo möglich, in die Beispielsätze des Zeitungsberichts ein! **Achtung:** Nicht in jedem Satz fehlt ein Komma! **(Pro Satz – auch kommalose zählen – zwei Punkte)**

BRITISCHER SUPERMARKT VERKAUFT EICHHÖRNCHENFLEISCH

i — *Seit einiger Zeit sind zudem immer wieder Massentötungen der „zugereisten“ grauen Eichhörnchen im Gespräch, die zunehmend die einheimischen Artgenossen vertreiben.*

f — *Nach seinen Angaben verkauft er, der das Fleisch seit rund fünf Monaten in seiner Budgens-Filiale anbietet, wöchentlich rund ein Dutzend Eichhörnchen.*

b — *Ungeachtet scharfer Proteste von Tierschützern, will ein britischer Supermarkt am Verkauf von Eichhörnchenfleisch festhalten.*

e — *Thornton verteidigte das Fleisch als ökologisch korrektes Nahrungsmittel: Eichhörnchen bräuchten nicht, wie etwa Rinder, tonnenweise Getreide zu ihrer Ernährung, und sowieso gebe es „zu viele von ihnen“.*

c — *„In ein paar Jahren wird das wie Kaninchenfleisch sein“, sagte Supermarkt-Leiter Andrew Thornton am Donnerstag.*

j — *Tierschützer verurteilen die Maßnahme als „Massaker“. Thornton werfen sie vor, daraus Profit schlagen zu wollen.*

h — *Eichhörnchenfleisch zählte früher einmal zu den gängigen Zutaten der britischen Küche. Seit einigen Jahren erlebt es ein Comeback, vor allem in Feinschmecker-Lokalen und bei auf Wild spezialisierten Fleischereien.*

DIE PRESSE – LEICHT VERÄNDERTER TEXT

3. Wenn Sie jetzt die Beispielsätze in der Reihenfolge der dazupassenden Beschreibung aus **Aufgabe 1** auf ein Blatt in Ihrer Mappe schreiben, erhalten Sie einen (leicht veränderten) Bericht aus der Presse. **(Jede zugeordnete Beschreibung ergibt wiederum zwei Punkte.)**

Punkte Aufgabe 1	Punkte Aufgabe 2	Punkte Aufgabe 3	Punkte gesamt

31–29 28–25 24–21 20–16 15 …

Fremdwörter

LÖSUNGEN

Arbeitsaufgabe „Testen Sie sich selbst!“

Was wissen Sie schon?

- Manche Fremdwörter der folgenden Sätze sind falsch geschrieben, andere passen in ihrer Bedeutung nicht in die Sätze, bei einigen stimmen sowohl Rechtschreibung als auch Bedeutung nicht. **Aber Achtung:** Nicht in allen Sätzen verstecken sich Fehler! **Verbessern Sie die Sätze, wo nötig,** und vergleichen Sie Ihre Ergebnisse mit den Lösungen im Anhang!

a) Dieses Mädchen besticht durch seine ~~Inteligenz~~.

Dieses Mädchen besticht durch seine Intelligenz.

b) Du glaubst doch nicht im Ernst, dass du dich so einfach aus der ~~Atmosfäre~~ ziehen kannst.

Du glaubst doch nicht im Ernst, dass du dich so einfach aus der Affäre ziehen kannst.

c) Meine Wunde ist ~~infisziert~~.

Meine Wunde ist infiziert.

d) Er ist der potenzielle Nachfolger unseres Chefs.

– korrekter Satz

e) Sie reagierte sehr ~~emozional~~.

Sie reagierte sehr emotional.

f) Die Delfintherapie hat schon vielen Kindern geholfen.

– korrekter Satz

g) Der Betrieb, in dem mein Vater arbeitet, musste ~~Inkontinenz~~ anmelden.

Der Betrieb, in dem mein Vater arbeitet, musste Insolvenz anmelden.

h) Die Webcam ist in meinem Computer bereits ~~intrigriert~~.

Die Webcam ist in meinem Computer bereits integriert.

i) Das ist eine tolle ~~Maschiene~~.

Das ist eine tolle Maschine.

j) Ich habe mich über diesen Autor gut ~~informirt~~.

Ich habe mich über diesen Autor gut informiert.

k) Unser ~~Termomether~~ zeigte heute minus 14 Grad an!

Unser Thermometer zeigte heute minus 14 Grad an!

Notizen

Wortarten

LÖSUNGEN

Arbeitsaufgaben „Testen Sie sich selbst!"

Was wissen Sie schon?

1. Wörter den Wortarten zuordnen: Gestalten Sie mit den in der Randspalte aufgelisteten Wortarten eine Tabelle und ordnen Sie die markierten Wörter aus dem Text den richtigen Wortarten zu!

Damals wie heute gilt die Regel, dass jene Menschen, die die Rechtschreibung in einem hohen Maß beherrschen, für intelligenter gehalten werden. Um nun eine hohe Rechtschreibkompetenz zu entwickeln, ist es erstens wichtig, die Wortarten zu kennen, und zweitens sollte man die wichtigsten Rechtschreibregeln beherrschen. Oh Gott, das bedeutet Arbeit!

2. Welche Präpositionen verlangen **welchen Fall?** Ordnen Sie die nachfolgenden Wörter in die **richtige Spalte** ein!

für ■ bei ■ trotz ■ an ■ mit ■ gegen ■ während ■ in ■ wegen ■ um ■ hinter ■ nach

Präpositionen mit Genitiv	**Präpositionen** mit Dativ	**Wechselpräpositionen** mit Dativ oder Akkusativ	**Präpositionen** mit Akkusativ
2. Fall	**3. Fall**	**3. und 4. Fall**	**4. Fall**
trotz	*bei*	*an*	*für*
während	*mit*	*in*	*gegen*
wegen	*nach*	*hinter*	*um*

3. Unterscheiden Sie bei den folgenden Wörtern zwischen **starken und schwachen Verben! Unterstreichen Sie alle starken!**

ging ■ lachte ■ reiste ■ riss ■ finden ■ gesucht ■ leiden ■ drucken

4. Ordnen Sie die **Adverbien in der Randspalte** den einzelnen **Fragen zu!** Geben Sie an, um **welchen Umstand** es sich handelt!

	Umstand
Wann?	*heute, immer = Zeit (Temporaladverbien)*
Warum?	*darum, anstandshalber = Grund (Kausaladverbien)*
Wo?	*innen, links = Ort (Lokaladverbien)*
Wie?	*nebenbei, sehr = Art und Weise (Modaladverbien)*

Welche Teilbereiche Sie noch verstärkt üben sollten, erfahren Sie in der TRAUNER-DigiBox.

Nomen (Hauptwörter)
Maß, Wortarten
Verben (Zeitwörter)
gilt, entwickeln
Adjektive (Eigenschaftswörter)
hohen, intelligenter
Adverbien (Umstandswörter)
damals, nun
Pronomen (Fürwörter)
jene, es
Artikel (Geschlechtswörter)
die, eine
Numeralien (Zahlwörter)
erstens, zweitens
Präpositionen (Vorwörter)
in, für
Konjunktionen (Bindewörter)
dass, und
Interjektionen (Ausrufewörter)
Oh

heute ■ innen ■ nebenbei ■ darum ■ sehr ■ anstandshalber ■ links ■ immer

Ziele erreicht? – „Wortarten“

Die Erklärungen zu den Lösungen finden Sie in der TRAUNER-DigiBox.

Überprüfen Sie Ihr Wissen! Beantworten Sie die Fragen mit den nachfolgenden Wörtern! Bilden Sie am Ende die Summe Ihrer erreichten Punkte und benoten Sie sich selbst! **Antwortmöglichkeiten** (können mehrmals oder auch nie vorkommen):

richtig ■ falsch ■ Nominativ (1. Fall) ■ Genitiv (2. Fall) ■ Dativ (3. Fall) ■ Akkusativ (4. Fall) ■ Hilfsverben ■ Modalverben ■ Vollverben ■ konjugiert ■ dekliniert

Frage/Aussage	Antwort	Punkte
1. Zur Bildung von vier der sechs Zeiten benötigt man die drei ______.	*Hilfsverben*	___/1
2. Bei welchem Verb handelt es sich um kein Modalverb: mögen ■ dürfen ■ können ■ rollen ■ müssen ■ sollen	*rollen*	___/1
3. Nomen werden dekliniert, Verben werden ______.	*konjugiert*	___/1
4. Starke Verben bilden das Partizip II auf „ge-...-en“.	*richtig*	___/1
5. Bilden Sie von folgenden Verben die Stammformen: bieten – ______ – ______ rufen – ______ – ______ reißen – ______ – ______ brennen – ______ – ______	*.. – bot – geboten* *... – rief – gerufen* *... – riss – gerissen* *...–brannte–gebrannt*	___/4
6. Der deklinierte Artikel im Neutrum lautet in den vier Fällen: „das, des, dem, den“.	*falsch (das, des, dem, das)*	___/1
7. Adjektive erkenne ich dadurch, dass ich sie steigern und nach ihnen mit „Wie?“ fragen kann.	*richtig*	___/1
8. Die drei Steigerungsstufen lauten: der Positiv – der Komparativ – der Hyperlativ.	*falsch (Positiv – Komparativ – Superlativ)*	___/1
9. Werden Pronomen wie ein Artikel verwendet, nennt man sie Artikelwort.	*richtig*	___/1
10. Ordnen Sie die folgenden Pronomen richtig zu! ■ Personalpronomen → ■ er, wir, du, ihr ■ Possessivpronomen → ■ dein, seine, ihre ■ Relativpronomen → ■ die, das, der ■ Interrogativpronomen → ■ wer, was, wann, wo ■ Reflexivpronomen → ■ sich, mir, mich, uns ■ Demonstrativpronomen → ■ diesem, diese	–	___/5
11. Die Präpositionen „für, gegen, durch ...“ verlangen den ______.	*Akkusativ*	___/1
12. Um welche Arten von Adverbien handelt es sich? a) hier, oben, hinten, rechts b) morgen, jetzt, später c) deshalb, deswegen d) so, bestens, gern	*a) Lokaladverbien* *b) Temporaladverbien* *c) Kausaladverbien* *d) Modaladverbien*	___/4
13. Leiten folgende Konjunktionen Nebensätze ein? ~~denn~~ ■ weil ■ wenn ■ ~~aber~~ ■ ~~trotzdem~~ ■ während ■ wie ■ da ■ ~~dennoch~~ – Streichen Sie jene Wörter, die keinen Nebensatz einleiten!	–	___/2
Punkte gesamt (24)		

24–22 21–19 18–15 14–11 10 ...

Zeiten

LÖSUNGEN

Arbeitsaufgaben „Testen Sie sich selbst!“

Was wissen Sie schon?

1. Konjugieren Sie die folgenden Verben! (Setzen Sie sie in alle Zeiten!)

Zeiten	kriechen (3. Person/Singular)	schrauben (2. Person/Plural)
Präsens	er/sie/es kriecht	ihr schraubt
Präteritum	er/sie/es kroch	ihr schraubtet
Perfekt	er/sie/es ist gekrochen	ihr habt geschraubt
Plusquamperfekt	er/sie/es war gekrochen	ihr hattet geschraubt
Futur I	er/sie/es wird kriechen	ihr werdet schrauben
Futur II	er/sie/es wird gekrochen sein	ihr werdet geschraubt haben

2. Welche **Zeiten** zählt man zur **Vergangenheitsstufe?**

3. Was versteht man unter **starken und schwachen Verben?**

4. **Zeitenfolge:** Setzen Sie die **in Klammern stehenden Verben** in der richtigen **Zeitform (Vergangenheitsstufe)** ein! **Achtung:** Nicht in jeder Lücke muss ein Verb stehen.

Armina lehnte sich genüsslich zurück (lehnen) und trat das Gaspedal durch (durchtreten). Sie konnte es in letzter Zeit nicht leiden (können, leiden), wenn Georg fuhr (fahren). Er hielt seit geraumer Zeit alle Geschwindigkeitsbeschränkungen ein (einhalten), nur weil er ein Mal ein Strafmandat für überhöhte Geschwindigkeit bekommen hatte (bekommen). Manchmal war er eben ein kleines Weichei (sein). Dennoch liebte sie ihn (lieben). Während der Wagen schön langsam wieder auf Touren kam (kommen), dachte sie darüber nach (nachdenken), wann sie das letzte Mal so richtig stolz auf ihn gewesen war (sein).

Welche Teilbereiche Sie noch verstärkt üben sollten, erfahren Sie in der TRAUNER-DigiBox.

Zeiten der Vergangenheitsstufe

Präteritum

Plusquamperfekt

Konjunktiv II

Starke Verben

Starke (unregelmäßige) Verben: Der Stammvokal verändert sich und das Partizip II des Verbs endet auf „-en“.

Schwache Verben

Schwache (regelmäßige) Verben: Der Stammvokal ändert sich nicht und das Partizip II des Verbs endet auf „-(e)t“.

Ziele erreicht? – „Zeiten"

Überprüfen Sie Ihr Wissen! Beantworten Sie die Fragen mit den nachfolgenden Wörtern! Bilden Sie am Ende die Summe Ihrer erreichten Punkte und benoten Sie sich selbst! **Antwortmöglichkeiten** (können mehrmals oder auch nie vorkommen):

Die Erklärungen z den Lösungen finden Sie i der TRAUNER-DigiBox.

richtig ■ falsch ■ Präsens ■ Präteritum ■ Perfekt ■ Plusquamperfekt ■ Futur I ■ Futur II ■ Konjunktiv II

Frage/Aussage	Antwort	Punkte
1. Um welche Zeit handelt es sich? – *Sie trat aufs Gaspedal.*	Präteritum	___/1
2. Das **Plusquamperfekt** wird immer gemeinsam mit dem Perfekt verwendet.	falsch	___/1
3. Um welche Zeit handelt es sich? – *Jetzt setze ich mich gemütlich vor die Glotze!*	Präsens	___/1
4. Um welche Zeit handelt es sich? – *Was hat er sich nur dabei gedacht?*	Perfekt	___/1
5. Um welche Zeit handelt es sich? – *Morgen um diese Zeit wird er schon gelandet sein.*	Futur II	___/1
6. Um welche Zeit handelt es sich? – *Sie hatte den Auftrag endlich bekommen.*	Plusquamperfekt	___/1
7. **Konjugation** ist die Abwandlung des Infinitivs nach Zeitform und Person.	richtig	___/1
8. Um welche Zeit handelt es sich? – *Er wird mir aus der Hand fressen.*	Futur I	___/1
9. *Liebes Tagebuch!* *Endlich* ____________ *(finden) ich wieder einmal Zeit, dir zu schreiben.* ____________ *(stellen) dir vor, was mir gestern Abend* ____________ *(passieren).*	finde Stell passiert ist	___/3
10. **Gegenwartsstufe:** *Zuerst* ____________ *(backen) er einen Kuchen, dann* ____________ *(brühen) er eine Suppe und kurz vor dem Essen* ____________ *(braten) er das Steak.*	bäckt brüht brät	___/3
11. Welche **Textsorten** werden grundsätzlich der **Gegenwartsstufe** zugeordnet? Führen Sie drei davon an!	E-Mail, Brief, Glosse, Reportage	___/3
12. **Vergangenheitsstufe:** *Nachdem er den Sportteil der Zeitung* ____________ *(lesen),* ____________ *(holen) er sich eine Limo.*	gelesen hatte holte	___/2
13. Welche **Textsorten** werden grundsätzlich der **Vergangenheitsstufe** zugeordnet? Führen Sie zwei davon an!	Erzählung, Novelle, Roman, Kurzgeschichte	___/2
14. **Roman:** *Jeremias* ____________ *(fallen) in den Schacht, da er nicht auf den Rat des Alten* ____________ *(hören).* ____________ *er jemals wieder das Tageslicht* ____________ *(erblicken)?*	fiel gehört hatte Würde – erblicken	___/3
Punkte gesamt (24)		

24–23 22–20 19–16 15–12 11 …

Präpositionen, Verben und Fälle, Adjektivdeklination

LÖSUNGEN

Arbeitsaufgaben „Testen Sie sich selbst!"

Was wissen Sie schon?

1. Ordnen Sie zu: Welche Präpositionen verlangen welchen Fall?

an ▪ auf ▪ aus ▪ bei ▪ durch ▪ für ▪ gegen ▪ hinter ▪ innerhalb ▪ mit ▪ ohne ▪ trotz ▪ von ▪ vor ▪ während ▪ wegen

Präpositionen mit Genitiv	**Präpositionen** mit Dativ	**Wechselpräpositionen** mit Dativ oder Akkusativ	**Präpositionen** mit Akkusativ
2. Fall	**3. Fall**	**3. + 4. Fall**	**4. Fall**
trotz	*aus*	*an*	*durch*
während	*bei*	*auf*	*für*
wegen	*mit*	*vor*	*gegen*
innerhalb	*von*	*hinter*	*ohne*

2. Fallbestimmung: Bestimmen Sie das **Geschlecht** (Genus: der/die/das) und den **Fall** (Kasus: Nominativ, Genitiv, Dativ, Akkusativ) der unterstrichenen Nomen im Text, indem Sie die Tabelle unter dem Text ausfüllen!

ERBOSTE WITWE BRINGT URNE IHRES GATTEN ZUM ARZT

***Amsterdam** – Eine erboste Witwe hat in den Niederlanden die Urne mit der Asche ihres Mannes in der Praxis seines früheren Hausarztes abgestellt. Die Frau aus der Gemeinde Hoogezand bei Groningen protestierte dagegen, dass der Mediziner weiterhin Briefe an ihren Gatten schickte – auch noch sieben Monate nach dem Tod des Mannes, über den der Arzt informiert war.*

WWW.SPIEGEL.DE – LEICHT VERÄNDERTER TEXT

Nomen	Genus	Kasus	Nomen	Genus	Kasus
Witwe	*die*	*Nom.*	Mediziner	*der*	*Nom.*
Urne	*die*	*Akk.*	Briefe	*die*	*Akk.*
Asche	*die*	*Dat.*	Gatten	*der*	*Akk.*
Mannes	*der*	*Gen.*	Tod	*der*	*Dat.*
Hausarztes	*der*	*Gen.*	Arzt	*der*	*Nom.*

3. **a)** Welche Elemente eines Satzes können den Fall bestimmen, in dem Nomen stehen? – *Verben, Präpositionen*
b) Wie kann man nach den einzelnen Fällen fragen?
c) Welche Ersatzwörter gibt es, die bei der Fallbestimmung helfen können?
d) Welchen Fall verlangen Ergänzungen, nach denen mit „Wo?" gefragt werden kann? – *Dativ*

Welche Teilbereiche Sie noch verstärkt üben sollten, erfahren Sie in der TRAUNER-DigiBox.

Abkürzungen
Nom. = Nominativ
Gen. = Genitiv
Dat. = Dativ
Akk. = Akkusativ

b) Nom.: Wer oder was?
Gen.: Wessen?
Dat.: Wem?
Akk.: Wen oder was?

c) Ersatzwörter für Ergänzungen im
- *Dat.: dir/mir*
- *Akk.: dich/mich*

Ziele erreicht? – „Präpositionen, Verben und Fälle, Adjektivdeklination"

Überprüfen Sie Ihr Wissen! Beantworten Sie die Fragen mit den nachfolgenden Wörtern! Bilden Sie am Ende die Summe Ihrer erreichten Punkte und benoten Sie sich selbst! **Antwortmöglichkeiten** (können mehrmals oder auch nie vorkommen):

Die Erklärungen zu den Lösungen finden Sie in der TRAUNER-DigiBox.

richtig ■ falsch ■ Nominativ ■ Genitiv ■ Dativ ■ Akkusativ ■ -ir ■ -ich ■ Adjektiv ■ Nomen ■ Verb ■ Präposition ■ -er ■ -en ■ -es ■ -e ■ -em ■ vor ■ in ■ auf ■ unter ■ bei ■ über

Frage/Aussage	Antwort	Punkte
1. „Wann?" fragt (fast) immer nach dem ______.	*Dativ*	___/1
2. „Wohin?" fragt immer nach dem ______.	*Akkusativ*	___/1
3. „Wo?" fragt immer nach dem ______.	*Dativ*	___/1
4. Welche Elemente des Satzes (Wörter) können den Fall eines Nomens bestimmen?	*Verben, Präpositionen*	___/2
5. Mit „Wen oder was?" fragt man nach dem ______.	*Akkusativ*	___/1
6. Richtig oder falsch? – „Wessen?" fragt immer nach dem Dativ.	*falsch*	___/1
7. Die lateinische Bezeichnung für den 2. Fall lautet ______.	*Genitiv*	___/1
8. „Dich" und „mich" sind Ersatzwörter für den ______.	*Akkusativ*	___/1
9. „Dir" und „mir" sind Ersatzwörter für den ______.	*Dativ*	___/1
10. Ergänzen Sie eine Präposition: a) sich fürchten ______ c) antworten ______ b) sich erkundigen ______ d) sich ekeln ______	*a) vor c) auf* *b) nach d) vor*	___/2
11. Das Verb „helfen" verlangt eine Ergänzung im ______.	*Dativ*	___/1
12. Setzen Sie ein: *Nur mit d___ will ich auf ein___ kleinen Insel mit ein___ hohen Palme leben, nicht ohne d___.*	*dir – einer* *einer – dich*	___/2
13. Die Präposition „ohne" verlangt immer den ______.	*Akkusativ*	___/1
14. Richtig oder falsch? – Die Präposition „in" verlangt den zweiten Fall.	*falsch*	___/1
15. Die Präposition „außer" verlangt immer den ______.	*Dativ*	___/1
16. Die Präposition „trotz" verlangt den ______.	*Genitiv*	___/1
17. Richtig oder falsch? – Attributiv gebrauchte Adjektive bekommen die Endungen „-e" oder „-en", wenn kein Artikelwort davorsteht.	*falsch*	___/1
18. Ergänzen Sie: *Manche klein___ Kinder wollen zu spät___ Stunde noch immer nicht ins Bett gehen.*	*kleinen – später*	___/1
19. Welche Wörter gehören nicht zu den Artikelwörtern? eine ■ andere ■ das ■ deine ■ ihre ■ dir ■ dem ■ unsere	*andere, dir*	___/2
20. Ergänzen Sie die Fallendung: a) ein Glas gut___ Saftes c) ein Glas mit gut___ Saft b) ein Glas ohne gut___ Saft d) ein gut___ Glas Saft	*a) guten c) gutem* *b) guten d) gutes*	___/2
Punkte gesamt (25)		

25–23 22–20 18–16 15–12 11 ...

Sätze und Satzglieder I LÖSUNGEN

Arbeitsaufgaben „Testen Sie sich selbst!"

Welche Teilbereiche Sie noch verstärkt üben sollten, erfahren Sie in der TRAUNER-DigiBox.

Was wissen Sie schon?

1. Verschiebeprobe: Erstellen Sie mithilfe der Verschiebeprobe vier Varianten des unten angeführten Satzes.

Letztes Jahr bereiste sie mit einem Freund für zwei Monate Mexiko.

- *Sie bereiste letztes Jahr mit einem Freund für zwei Monate Mexiko.*
- *Mit einem Freund bereiste sie letztes Jahr für zwei Monate Mexiko.*
- *Für zwei Monate bereiste sie letztes Jahr mit einem Freund Mexiko.*
- *Mexiko bereiste sie letztes Jahr für zwei Monate mit einem Freund.*

2. Personalformen und Prädikate: Unterstreichen Sie im folgenden Text die **Prädikate** und kreisen Sie die **Personalformen** ein!

Er würde auf dieses E-Mail mit Bestimmtheit nicht antworten. Frechheiten dieser Art und Weise musste man einfach ignorieren. Zudem überlegte er, ob er sich nicht eine neue E-Mail-Adresse zulegen sollte, verwarf diese Idee aber dann doch wieder. Zur Zeit des Briefverkehrs kommunizierten die Menschen weniger miteinander, dafür dachten sie meist intensiver über die Art ihrer Äußerungen nach, wobei dies natürlich auch nur bedingt stimmte.

3. Ergänzungen einfügen: Erweitern Sie die angegebenen Sätze jeweils um jene **Ergänzung,** die in **Klammern** angegeben ist!

- Karl fuhr *am Vortag* mit seinem Wagen in die Werkstatt.
- Kevser vereinbarte *wegen Zahnschmerzen* einen Termin mit dem Arzt.
- Havva kam in dieser Woche zum fünften Mal *eine Stunde* zu spät.

4. Bestimmen Sie die **einzelnen Satzglieder!**

a) Am Montagabend (TA) gab (PF) er (S) ihr (O_3) einen Gutenachtkuss (O_4).
Prädikat: gab

b) Der Vater (S) las (PF) ihr (O_3) aus einem Buch (PO_3) vor.
Prädikat: las … vor

c) Heute Nachmittag (TA) werden (PF) sie (S) in Schönbrunn (LA) eine Runde (O_4) spazieren gehen.
Prädikat: werden … spazieren gehen

Abkürzungen

S = Subjekt
P = Prädikat
O_3 = Dativobjekt
O_4 = Akkusativobjekt
PO = Präpositionalobjekt
A = Angabe (Zeit, Ort, Art und Weise, Grund)

Ziele erreicht? – „Sätze und Satzglieder I“

Die Erklärungen zu den Lösungen finden Sie in der TRAUNER-DigiBox.

Überprüfen Sie Ihr Wissen! Beantworten Sie die Fragen mit den nachfolgenden Wörtern! Bilden Sie am Ende die Summe Ihrer erreichten Punkte und benoten Sie sich selbst! **Antwortmöglichkeiten** (können mehrmals oder auch nie vorkommen):

richtig ■ falsch ■ Nebensatz ■ Hauptsatz ■ Attributsatz ■ Adjektivattribut ■ Genitivattribut ■ Apposition ■ Präpositionalattribut ■ Adverbialattribut

Frage/Aussage	Antwort	Punkte
1. Unterstreichen Sie im folgenden Satz das Subjekt und die Personalform des Verbs: *Nach Jahren war er wieder in diese Stadt zurückgekehrt.*	Subjekt: er Personalform: war	___/2
2. Richtig oder falsch? – Die Personalform befindet sich im Hauptsatz immer an der zweiten Satzgliedposition.	falsch	___/1
3. Richtig oder falsch? – Beim unterstrichenen Satzglied handelt es sich um ein PO_3.	richtig	___/1
4. Richtig oder falsch? – Attribute können vom Satzgliedkern abgetrennt werden.	falsch	___/1
5. Um welches Attribut handelt es sich? – *Sie spielte mit dem Hund der Frau.*	Genitivattribut	___/1
6. Um welches Attribut handelt es sich? – *Das zähe Fleisch schmeckte mir nicht.*	Adjektivattribut	___/1
7. Um welches Attribut handelt es sich? – *Das Kunstwerk aus Plastik gefiel ihm außerordentlich gut.*	Präpositional-attribut	___/1
8. Um welches Attribut handelt es sich? – *Den Sessel hinten kannst du in den Garten tragen.*	Averbialattribut	___/1
9. Richtig oder falsch? – Appositionen stehen zumeist vor dem Nomen, auf das sie sich beziehen.	falsch	___/1
10. Um welches Attribut handelt es sich? – *Frank, ein guter Freund von mir, besuchte mich gestern.*	Apposition	___/1
11. Richtig oder falsch? – Der Fall des Relativpronomens richtet sich nach dem Fall des Nomens, auf das sich der Attributsatz bezieht.	falsch	___/1
Punkte gesamt (12)		

12 11–10 9–8 7–6 5 …

Sätze und Satzglieder II LÖSUNGEN

Arbeitsaufgaben „Testen Sie sich selbst!“

Was wissen Sie schon?

1. Bei welchen Sätzen handelt es sich um einen **Hauptsatz,** bei welchen um einen **Nebensatz?** Schreiben Sie entweder **HS oder NS** über den jeweiligen Satz!

a) Heute Abend gehe ich nicht weg, (HS) weil ich starke Kopfschmerzen habe. (NS)

b) Da er die Hühner nicht im Stall eingesperrt hatte, (NS) wurden sie vom Fuchs geholt. (HS)

c) Nachdem sie sich frisch gemacht hatte, (NS) kehrte sie in den Seminarraum zurück. (HS)

2. Welche **Konjunktionen** leiten einen **Haupt-,** welche einen **Nebensatz** ein?

daher ▪ während ▪ und ▪ dennoch ▪ als ▪ indem ▪ denn ▪ weil ▪ dass ▪ aber ▪ trotzdem ▪ ob

Hauptsatz	Nebensatz
daher	*während*
und	*als*
dennoch	*indem*
denn	*weil*
aber	*dass*
trotzdem	*ob*

3. Setzen Sie die **passenden Konjunktionen** ein!

a) *Da* sie alle Einzelheiten erzählte, trauten sie ihr nicht.

b) Er aß am Abend nur Zwieback, *dennoch* war ihm speiübel.

c) Er wollte auf Nummer sicher gehen, *indem* er alles zweimal sagte.

Welche Teilbereiche Sie noch verstärkt üben sollten, erfahren Sie in der TRAUNER-DigiBox.

Ziele erreicht? – „Sätze und Satzglieder II“

Die Erklärungen zu den Lösungen finden Sie in der TRAUNER-DigiBox.

Überprüfen Sie Ihr Wissen! Beantworten Sie die Fragen mit den nachfolgenden Wörtern! Bilden Sie am Ende die Summe Ihrer erreichten Punkte und benoten Sie sich selbst! **Antwortmöglichkeiten** (können mehrmals oder auch nie vorkommen):

richtig ■ falsch ■ letzten ■ zweiten ■ ersten ■ Nebensatz ■ Hauptsatz ■ Attributsatz ■ erweiterte Infinitivgruppe ■ Partizipgruppe ■ zusammengezogener Hauptsatz ■ Adjektivattribut ■ Genitivattribut ■ Apposition ■ Präpositionalattribut ■ Adverbialattribut

Frage/Aussage	Antwort	Punkte
1. Um welche Satzart handelt es sich beim unterstrichenen Satz? – *Nach dem Unterricht geht sie meist einkaufen und erst am Abend macht sie die Hausübungen.*	*Hauptsatz*	___/1
2. Richtig oder falsch? – Als zusammengezogene Hauptsätze bezeichnet man Sätze, die aus mindestens zwei einzelnen Hauptsätzen bestehen, wobei einer der beiden nicht vollständig ist.	*richtig*	___/2
3. Richtig oder falsch? – Ein Satzgefüge besteht aus einem oder mehreren Hauptsätzen und mindestens einem untergeordneten Satz.	*richtig*	___/1
4. Um welche Satzart handelt es sich beim unterstrichenen Satz? – *Ich bat Hans, den ich im Kaffeehaus getroffen hatte, um einen Gefallen.*	*Attributsatz*	___/1
5. Um welche Satzart handelt es sich beim unterstrichenen Satz? – *Ich weiß nicht, ob das klug ist.*	*Nebensatz*	___/1
6. In einem eingeleiteten Nebensatz steht die Personalform des Verbs an der _____ Stelle.	*letzten*	___/1
7. Folgende Konjunktionen leiten Nebensätze ein: ~~denn~~ ■ weil ■ während ■ dass ■ ~~aber~~ ■ ~~trotzdem~~ ■ ob ■ ~~doch~~ Streichen Sie die nicht zur Aussage passenden Konjunktionen!	–	___/4
8. Folgende Konjunktionen leiten Hauptsätze ein: daher ■ ~~während~~ ■ und ■ dennoch ■ ~~bis~~ ■ ~~als~~ ■ ~~indem~~ ■ ~~wohin~~ Streichen Sie die nicht zur Aussage passenden Konjunktionen!	–	___/3
9. Streichen Sie jene Konjunktionen, die nicht „anreihend“ sind: ~~aber~~ ■ und ■ sowie ■ ~~dennoch~~ ■ weder – noch ■ ~~sondern~~	–	___/3
10. Um welche Satzart handelt es sich beim unterstrichenen Satz? – *Ich rannte, um den Bus noch zu erreichen.*	*erweiterte Infinitivgruppe*	___/1
11. Welche Infinitivgruppe passt zum Hauptsatz: Er freut sich darauf, ■ sie endlich wieder zu treffen. ■ um sie endlich wieder zu treffen.	*... sie endlich wieder zu treffen.*	___/1
12. Richtig oder falsch? – Ist das Subjekt im Hauptsatz und in einem „damit“-Satz identisch, so kann der Satz mit einer erweiterten Infinitivgruppe gebildet werden.	*richtig*	___/1
Punkte gesamt (20)		

20–19 18–17 16–14 13–10 9 ...

Kongruenz (Übereinstimmung) LÖSUNGEN

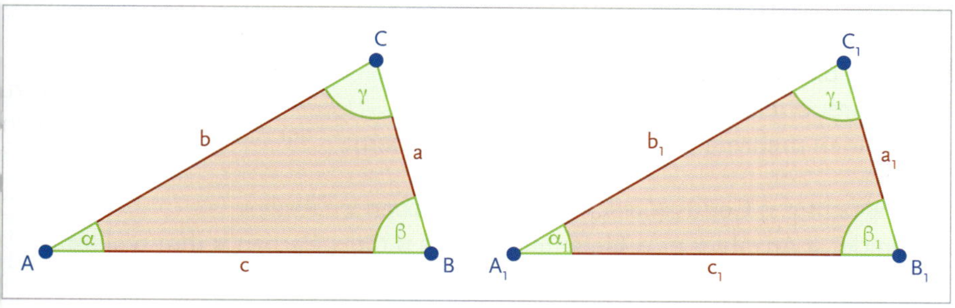

Arbeitsaufgaben „Testen Sie sich selbst!“

Welche Teilbereiche Sie noch verstärkt üben sollten, erfahren Sie in der TRAUNER-DigiBox.

Was wissen Sie schon?

1. Streichen Sie bei den folgenden Sätzen die **falsche Verbform** durch!

a) Trotz genauer Kalkulation blieb/~~blieben~~ uns eine riesige Menge an Salaten übrig.

b) Meine Mutter und du ~~gehst~~/geht/~~gehen~~ gerne gemeinsam einkaufen.

c) Sowohl Rechnungswesen als auch Turnen ~~gehört~~/gehören zu meinen Lieblingsgegenständen.

d) Die außerordentlichen Anstrengungen zur Erreichung der geforderten Qualifikation ~~trug~~/trugen Früchte.

e) Mancher Zuhörer und jedes Orchestermitglied konnte/~~konnten~~ den falsch gespielten Ton hören.

2. Setzen Sie das **richtige Pronomen/Relativadverb** ein!

a) Das ist das Unangenehmste, *was* ich bisher erlebt habe.

b) Hast du das Buch, *das* ich besprochen habe, schon gekannt?

c) Alles, *was* ich bisher von dir gelesen habe, hat mir gefallen.

d) Der Autor hat die Dame, über *deren* Leben er einen Roman verfasst hat, nie getroffen.

e) Ich habe die Schriftstellerin, über *die* du referiert hast, persönlich kennengelernt.

f) Wenn jemand die Hausübung nicht geschrieben hat, so sollte *er oder sie* dies zu Stundenbeginn melden.

g) Der Vater der Jugendlichen brachte *ihnen* die vergessenen Sachen nach.

h) Das Mädchen wusste, dass *es* wieder einmal zu spät kommen wird.

Ziele erreicht? – „Kongruenz (Übereinstimmung)“

Überprüfen Sie Ihr Wissen! Beantworten Sie die Fragen mit den nachfolgenden Wörtern! Bilden Sie am Ende die Summe Ihrer erreichten Punkte und benoten Sie sich selbst! **Antwortmöglichkeiten** (können mehrmals oder auch nie vorkommen):

Die Erklärungen zu den Lösungen finden Sie in der TRAUNER-DigiBox.

der ■ Numerus (Zahl) ■ besucht ■ wo ■ richtig ■ Genus (Geschlecht) ■ besuchen ■ falsch ■ Wasserstelle ■ Kasus (Fall) ■ deren ■ in der ■ Anzahl ■ er ■ Elefanten ■ seine ■ die ■ Person ■ ihre ■ sie ■ dessen

Frage/Aussage	Antwort	Punkte
1. Subjekt und Prädikat werden in ______ und ______ übereingestimmt.	*Numerus – Person*	___/2
2. Richtig oder falsch? – Wird eine Mengenangabe mit „mehr als“ eingeleitet, muss das Prädikat im Plural stehen.	*falsch*	___/1
3. Richtig oder falsch? – *Jeder Bub und jedes Mädchen **freuen** sich auf die Ferien.*	*falsch*	___/1
4. Richtig oder falsch? – *Ich und du **mögen** einander sehr.*	*richtig*	___/1
5. *Eine große Anzahl an Elefanten versammelte sich an der Wasserstelle.* – Der Subjektkern ist „______“.	*Anzahl*	___/1
6. *Den heuer stattfindenden Schulball besucht/besuchen mein Bruder mit seiner Freundin.*	*besucht*	___/1
7. *Mein Bruder und seine Freundin besucht/besuchen häufig unsere alte Nachbarin.*	*besuchen*	___/1
8. Richtig oder falsch? – *Weder meine Katze noch mein Hund haben dieses Fleisch gefressen.*	*richtig*	___/1
9. *Das Mädchen hat ______ Aufgaben erledigt.*	*seine*	___/1
10. „Irgendeiner“ kann durch das Pronomen ______ ersetzt werden.	*er*	___/1
11. Pronomen werden in ______ und ______ jenem Nomen angepasst, auf das sie sich beziehen.	*Numerus – Genus*	___/2
12. *Paris ist eine Stadt, ______/______ ich mich wohl fühle.* – Welche zwei Möglichkeiten, den Attributsatz einzuleiten, gibt es?	*in der/wo*	___/2
13. Richtig oder falsch? – Der Kasus eines Relativpronomens wird immer durch das Verb bestimmt.	*falsch*	___/1
14. Richtig oder falsch? – Ein Pronomen nimmt den Kasus jenes Nomens an, auf das es sich bezieht.	*falsch*	___/1
15. Setzen Sie ein: *Das ist die Frau, ______ Schmuck gestohlen wurde.*	*deren*	___/1
Punkte gesamt (18)		

18–17 16–15 14–12 11–9 8 …

Passiv

LÖSUNGEN

Arbeitsaufgaben „Testen Sie sich selbst!“

Was wissen Sie schon?

1. Stehen die nachfolgenden Sätze im Aktiv oder Passiv? Kreuzen Sie an!

	A	P
a) Martha wurde von ihrem Freund abgeholt.		*x*
b) Das Paket ist vor die Tür gelegt worden.		*x*
c) Er ist heute das erste Mal zu spät gekommen.	*x*	
d) Sie wird mich sicher nie besuchen.	*x*	
e) Die Katze wird von meiner Nachbarin gefüttert.		*x*

2. Setzen Sie die folgenden Sätze ins Passiv!

a) Am Sonntag überwältigte der Unbekannte den Portier.
Der Portier wurde am Sonntag (von einem Unbekannten) überwältigt.

b) Der kleine Strolch öffnet mit den Pfoten das Paket.
Das Paket wird (vom kleinen Strolch) mit den Pfoten geöffnet.

c) Er hatte das Problem auch um Mitternacht noch nicht gelöst.
Das Problem war (von ihm) auch um Mitternacht noch nicht gelöst worden.

d) Die Staffel wird den ersten Platz belegen.
Der erste Platz wird (von der Staffel) belegt werden.

e) Die Mannschaft wird den Pokal spätestens in einer Woche nach Hause geholt haben.
Der Pokal wird (von der Mannschaft) spätestens in einer Woche nach Hause geholt worden sein.

f) Der Dieb hat in der Nacht auf Samstag den Schlüsselbund gestohlen.
Der Schlüsselbund ist (vom Dieb) in der Nacht auf Samstag gestohlen worden.

3. Beantworten Sie die folgenden Fragen!

a) Wer oder was ist inhaltlich in einem Passivsatz unwichtig? –
die handelnde Person/der „Täter“

b) Wie wird das Passiv gebildet? Gehen Sie vom Aktivsatz aus und überlegen Sie, was Sie verändern müssen, um einen Passivsatz zu erhalten!
- *Das O_4 des Aktivsatzes wird zum Subjekt des Passivsatzes, das Subjekt des Aktivsatzes fällt weg (oder wird mit „von“ + Dativ angeschlossen).*
- *Das Passiv wird in allen Zeiten mit dem Partizip II gebildet.*
- *Das Passiv wird mit dem konjugierten Formen des Hilfsverbs „werden“ in der jeweils erforderlichen Zeit gebildet.*

c) Was ist der grammatikalische Unterschied zwischen dem Präsens/Passiv und dem Futur I/Aktiv, wenn Sie nur an das Verb denken?
- *Bildung Futur I, Aktiv: Infinitv + konjugierte Form von „werden“*
- *Bildung Präsens, Passiv: Partizip II + konjugierte Form von „werden“*

Ziele erreicht? – „Passiv“

Die Erklärungen zu den Lösungen finden Sie in der TRAUNER-DigiBox.

Überprüfen Sie Ihr Wissen! Beantworten Sie die Fragen mit den nachfolgenden Wörtern! Bilden Sie am Ende die Summe Ihrer erreichten Punkte und benoten Sie sich selbst! **Antwortmöglichkeiten** (können mehrmals oder auch nie vorkommen):

richtig ■ falsch ■ a) ■ b) ■ c) ■ Vorgangspassiv ■ Zustandspassiv ■ Präsens ■ Präteritum ■ Perfekt ■ Plusquamperfekt ■ Futur I ■ Futur II

Frage/Aussage	Antwort	Punkte
1. Alle Sätze, in denen ein „worden“ vorkommt, sind Passivsätze.	richtig	__/1
2. Welche Passivversionen des folgenden Satzes stehen in der falschen Zeit? *Der Soldat stahl zwei Handgranaten.* *a) Zwei Handgranaten waren gestohlen worden.* *b) Zwei Handgranaten wurden gestohlen.* *c) Zwei Handgranaten sind gestohlen worden.*	Satz a) und Satz c)	__/2
3. „wird gefunden werden“ = Passiv Futur I	richtig	__/1
4. Das Passiv wird auch „Leideform“ genannt.	richtig	__/1
5. „wird finden“ = Passiv Futur I	falsch	__/1
6. Der Täter ist in einer Passivformulierung unwichtig, kann aber genannt werden.	richtig	__/1
7. Der Täter ist in einer Passivformulierung unwichtig und darf nicht genannt werden.	falsch	__/1
8. Geben Sie die jeweilige Zeitform an! *a) Das Buch wird gefunden worden sein.* *b) Die Weste ist in den Fluss geworfen worden.* *c) Martin wurde das Handy gestohlen.* *d) Das meiste wird von anderen erledigt werden.* *e) Der Kalender wird an die Toilettentür gehängt!* *f) Das Gestohlene war sichergestellt worden.*	a) Futur II b) Perfekt c) Präteritum d) Futur I e) Präsens f) Plusquamperfekt	__/6
9. Das Zustandspassiv zeigt ein erreichtes Geschehen an.	richtig	__/1
10. Das Zustandspassiv zeigt einen Vorgang an.	falsch	__/1
11. Vorgangspassiv oder Zustandspassiv? *a) Der Strand ist vom Öl befreit worden.* *b) Die Schlacht ist geschlagen.* *c) Das Kind wurde gerettet.* *d) Am Montag war das Ziel erreicht.*	a) Vorgangspassiv b) Zustandspassiv c) Vorgangspassiv d) Zustandspassiv	__/4
12. Das Subjekt des Aktivsatzes kann zu einem Objekt des Passivsatzes werden.	richtig	__/1
13. Das Akkusativobjekt des Aktivsatzes wird zum Subjekt des Passivsatzes.	richtig	__/1
Punkte gesamt (22)		

22–20 19–17 16–14 13–11 10 …

Konjunktiv (Möglichkeitsform) LÖSUNGEN

Arbeitsaufgaben „Testen Sie sich selbst!"

Welche Teilbereiche Sie noch verstärkt üben sollten, erfahren Sie in der TRAUNER-DigiBox.

Was wissen Sie schon?

1. Unterstreichen Sie im nachfolgenden Text alle Konjunktivformen!

Er meinte, man müsse mit Social-Network-Seiten besonders sensibel umgehen, da man nicht wisse, wer sich über einen zu welchem Zweck informiere. Manche Menschen hätten das Gefühl dafür verloren, was Privatsache sei und was der Öffentlichkeit bekannt sein solle.

2. Bilden Sie die Konjunktivformen (Konjunktiv I und II) der folgenden Wörter! Schreiben Sie sie auf ein Blatt in Ihrer Mappe!

	a) sie weiß es	b) ich kann	c) du bleibst
Konjunktiv I	*sie wisse es*	*ich könne*	*du bleibest*
Konjunktiv II	*sie wüsste es*	*ich könnte*	*du bliebest*

3. Setzen Sie die folgenden Sätze in die indirekte Rede und notieren Sie diese auf einem Blatt in Ihrer Mappe!

a) Er sagte: „Gestern Nachmittag bin ich in die neue Kantine gegangen."
- *Er sagte, er sei gestern Nachmittag in die neue Kantine gegangen.*
- *Er sagte, dass er gestern Nachmittag in die neue Kantine gegangen sei.*

b) Sie sagte: „Ich kann das Essen dort nicht ausstehen."
- *Sie sagte, sie könne das Essen dort nicht ausstehen.*
- *Sie sagte, dass sie das Essen dort nicht ausstehen könne.*

c) Er bemerkte: „Dort kochen sie alles frisch und es schmeckt nicht schlecht."
- *Er bemerkte, dort kochten sie alles frisch und es schmecke nicht schlecht.*
- *Er bemerkte, dass sie dort alles frisch kochen würden und es nicht schlecht schmecke.*

d) Sie entgegnete: „Das ist typisch für dich. Du hast einfach keinen guten Geschmack."
- *Sie entgegnete, das sei typisch für ihn. Er habe einfach keinen guten Geschmack.*
- *Sie entgegnete, dass dies typisch für ihn sei und er einfach keinen guten Geschmack habe.*

4. Beantworten Sie folgende Fragen:

a) Wofür werden der Konjunktiv I und der Konjunktiv II verwendet?
Der Konjunktiv I wird verwendet, um die indirekte Rede zu bilden. Mit dem Konjunktiv II werden hingegen höfliche Bitten und irreale Wünsche ausgedrückt.

b) Wie viele Zeiten/Zeitstufen gibt es im Konjunktiv?
Es gibt drei Zeitstufen: Gegenwart-, Vergangenheits- und Zukunftsstufe.

c) Wofür wird die indirekte Rede verwendet?
Sie wird verwendet, um zu kennzeichnen, dass eine Rede bzw. Aussage einer anderen Person wiedergegeben wird.

Ziele erreicht? – „Konjunktiv (Möglichkeitsform)“

Die Erklärungen zu den Lösungen finden Sie in der TRAUNER-DigiBox.

Überprüfen Sie Ihr Wissen! Beantworten Sie die Fragen mit den nachfolgenden Wörtern! Bilden Sie am Ende die Summe Ihrer erreichten Punkte und benoten Sie sich selbst! **Antwortmöglichkeiten** (können mehrmals oder auch nie vorkommen):

Konjunktiv I ■ Konjunktiv II ■ richtig ■ falsch ■ Indikativ ■ Futur I ■ Imperativ

Frage/Aussage	**Antwort**	**Punkte**
1. Imperativ, Indikativ oder Konjunktiv? – *Sie lebe hoch, sie lebe hoch!*	Imperativ	___/1
2. Mit dem K-II können irreale Wünsche ausgedrückt werden.	richtig	___/1
3. Der Konjunktiv I von „geben“ lautet „er gebe“.	richtig	___/1
4. Welche Endung gehört nicht zu den Konjunktivendungen? Streichen Sie sie durch! – -est ■ -e ■ -en ■ -t ■ et	–	___/1
5. Bilden Sie jeweils den K-II: ■ du findest – du fändest ■ er brach – er bräche ■ ihr geht – ihr ginget ■ er hilft – er hülfe/hälfe ■ sie können – sie könnten ■ ich habe – ich hätte		___/6
6. Bilden Sie jeweils den K-I: ■ ihr habt – ihr habet ■ sie kauft – sie kaufe ■ sie ist gerannt – sie sei gerannt ■ du bist – du seist ■ du warst – du seist gewesen		___/5
7. K-I oder K-II? – *Das wäre ja noch schöner!*	Konjunktiv II	___/1
8. Der Konjunktiv tritt nur in zwei Zeitstufen auf.	falsch	___/1
9. Konjunktiv I oder Futur I? – *Er sagte, er werde sich melden.*	Konjunktiv I	___/1
10. Der K-II der Vergangenheit wird mit den K-II-Formen der Hilfsverben „haben“ oder „sein“ und dem Partizip II gebildet.	richtig	___/1
11. Setzen Sie die fehlenden Wörter ein! *Er sagte, er ______ heute sehr müde (sein), da er gestern Nacht noch eine Hausübung ______ (schreiben).*	sei geschrieben habe	___/2
12. Um eine Aussage wiederzugeben, die jemand anderer gemacht hat, kann man die direkte Rede verwenden.	richtig	___/1
13. Ein Satz der indirekten Rede kann meist mit „dass“ eingeleitet werden.	richtig	___/1
14. Deckungsgleichheit zwischen Indikativ und Konjunktiv besteht meist bei den Formen 1. Pers. Sing., 1. Pers. Pl., 3. Pers. Pl.	richtig	___/1
15. Decken sich die Formen des Indikativs mit jenen des Konjunktivs I, muss der K-II verwendet werden.	richtig	___/1
16. Korrigieren Sie die Formen der indirekten Rede für „lesen“: ■ ich läse ✓ ■ du läsest – du lesest ■ er/sie/es lese ✓ ■ wir läsen ✓ ■ ihr läset – ihr leset ■ sie/Sie läsen ✓		___/2
Punkte gesamt (27)		

27–25 24–22 21–18 17–14 13 …

Ziele erreicht? – „Analysebogen“

Gesamteindruck

	Text 1			Text 2			Text 3			
Titel										
Textsorte										
Rechtschreibung	🙂	🙁	**Anmerkungen**	🙂	🙁	**Anmerkungen**	🙂	🙁	**Anmerkungen**	**Auswertung/Planung**
Groß- und Kleinschreibung										
Verdopplung/s-Schreibung/Dehnung										
Kommasetzung										
Getrennt- und Zusammenschreibung										
Grammatik	🙂	🙁	**Anmerkungen**	🙂	🙁	**Anmerkungen**	🙂	🙁	**Anmerkungen**	**Auswertung/Planung**
Artikel										
Fallendungen										
Zeiten										
Konjunktionen/Verknüpfungen										
Textebene	🙂	🙁	**Anmerkungen**	🙂	🙁	**Anmerkungen**	🙂	🙁	**Anmerkungen**	**Auswertung/Planung**
Übereinstimmung: Subjekt/Prädikat										
Pronomen/Verweiswörter										

🙂 = kann sie/er sehr gut 🙁 = kann sie/er noch nicht

Notizen

Die Zeitformen des Deutschen

Die folgende Tabelle zeigt die drei Hilfsverben und jeweils ein starkes und ein schwaches Verb in sämtlichen konjugierten Formen. Nutzen Sie diese Tabelle als Nachschlagemöglichkeit, wenn sich bei der Bildung der Zeiten Unsicherheiten zeigen.

Präsens		**singen**	**spielen**	**sein**	**haben**	**werden**
1. P. Sg.	ich	singe	spiele	bin	habe	werde
2. P. Sg.	du	singst	spielst	bist	hast	wirst
3. P. Sg.	er/sie/es	singt	spielt	ist	hat	wird
1. P. Pl.	wir	singen	spielen	sind	haben	werden
2. P. Pl.	ihr	singt	spielt	seid	habt	werdet
3. P. Pl.	sie/Sie	singen	spielen	sind	haben	werden
Präteritum		**singen**	**spielen**	**sein**	**haben**	**werden**
1. P. Sg.	ich	sang	spielte	war	hatte	wurde
2. P. Sg.	du	sangst	spieltest	warst	hattest	wurdest
3. P. Sg.	er/sie/es	sang	spielte	war	hatte	wurde
1. P. Pl.	wir	sangen	spielten	waren	hatten	wurden
2. P. Pl.	ihr	sangt	spieltet	wart	hattet	wurdet
3. P. Pl.	sie/Sie	sangen	spielten	waren	hatten	wurden
Perfekt		**singen**	**spielen**	**sein**	**haben**	**werden**
1. P. Sg.	ich	habe gesungen	habe gespielt	bin gewesen	habe gehabt	bin geworden
2. P. Sg.	du	hast gesungen	hast gespielt	bist gewesen	hast gehabt	bist geworden
3. P. Sg.	er/sie/es	hat gesungen	hat gespielt	ist gewesen	hat gehabt	ist geworden
1. P. Pl.	wir	haben gesungen	haben gespielt	sind gewesen	haben gehabt	sind geworden
2. P. Pl.	ihr	habt gesungen	habt gespielt	seid gewesen	habt gehabt	seid geworden
3. P. Pl.	sie/Sie	haben gesungen	haben gespielt	sind gewesen	haben gehabt	sind geworden
Plusquamperfekt		**singen**	**spielen**	**sein**	**haben**	**werden**
1. P. Sg.	ich	hatte gesungen	hatte gespielt	war gewesen	hatte gehabt	war geworden
2. P. Sg.	du	hattest gesungen	hattest gespielt	warst gewesen	hattest gehabt	warst geworden
3. P. Sg.	er/sie/es	hatte gesungen	hatte gespielt	war gewesen	hatte gehabt	war geworden
1. P. Pl.	wir	hatten gesungen	hatten gespielt	waren gewesen	hatten gehabt	waren geworden
2. P. Pl.	ihr	hattet gesungen	hattet gespielt	wart gewesen	hattet gehabt	wart geworden
3. P. Pl.	sie/Sie	hatten gesungen	hatten gespielt	waren gewesen	hatten gehabt	waren geworden
Futur I		**singen**	**spielen**	**sein**	**haben**	**werden**
1. P. Sg.	ich werde	singen	spielen	sein	haben	werden
2. P. Sg.	du wirst	singen	spielen	sein	haben	werden
3. P. Sg.	er/sie/es wird	singen	spielen	sein	haben	werden
1. P. Pl.	wir werden	singen	spielen	sein	haben	werden
2. P. Pl.	ihr werdet	singen	spielen	sein	haben	werden
3. P. Pl.	sie/Sie werden	singen	spielen	sein	haben	werden
Futur II		**singen**	**spielen**	**sein**	**haben**	**werden**
1. P. Sg.	ich werde	gesungen haben	gespielt haben	gewesen sein	gehabt haben	geworden sein
2. P. Sg.	du wirst	gesungen haben	gespielt haben	gewesen sein	gehabt haben	geworden sein
3. P. Sg.	er/sie/es wird	gesungen haben	gespielt haben	gewesen sein	gehabt haben	geworden sein
1. P. Pl.	wir werden	gesungen haben	gespielt haben	gewesen sein	gehabt haben	geworden sein
2. P. Pl.	ihr werdet	gesungen haben	gespielt haben	gewesen sein	gehabt haben	geworden sein
3. P. Pl.	sie/Sie werden	gesungen haben	gespielt haben	gewesen sein	gehabt haben	geworden sein

Notizen

Stichwortverzeichnis

Literaturverzeichnis

Adams, Douglas: Per Anhalter durch die Galaxis. München: Heyne 2001, S. 574f
Äsop: Der Affe als Schiedsrichter. http://gutenberg.spiegel.de/buch/fabeln-aus-asien-5260/26, abgerufen am 22.9.2016
Caliskan, Deniz: Abschied. In: Ackermann, Ingrid (Hg.). Türken deutscher Sprache. Berichte, Erzählungen, Gedichte. München: dtv 1984
Capus, Alex: Glaubst du, dass es Liebe war? Salzburg: Residenz 2003, S. 85f
Duden. Das Fremdwörterbuch. Mannheim: Bibliographisches Institut 2010
Duden. Die deutsche Rechtschreibung. Mannheim: Bibliographisches Institut 2017, 27. Auflage
Duden. Die Grammatik. Mannheim: Bibliographisches Institut 2009, 8. Auflage
Duden. Redewendungen. Mannheim: Bibliographisches Institut 2008
Glattauer, Daniel: Alle sieben Wellen. Wien: Deuticke 2009, S. 59f
Grimm, Oliver: Der Hybridbär. Wort und Tier des Jahres. Die Presse, 2.6.2010
Hoffmann, E. T. A.: Der Sandmann. Stuttgart: Reclam 2002, S. 7f
Mohr, Dieter: Schwester Alma. In: Was wir nicht haben, brauchen Sie nicht. Reinbek bei Hamburg: Rowohlt 2009, S. 181ff
o. V.: Italien. Kirche statt Knast für kriminelle Jugendliche. Die Presse, 21.2.2011
o. V.: „Tür auf“: Betrunkener Fluggast wollte aussteigen. http://diepresse.com/home/panorama/skurriles/597561/Tuer-auf_Betrunkener-Fluggast-wollte-aussteigen, abgerufen am 22.9.2016
o. V.: 90-Jährige schlägt Trio in die Flucht. Der Spiegel, 18.1.2011
o. V.: Bär in der Falle. Der Spiegel, 18.7.2010
o. V.: Britischer Supermarkt verkauft Eichhörnchenfleisch. Die Presse, 29.7.2010
o. V.: China: Stadt zahlt für eingesammelte Zigarettenstummel. http://diepresse.com/home/panorama/skurriles/605779/index.do?_vl_backlink=/home/panorama/skurriles/index.do, abgerufen am 22.9.2016
o. V.: CSI: Crime Scene Investigation – Kaltblütig. http://www.serienjunkies.de/CSI/4x15-early-rollout.html, abgerufen am 22.9.2016
o. V.: Das letzte Wort. Hochsterilisierte Versprecher. Badische Zeitung, 30.10.2010
o. V.: Erboste Witwe bringt Urne ihres Gatten zum Arzt. http://www.spiegel.de/panorama/0,1518,701253-5,00.html, abgerufen am 17.6.2010
o. V.: Kulturgeschichte des Kusses. http://www.br-online.de/bayern2/radiowissen/kuss-kulturgeschichte-lippen-ID671198179815467107.xml/, abgerufen am 14.7.2010
o. V.: Lotto-Gewinner kauft eigenen Arbeitgeber. Die Presse, 7.2.2011
o. V.: Mann von Räubern zum Nacktbad gezwungen. Der Spiegel, 13.7.2010
o. V.: Maus Kopf abbeißen keine Tierquälerei. http://diepresse.com/home/panorama/skurriles/611369/Schweden_Maus-Kopf-abbeissen-keine-Tierquaelerei-, abgerufen am 22.9.2016
o. V.: Mr. Slackline. http://www.redbull.at/cs/Satellite/de_AT/Article/Mr.-Slackline-021242807590914, abgerufen am 22.9.2010
o. V.: Mut zur Lüge. Die Wahrheit übers Schwindeln. Bayern online: Eine Sendung von Boris Geiger und Jenny von Sperber, abgerufen am 20.9.2009
o. V.: Nachprüfung: Tag und Nach Strebern ist häufiger Fehler. http://diepresse.com/home/bildung/schule/499232/Nachpruefung_Tag-und-Nacht-strebern-ist-haeufiger-Fehler, abgerufen am 23.9.2016
o. V.: o. T. http://kurier.at/mmediagal/1240463927/12803239600882_4.jpg, abgerufen am 28.7.2010
o. V.: Polnischer Polizist verpasste sich selbst Strafzettel. Die Presse, 9.12.2010
o. V.: Russland: „Fliegender Esel“ an Herzinfarkt gestorben. Die Presse, 7.2.2011
o. V.: Soße verrät Döner-Diebe. Der Spiegel, 20.8.2010
o. V.: Taiwan: Polizei schenkt Fahrraddieb ein Fahrrad. Die Presse, 10.9.2010
o. V.: Tiroler Ausreißer: Spritztour endet in Jesolo. http://diepresse.com/home/panorama/oesterreich/583166/Tiroler-Ausreisser_Spritztour-endet-in-Jesolo-, abgerufen am 23.9.2016
o. V.: Unterwäsche-Dieb: Briten zeigen eigenen Kater an. http://diepresse.com/home/panorama/skurriles/579835/UnterwaescheDieb_Briten-zeigen-eigenen-Kater-an-, abgerufen am 23.9.2016
o. V.: Verkehrssünder zwingt Polizisten zum Triathlon. Der Spiegel, 26.7.2010
o. V.: Weißrussland: Fuchs schoss Jäger ins Bein. Die Presse, 13.1.2011
o. V.: Zehn Millionen Rubel: Geldregen in Moskau. http://diepresse.com/home/panorama/skurriles/576682/Zehn-Millionen-Rubel_Geldregen-in-Moskau, abgerufen am 23.9.2016

Polgar, Alfred: Ich kann keine Romane lesen. In: Kleine Schriften, Band 4. Literatur. Reinbek bei Hamburg: Rowohlt 1984, S. 259–263
Riepl, Heidi: Dumm gelaufen! http://www.nachrichten.at/sport/mehr_sport/marathon/Dumm-gelaufen;art16391,2528791, abgerufen am 17.1.2018
Sick, Bastian: Der Dativ ist dem Genitiv sein Tod. Köln: Kiepenheuer & Witsch 2005, S. 144ff
Tucholsky, Kurt: Der Floh. In: Tucholsky, Kurt. Werke und Briefe. Berlin: Rowohlt 1932, S. 3
Twain, Mark: Die schreckliche deutsche Sprache. In: Kohl, Norbert (Hg.); Himmel, Gustav Adolf (Übers.). Gesammelte Werke in zehn Bänden. Frankfurt am Main: Insel Verlag 1985, S. 527–545

Bildnachweis

Seite 206 Festival (shutterstock.com©Frank Uffmann)

Urheber unbekannt:

Seite 58 Sigmund Freud
Seite 97 Michael Jackson
Seite 107 Bastian Sick
Seite 112 Jacob Grimm
Seite 123 Mark Twain
Seite 132 Filmplakat „Per Anhalter durch die Galaxis“
Seite 133 Buchcover „Alle Sieben Wellen“
Seite 135 Alex Capus
Seite 160 Bären
Seite 164 E. T. A. Hoffmann
Seite 184 Esel
Seite 236 Michi Aschaber

Alle weiteren Bilder und Grafiken sind Eigentum der TRAUNER Verlag + Buchservice GmbH bzw. wurden von Bildagenturen (stock.adobe.com, shutterstock.com) zugekauft.

Die Illustrationen auf Seite 11 und 243 stammen von Iris Gabler-Rathkolb. Alle Illustrationen sind Eigentum des TRAUNER Verlages.